Dirk Hempel

Walter Kempowski

Eine bürgerliche Biographie

Pantheon

Klimaneutral
ClimatePartner.com/14044-1912-1001
Druckprodukt

MIX
Papier | Fördert gute Waldnutzung
FSC® C083411
FSC www.fsc.org

Penguin Random House Verlagsgruppe FSC® N001967

1. Auflage

Umschlaggestaltung: Büro Jorge Schmidt, München,
nach einem Entwurf von Design Team
Umschlagfoto: Frauke Reinke-Wöhl
Satz: Uhl + Massopust, Aalen
Druck und Bindung: CPI Books GmbH, Leck
Printed in Germany
ISBN 978-3-570-55464-7
www.pantheon-verlag.de

Inhalt

1. Einzelhaft

Die Einzelhaft, das war der Tiefpunkt.[1]

Schwerin, Gefängnis des sowjetischen Geheimdienstes MWD, Zelle 54. Am 20. März 1948 versucht der achtzehnjährige Untersuchungshäftling Walter Kempowski, sich das Leben zu nehmen. Tiefpunkt einer verpfuschten Existenz: langhaariger Swingboy, der Schule verwiesen, Lehre abgebrochen, Schwarzhändler, Hilfsarbeiter beim Amerikaner in Wiesbaden. Wenige Tage zuvor ist er in Rostock festgenommen worden, als er seine Mutter besuchte. Er hatte Frachtpapiere bei sich, aus denen hervorgeht, daß die Sowjets ihre Zone systematisch ausplündern.

In Schwerin wird er verhört, stunden-, tagelang. Der Bruder ist bereits als »Mittäter« verhaftet. Jetzt geht es um seine Mutter. Man schlägt ihn, man stellt ihn in den Wasserkarzer, drei Tage muß er aushalten, unbekleidet, wird vom russischen Wärter immer wieder mit kaltem Wasser übergossen. Dann sagt er irgendwann »ja« – ja, seine Mutter habe von seinem Vorhaben gewußt.

Diese Schuld ist es, die er nicht aushält. Er hat die Familie zerstört und jetzt auch noch seine Mutter den Russen preisgegeben, die Folgen kann er sich ausmalen.

An diesem Vormittag – draußen fällt Schnee – bindet er sich ein Taschentuch um den Hals. Noch für einen Moment überlegt er, wie er es am besten anstellt, dann steckt er seinen Löffel in das Tuch und dreht ihn um, immer fester. Im letzten Augenblick den Löffel ins Hemd stecken und so ansetzen, daß die

Strangulierung nicht nachläßt, das funktioniert nicht auf Anhieb. Er verliert zwar das Bewußtsein, wacht aber nach kurzer Zeit auf dem Terrazzofußboden wieder auf. Er wiederholt den Versuch sofort, er mißlingt erneut.

Nun gibt er auf und gleitet in den folgenden Tagen ab in Traumwelten. Goethe-Gedichte kommen ihm in den Sinn und Morgenstern, Zarah-Leander-Schlager summt er vor sich hin. Er löst Rechenaufgaben und memoriert sein Schulwissen: »Drei-drei-drei, bei Issos Keilerei.« Er denkt an den Freiherrn von der Trenck, den Friedrich der Große in den Kerker werfen ließ. Als Kind hatte er das Bild des Gefesselten ins Zigarettenalbum geklebt, im warmen Wohnzimmer beim Schein einer Lampe. Und er erfindet Geschichten, sieht sich in einem Kloster – die selbstbestimmte heilige Version des Gefängnisses: »Klosterquinten. Der Brunnen im Hof des Kreuzganges. Mit dem Klosterbruder auf und ab, Gebete murmeln. Jahrelange Exerzitien. Ein Opferleben führen, stellvertretend leiden. Im kostbar geschnitzten Gestühl: knien!«[2]

Ablenkung ist das, Betäubung, auch Vergewisserung des Gepäcks, das er mitgenommen hat. Für wie lange wird es reichen? Er plant ein »Handbuch der Witzkunde«, mit einer speziellen Interpunktion, die das pointierte Vorlesen auch für Humorlose erleichtern soll, beginnt, eine plattdeutsche Grammatik zu entwerfen, und denkt an die zukünftige Promotionsfeier im Barocksaal der Rostocker Universität. Flucht in die Zukunft könnte man das nennen, Perspektiven ersinnen, Hoffnungen projizieren. Mecklenburg, Rostock, die Heimat – und die Familie…

Wie von selbst taucht er ab in die Erinnerung. »Ich habe auf meiner Pritsche gelegen, mir Augen und Ohren zugeklemmt und mir zum Beispiel vorgestellt: Was hast du am 1. April 1938 gemacht? Es ist natürlich ausgeschlossen, das völlig zu rekonstruieren, aber man kann einkreisen, sich Gebiete erschließen, an die man zuvor nicht dachte, wie lebten damals die Eltern, welche Freunde hatte man usw. Oder die Wohnungseinrichtung bis auf den Tapeziernagel genau.«[3]

Schwerin, Gefängnis am Demmlerplatz, Zelle 54

Rekonstruktion der Vergangenheit als Überlebensstrategie. Szenen seiner Autobiographie sieht er sich an wie einen Farbfilm. Er erzählt sie sich in drei Sprachen, Deutsch, Plattdeutsch und Englisch: »My father was a shipsowner and my mother was always friendly…« Er lässt die Familie wieder auferstehen. Da ist es, das große Thema, das ihn sein Leben lang beschäftigen wird. Hier, in der Schweriner Einzelzelle des MWD, am tiefsten Punkt seines Lebens, das einmal in behüteter Bürgerlichkeit begann, nimmt das große Erinnerungswerk, die Geschichte der Kempowskis, die auch eine Geschichte des deutschen Bürgertums ist, seinen Anfang.

2. Herkunft

Zu bedenken, daß sich »das Polnische« mit »dem Französischen« in mir kreuzte.[4]

Die Wurzeln der Kempowskis verlieren sich in der Weite des Ostens. Wahrscheinlich kamen sie aus Polen. »Kępa« bedeutet Büschel, Baumgruppe oder bewaldete Insel, ein häufiger Siedlungsname. Die Nachsilbe »-owski« bezeichnet die Zugehörigkeit zu einem Platz. »Kępowski« wäre dann vielleicht der Bewohner einer bewaldeten Flußinsel. Das polnische »ę«, nasal ausgesprochen, wurde unter deutschem Einfluß zu »am«, Kampowski, oder zu »em«, Kempowski.[5] Oder aber ein Vorfahr wurde, wie in der Familie überliefert, für besondere Tapferkeit mit der Adelsendung -ski ausgezeichnet.[6] Damit gehörte er zum polnischen Landadel, der *Szlachta*. Die polnische Herkunft war jedenfalls in der Familie sprichwörtlich, vor allem, wenn es darum ging, Verfehlungen, Ungenauigkeiten zu erklären.

Die Geschichte der Rostocker Kempowskis ist ein ständiger Wechsel von Aufstieg und Niedergang, sie ist auch eine Geschichte von der Entstehung des Bürgertums aus eigener Kraft. Der erste nachgewiesene Vorfahr ist der Schneider Kempowski, der um 1768 in Rehberg auf der Elbinger Höhe geboren wurde.[7] Rehberg war Rittergut und gehörte zur Herrschaft Cadinen. Das dortige Schloß kaufte Kaiser Wilhelm II. im Jahr 1898, ließ es zu einer Sommerresidenz ausbauen und eine Majolikamanufaktur gründen.

Am 1. Juni 1801 wurde der Schneider Kempowski zum Lehrer ernannt, ein in der damaligen Zeit nicht ungewöhnlicher Vorgang. Denn bis weit ins 19. Jahrhundert waren es auf dem Land oft Handwerker, selbst kaum des Lesens und Schreibens kundig, die den Kindern elementare Kenntnisse vermittelten. Kempowski erhielt von seiner Herrschaft ein jährliches Gehalt von 42 Talern, außerdem für jedes Schulkind wöchentlich einen Groschen – ein äußerst niedriges Einkommen. Ein Schulmeister in der Stadt verdiente damals etwa 200, ein hoher Beamter etwa 700 Taler. Die dem Lehrer zugebilligten Naturalien – fünf Scheffel Roggen, ein Scheffel Gerste, ein Scheffel Erbsen sowie freie Wohnung und Feuerholz – mögen die Kontinuität seiner materiellen Existenz gewährleistet haben.

Warum er nicht in Rehberg blieb und 1812 Lehrer im nahen Succase wurde, das auf dem Sumpfland zwischen Haff und Höhe lag und zur Elbinger Ratsherrschaft gehörte, ist ungewiß. Vielleicht war der Alkohol schuld, dem er immer wieder übermäßig zugesprochen haben soll, ein Laster, das auf der Elbinger Höhe weit verbreitet gewesen zu sein scheint. Der Krug in Succase jedenfalls schenkte im Jahr 1772 an die 6000 Liter Bier aus, bei 28 erwachsenen Einwohnern mehr als 200 Liter pro Kopf und Jahr, dazu rund 170 Liter Branntwein.[8] Die Zahlen erhöhen, ja verdoppeln sich pro Kopf, wenn man annimmt, daß die Frauen eher nicht den Krug aufsuchten. Aber schon den Kindern verabreichte man Schnaps, wenn sie zu Weihnachten von Tür zu Tür zogen und Weihnachtslieder sangen.[9] Und bei Festen, so heißt es, wurde auf den Dörfern »gefressen und gesoffen und aus einem Hause in das andre geschwärmt«.[10]

Der Lehrer Kempowski lebte unter einem ungesitteten und ungebildeten Menschenschlag, klein und gedrungen, oft schwarzhaarig – ein Erbteil der heidnischen Pruzzen? »Feine Sitten wird man nicht gewahr, wohl aber Ausbrüche von Roheit«, urteilte ein zeitgenössischer Beobachter.[11] Aberglaube herrschte in dem entlegenen Landstrich. Faulheit, Liederlichkeit, Schlägereien, Unzucht, wilde Ehen waren an der Tagesordnung. Mit Halseisen und Stockstrafe ging der Elbinger Rat dagegen vor.

Vorlaubenhaus auf der Elbinger Höhe

Die Schule war erst 1804 gegründet worden. Der Lehrer Kempowski, der unter der Aufsicht des Pastors stand, unterrichtete die Kinder in seinem Vorlaubenhaus, im Sommer 15 Stunden pro Woche, im Winter 30. Er bekam nur noch 18 Taler Gehalt, kaum mehr als ein Knecht verdiente. Die Verschlechterung spricht für einen unrühmlichen Abgang von seiner ersten Stelle.

Succase wurde in diesen Jahren von den großen Welthändeln berührt. Im Januar 1807 lagerten die Truppen des französischen Marschalls Bernadotte hier, sicher auch im Haus des Lehrers. Von der Höhe aus konnte man die preußischen und französischen Kähne beobachten, die sich auf dem Haff Gefechte lieferten, und im Mai 1807 drang die Kunde auf die Dörfer, daß der Usurpator selbst in der Festung Elbing eingetroffen war. Kempowski muß auch die Soldaten der Grande Armée gesehen haben, die dann im Sommer 1812 nach Rußland zogen, und ihre jämmerlichen Reste, die im Winter als Flüchtlinge zurückkehrten. Murat, der König von Neapel, war unter ihnen. Dutzende von Verwundeten, die mit Schlitten über das gefrorene Haff gebracht werden sollten, versanken hier im Eis.[12] Die Franzosen brachten Seuchen mit, Typhus und Ruhr. Ihnen folgten die russischen Truppen auf dem Fuß.

Mit dem Lehrer Kempowski nahm es kein rühmliches Ende. Der tapfere Schneider, der den westpreußischen Kindern jahrelang das Lesen und Schreiben beigebracht hatte, wurde ein Opfer der Humboldtschen Bildungsreformen, die in Preußen nach 1812 die Lehrerausbildung professionalisierten und gesetzlich regelten. Kempowski mußte sich nun einer Prüfung unterziehen, die er nicht bestand. Succase blieb bis 1829 ohne Lehrer.

Sein Sohn Friedrich (Wilhelm) Kempowski (?–1881) lebte als »Eigengärtner« in Succase. Er besaß ein Haus und ein kleines Stück Gartenland, bevor er sich 1824 einen Haffkahn anschaffte und »Schiffer« wurde. Er transportierte Obst, vor allem Kirschen und Pflaumen, auf die Frische Nehrung, nach Elbing und Königsberg. Die Elbinger Höhe galt als eines der vorzüglichsten Obstanbaugebiete Preußens. In späteren Jahren lebte er als »Schiffseigner« mehrerer Lastkähne in Elbing, in einem der typischen Kaufmannshäuser der ehemaligen Hansestadt. Er war dreimal verheiratet. Einer seiner Söhne lernte das Handwerk des Zigarrenmachers bei der Firma Loeser & Wolff, die in Elbing die größte Zigarrenfabrik des Kontinents errichtet hatte, bevor er nach Amerika auswanderte. Der zu Succase Erstgeborene aber, Friedrich Wilhelm (1824–1904), ging nach Königsberg, in die Provinzialhauptstadt. Er war nun schon »Rheeder« und besaß bald sechs Segelschiffe.

Ein kleines Familienimperium entstand hier am Pregel. Die Schiffe befuhren das Haff und die Ostsee mit Obst und Gemüse, und Nachkommen aus der dritten Ehe von Friedrich Kempowski betrieben vor Ort einen Obst- und Kartoffelgroßhandel, der nach 1945 in Lübeck fortgesetzt wurde.

Es ging aufwärts. Friedrich Wilhelm und seine Frau Auguste Wilhelmine geborene Benson (1825–1912) führten nun schon

Auguste Wilhelmine und Friedrich Wilhelm Kempowski am Tag ihrer Goldenen Hochzeit 1899

ein bürgerliches Leben. In ihrer geräumigen Wohnung mit Blick auf den alten Hafen sollen Porzellan und Kristall die Schränke gefüllt haben. In einer Truhe wurden angeblich Säcke mit Talern aufbewahrt. Auguste Wilhelmine, eine stattliche Blondine, trug reichen Goldschmuck und ließ sich von Kindern und Enkeln die Hand küssen.[13] Sie brachte mit dem »Güldnen Schatzkästlein« den ersten Zettelkasten in die Familie Kempowski ein, ein frommes Orakel biblischer Sprüche aus dem Jahr 1726.[14]

Doch dann gingen alle sechs Segelschiffe unter, in einem Jahr, und Friedrich Wilhelm Kempowski verlor sein Vermögen. Sein viertes Kind, Robert William Oskar Alfred (1865–1939), lebte da schon in Rostock. Er hatte als Befrachter in der Schiffsmaklerei Otto Wiggers[15] begonnen, eine derbe Natur mit westpreußischem Vierkantschädel, der fluchte und Plattdeutsch sprach, allerdings auch Dänisch und Englisch beherrschte. Er vermittelte Kohle aus England und Schottland, norwegisches Süßwasserblockeis, Kalksteine aus Dänemark, exportierte Kartoffeln und Mauersteine nach Schweden und Finnland. Er erwies sich bald als rührig und tüchtig.[16] So konnte er nicht nur die Einnahmen der Firma erheblich steigern, sondern auch seine eigenen Einkünfte, wovon er ein recht flottes Leben führte. Aber er unterstützte auch seine Eltern in Königsberg durch regelmäßige Zahlungen.

Rostock war Ein- und Ausfuhrhafen Mecklenburgs, die Stadt eine Mischung aus Wissenschaft und Wirtschaft. Die Universität existierte seit 1419, eine der ältesten Deutschlands. Der Humanist Ulrich von Hutten hatte hier bettelarm und syphiliskrank Vorträge gehalten und der Astronom Tycho Brahe im Duell einen Teil seiner Nase eingebüßt. Fritz Reuter gab sich Anfang der dreißiger Jahren dem studentischen Treiben hin, und Heinrich Schliemann wurde 1869 promoviert.

Der Schiffsmaklerei Wiggers gegenüber wohnte der Chemiker Dr. Carl Grosschopf,[17] ein ehrbarer Bürger, der lockere Steine im Trottoir notierte und sich als Ratsherr besonders um das Stadttheater kümmerte. Er war durch Erfindungen zu einem ansehnlichen Vermögen gekommen. Seine Nichte, Anna Caroline Lisette Wilhelmine Siebert (1871–1927), begann mit dem jungen Schiffsmakler zu poussieren und forderte ihn bald auf, ihr einen Antrag zu machen.

Die Hochzeit fand am 5. April 1892 statt. Die Mitgift betrug 50 000 Goldmark, eine ungeheure Summe, durch die Dr. Grosschopf das Wohlleben im Hause Kempowski ermöglichte. Er unterstützte auch den Kauf der Firma Otto Wiggers durch Robert William und einen Teilhaber.

Die Kempowskis zählten nun zu den ersten Familien der Stadt, bewohnten eine Villa in der Stephanstraße 8 in der Steintorvorstadt. Das Geschäft, nun auch Reederei, florierte. Im Weltkrieg nahm es durch den Import von schwedischem Erz einen bedeutenden Aufschwung. Robert William, seit 1915 alleiniger Besitzer, galt zeitweise als einer der reichsten Männer

»Güldnes Schatzkästlein« (1726) der Auguste Wilhelmine Kempowski

Rostocks. Er verlegte das Kontor in die Strandstraße, in eine ehemalige Gastwirtschaft neben dem Mönchentor, und kaufte drei weitere Häuser.

Anna führte – mit bis zu elf Bediensteten – ein großes Haus, das bald zu einem Zentrum des gesellschaftlichen Lebens der Stadt wurde. Zum Jour fixe erschienen Professoren, Studenten, Schauspieler, Künstler, Kaufleute. Man spielte auf zwei Flügeln. Gegessen und getrunken wurde, was Küche und Keller hergaben, und das war nicht wenig. Robert William, unter den Folgen einer Syphilis leidend, saß unterdessen mit einer Flasche Rotwein im Lehnstuhl am Ofen und sah dem Treiben zu. Nur einmal schritt er ein, als nämlich ein Medizinstudent bei Tisch ausgiebig von eitrigen Geschwüren erzählte.

Anna Kempowski war eine exaltierte, moderne Frau, Mitglied in der »Deutschen Gesellschaft von Freunden der Photographie«. Sie schrieb Aufsätze für Fotografie- und Frauenzeitschriften. Das Geld, das ihr Mann verdiente, warf sie zum Fenster hinaus. Als »Theatermutter« unterhielt sie eine Proszeniumsloge im Stadttheater, dem sie immer wieder größere Geldbeträge spendete, den Schauspielern schickte sie Blumen und gebratene Gänse auf die Bühne. Robert William war ebenso freigebig wie seine Frau, unterstützte Bedürftige, ohne je das Geld zurückzufordern.

Die Inflation von 1923 brachte die Firma in einige Bedrängnis. Immerhin konnten während des folgenden Aufschwungs zwei Schiffe angeschafft werden, die Frachtdampfer »Clara Hintz«, 1930 in der Weltwirtschaftskrise zum Schrottpreis verkauft, und »Consul Hintz«, bei Beginn des Zweiten Weltkriegs vor Wilhelmshaven gesunken und durch den Dampfer »Friedrich« ersetzt.

Anna starb 1927 während eine Kuraufenthalts in Bad Oeynhausen. Robert William verbrachte seine letzten Jahre einsam in seiner Villa, von einem faulen Dienstmädchen mehr schlecht als recht gepflegt. Nach seinem Tod 1939 fand man Berge von ungeöffneten Rechnungen. Hypotheken mußten aufgenommen werden, und die Villa wurde vermietet. Von dem Erbe des Carl Grosschopf war nicht viel geblieben.

Robert William und Anna Kempowski hatten zwei Kinder, Elisabeth (1893–1973), genannt Lising, und Karl Georg (1898–1945). Daß er »nur ein Versehen« war, wie seine Mutter ihm immer wieder gern erklärte, bestimmte seine Entwick-

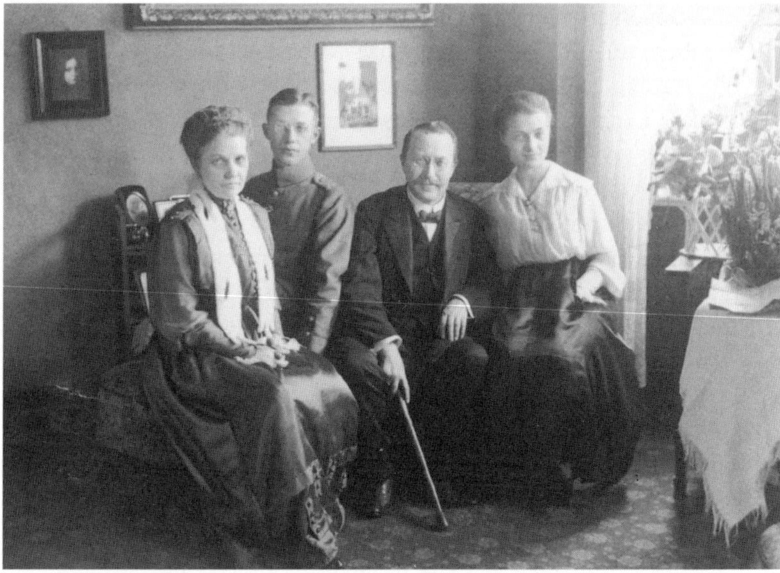

Anna, Karl Georg, Robert William und Elisabeth Kempowski, 5. April 1917

lung nachhaltig. Er hatte Schwierigkeiten in der Schule und meldete sich im Weltkrieg freiwillig zu den Waffen. Er brachte es bis zum Leutnant im Infanterie-Regiment Königin Viktoria von Schweden und erhielt das Eiserne Kreuz erster Klasse.[18]

Im Sommer 1913 lernte er in der Sommerfrische in Graal-Müritz an der Ostsee Anna Margarethe Collasius (1896–1969) kennen, auf der Landungsbrücke bei Sonnenuntergang. Margarethe war 17 Jahre alt, Karl Georg 15. Sie besuchten eine Lesung des Dichters Cäsar Flaischlen, und im Strandkorb brachte er ihr das Rauchen bei. Ende Dezember 1913 wurde sie auf die Hochzeit von Elisabeth Kempowski nach Rostock eingeladen, wo sie sich jedoch in den Reederssohn August Cords verliebte. Während des Krieges schickte sie Karl Georg Strümpfe und Bonbons in Feld, August Cords aber Liebesbriefe. Erst als der ihren Antrag ablehnte, weil er sich eine Existenz aufbauen müsse, wendete sich Karl Georg das Glück wieder zu. Im April 1917 verlobten sie sich unter einer Laterne an der Alster. Zu der Zeit leitete die höhere Tochter, am Fröbel-Seminar ausgebildet, einen Kindergarten in einem Arbeiterviertel. August Cords hat sich und seine Angehörigen 1945 beim Einmarsch der Russen auf seinem Gut in Mecklenburg erschossen.

Als sie die Verlobung bekanntgaben, fiel ihre Mutter vor Schreck beinahe in die Waschtonne, und Robert William Kempowski soll gesagt haben: »Dat watt ja doch nix.« Die Hochzeit fand drei Jahre später in Rostock statt, im Hotel Fürst Blücher. Anna Kempowski wünschte ihrer Schwiegertochter, daß sie recht unglücklich würde in ihrer Ehe, daß ihr Mann jeden Tag betrunken nach Hause käme... Dann reiste das junge Ehepaar nach Lübeck, wo Karl Georg als Volontär in einer Schiffsmaklerei angestellt war.

Margarethe kam aus einer gänzlich anderen Welt als Karl Georg. Sie stammte aus einer wohlhabenden, vornehmen Hamburger Kaufmannsfamilie, anständig, christlich, altdeutsch-bieder. Ihre Vorfahren waren angesehene Bürger der Stadtrepublik gewesen, Ratsherren wie Caspar Moller (gest. 1610), dessen Epitaph sich noch heute in der Katharinenkirche findet, Gelehrte wie der Professor am Akademischen Gymnasium Johann Heinrich Vincent Nölting (1736–1806), dazu Pastoren an der Michaeliskirche, Ärzte, Kaufleute. Eine gern erzählte Legende führt die Ursprünge der Familie Collasius zwar ins 16. Jahrhundert zurück, nach Frankreich zur Zeit Heinrichs IV., dem ein Knappe namens Nicolas das Leben rettete und deshalb geadelt wurde als de Collas. Nach der Bartholomäusnacht sollen diese hugenottischen Vorfahren nach Deutschland geflohen sein. Tatsächlich stammen sie aber wohl aus Brandenburg, wo Emanuel Kohlhase/Collasius (1607–1666) in der Grafschaft Ruppin Pastor war. Aus zwei Ehen hatte er neun Kinder, die er ins Kirchenbuch zuerst als Kohlhase und zuletzt – einer Mode der Zeit folgend latinisiert – als Collasius eintrug. Er hinterließ Auf-

Familie Collasius am Strand von Graal-Müritz, Sommer 1913: links Martha, im Strandkorb rechts Margarethe, im Liegestuhl August Wilhelm Collasius

zeichnungen über die Not des Dreißigjährigen Krieges, die Theodor Fontane in den »Wanderungen durch die Mark Brandenburg« wiedergibt: »Dies 1638ste Jahr ist wohl ein recht elend und trübselig Jahr gewesen, wie dergleichen wohl kein trübseligeres in unserem geliebten Vaterlande erlebt worden ist... Zumal auch wegen der *Pest,* darannen die Dörfer bald ausgestorben sind... So hat mein Antesessor zu Gottberg, Herr Joachimus Becker, in eben diesem Jahr an der Pest erliegen müssen. Meine Pfarrkinder zu *Protzen* sind meist weggestorben und nur acht Personen übriggeblieben...«[19]

Seine Nachkommen waren über Generationen ebenfalls Pastoren, in der Mark, in Mecklenburg und in Vorpommern. Erst in der zweiten Hälfte des 19. Jahrhunderts begannen die Kaufleute zu überwiegen. Friedrich Wilhelm Adolph Collasius

(1833–1910),[20] der Großvater von Margarethe, gründete 1875 in Hamburg eine Tuchhandlung. Er war bald als solider und ehrbarer Kaufmann weit geachtet, spekulierte nie, verbot in seinem Geschäft die Annahme von Wechseln und billigte sich selbst nicht mehr als zehn Prozent Gewinn zu. Der aber reichte aus, um eine Villa in Hamburg-Eilbek zu kaufen, wo er einmal in der Woche seine drei Söhne mit ihren Frauen um sich versammelte, Börsenfragen besprach und aus den Romanen Fritz Reuters vorlas. Er war ein ernster, tiefreligiöser Mann von alttestamentarischer Frömmigkeit, Mitglied im Kirchenvorstand der Stiftskirche zu St. Georg[21] und kümmerte sich um Bedürftige, ein typischer Patriarch der wilhelminischen Ära.

August Wilhelm Collasius (1863–1947),[22] sein ältester Sohn und Vater von Margarethe, führte die Firma an die Spitze der Hamburger Textilexport-Agenturen. Er wird geschildert als ebenso frommer Christ wie sein Vater, als vornehmer, großmütiger Charakter, der die bildende Kunst liebte und die Romane Gustav Freytags. Seine Frau Martha Adelheid Hälssen (1869–1939),[23] die Tochter eines Amtsphysikus im hamburgischen Amt Ritzebüttel an der Elbmündung, hatte als Mädchen einmal Johannes Brahms auf dem Klavier vorgespielt. Ihre Tochter Margarethe wuchs mit drei Geschwistern in einer Villa im damals noch preußischen Wandsbek auf, vor den Toren der Stadt. August Wilhelm Collasius verdiente gut, aber er war ein äußerst strenger Vater, der auf Sparsamkeit hielt, die Kinder durften ihr Brötchen nur mit Butter *oder* Honig essen. Margarethe beschrieb ihre Kindheit als behütet, aber entsagungsvoll. 1918 erlitt ihre Mutter einen Schlaganfall, verlor die Sprache und war halbseitig gelähmt. August Wilhelm betreute sie bis zu ihrem Tod, 21 Jahre lang. Nach der Zerstörung des Hauses bei einem Bombenangriff im Juli 1943 verbrachte er seine letzten Lebensjahre bei seiner Tochter in Rostock.

Die exaltierten und verschwenderischen Kempowskis, die aus den westpreußischen Sümpfen am Frischen Haff emporgestiegen waren zu den Höhen Rostocker Bürgerlichkeit, und die sich über Jahrhunderte vornehm, anständig und christlich haltende Familie Collasius: ein größerer Gegensatz ist schwer vorstellbar. In diese Verbindung wurde Walter Kempowski am 29. April 1929 hineingeboren, an einem Montagabend gegen 20 Uhr.

3. Einflüsse

Meine Kindheit war getragen von einer heiteren Grundstimmung.[24]

Die junge Familie Kempowski wohnte in der Steintorvorstadt, Alexandrinenstraße 81, eine bürgerliche Gegend.[25] Schwester Ursula (1922–2002) war sieben, Bruder Robert (1923–2011) sechs Jahre älter.

»Ein Etagenhaus von zwei Stockwerken und einem ausgebauten Boden, mit großem Torweg und hinter dem Haus ein Hof, auf dem Hühner scharrten, Katzen herumliefen. Ein Pferdestall war da, eine Remise mit Wagen, Trockenböden, Holzschuppen. Die Rückwand eines Schlachterhauses. In den Schlachthallen hörte man das hell-hohle Schlagen der Fleischäxte. Ab und zu wurde heißes Wasser auf den Hof gekippt. Leitern, Bretter, auf denen konnte man wippen, ein großes Tor, Winkel… Die Rückseite des sogenannten St. Jürgen, das war früher mal ein Kloster gewesen, die Klosterkirche hatte man abgerissen, aber die Klosterhäuschen waren noch da.«[26]

Die Familie gehörte in den dreißiger Jahren zum gehobenen Wirtschaftsbürgertum, mit eigener Firma, Angestellten, Schiffs- und Immobilienbesitz. Bildung und Kultur spielten eine große Rolle in ihrem Leben, boten Orientierung und vermittelten Maßstäbe der Weltdeutung.[27] Das Bürgerliche bestimmte Walter Kempowskis Kindheit und Jugend, prägte sein Denken und Handeln über alle biographischen Brüche und Krisen der späteren Jahre hinweg. Daneben formten die besonderen Erfahrungen seiner Generation seinen Weg zu einem bedeutenden Schriftsteller. Er gehört wie Peter Rühmkorf,

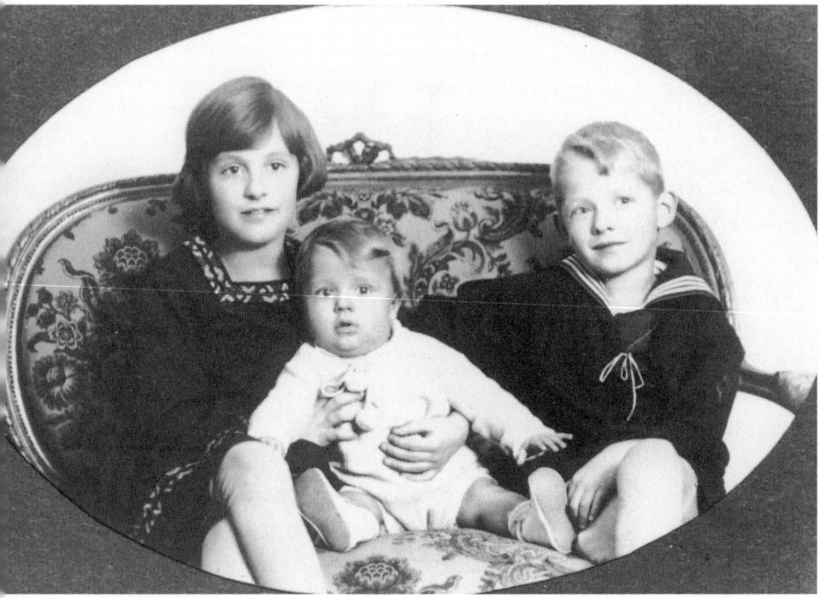

Ursula, Walter und Robert Kempowski, 1930

Hans Magnus Enzensberger, Martin Walser, Günter Grass, Siegfried Lenz, Uwe Johnson und Heiner Müller zur sogenannten Flakhelfer-Generation der zwischen 1926 und 1930 Geborenen.[28]

Aufgewachsen im »Dritten Reich«, waren sie Angehörige der Hitler-Jugend, erlebten den Krieg schon bewußt, wurden noch in letzter Minute von der Schulbank weg als Soldaten an die Front geschickt oder kamen als Luftwaffenhelfer zum Einsatz. Der Zusammenbruch Deutschlands fiel in ihre Jugend, der Wiederaufbau in ihre frühen Erwachsenenjahre. In den achtziger Jahren besetzten Vertreter dieser Generation Führungspositionen in beiden deutschen Staaten, wurden zu Repräsentanten der Gesellschaft. Da hatte Kempowski schon mit »Tadellöser & Wolff« und den folgenden Romanen der »Deutschen Chronik« ihre literarische Biographie geschrieben.[29]

Rostock um 1935

Kempowski war geleitet durch das Vorbild der Eltern und die Auseinandersetzung mit ihnen. Auch die schulische Sozialisation, die Anregungen der Lehrer beeinflußten ihn. Früh bildeten sich Bezugspunkte heraus, die in kulturellen und politischen Fragen sein späteres Leben bestimmten, vor allem sein Verhältnis zur Literatur und Pädagogik sowie seinen Umgang mit Geschichte.

Anfang der dreißiger Jahre lieferten sich SA und Kommunisten auch in Rostock Saalschlachten. Kempowskis Vater, anfangs durchaus offen und interessiert für die neue Zeit, war die Republik fremd geblieben.[30] Der Weltkrieg war für ihn das Stahlbad gewesen, das einschneidende Ereignis seines Lebens. Politisch dachte er konservativ, war monarchistisch gesinnt, deutsch-national, ein typischer Vertreter des Bürgertums, der die Beschäftigung mit Kultur, mit Literatur, Musik, Geschichte einer aktiven, staatsbürgerlich begründeten Teilnahme am politischen Leben der Demokratie vorzog.

Karl Georg Kempowski, das »Versehen«, war durch eine Hautverletzung gezeichnet, die er im Krieg bei einem Gasan-

Karl Georg Kempowski, 1939

Margarethe Kempowski, 1939

griff erlitten hatte. Er trat zurückhaltend auf, gehemmt. Das galt für seinen Umgang in der Firma Otto Wiggers, der er seit 1922 angehörte und wo er über Jahre Schwierigkeiten hatte, sich als Juniorchef bei den Angestellten durchzusetzen, das galt für den Kontakt mit Bekannten und auch zu Hause. Er verschanzte sich hinter verballhornten Zitaten und humorigen Sprüchen (»immerhinque«, »Tadellöser & Wolff«, »Das ist natürlich wieder alles falsch«), die in eine eigene Familiensprache einflossen.

Als ehemaliger Leutnant nahm er an Übungen der »schwarzen Reichswehr« teil. Er bezog »seine Lebens-Façon von der Uniform«, sie war für ihn »die letztmögliche Flucht aus der Realität«,[31] wie Kempowski später urteilte. 1933 trat er dem Stahlhelm bei, wurde 1934 nach der Gleichschaltung auch in die SA übernommen, von der er sich jedoch nach kurzer Zeit abwandte, Begründung: Arbeitsüberlastung. Seine konservative Haltung gewährte immerhin Distanz zu den Nationalsozialisten.

Er war ein ernster Mann, vielseitig gebildet, historisch inter-

Die Mitarbeiter der Firma Otto Wiggers, links Karl Georg Kempowski, 1938

essiert, spielte gern Klavier, meistens abends, wenn die Kinder schon im Bett lagen. Seiner Heimatstadt war er als Mitglied des Vereins für Rostocker Altertümer verbunden, dessen Vorträge er regelmäßig besuchte. Er las viel und sprach gern über Literatur. Sein bevorzugter Schriftsteller war Christian Morgenstern, den er häufig zitierte. Er hatte einen Sinn für skurrilen Humor und schätzte Robert Neumanns Literaturparodien »Fremde Federn«. Kein Tag verging ohne eine Anspielung auf die »Buddenbrooks« – steter Umgang mit Literatur, der tief in die Lebenspraxis eindrang.

Nach dem Tod seines Vaters im Oktober 1939 übernahm er die Leitung der Firma Otto Wiggers, wurde aber schon im März 1940 zur Wehrmacht einberufen. Er beaufsichtigte Truppentransporte nach Frankreich, diente als Oberleutnant beim Stab in Stettin und war Ortskommandant in Gartz an der Oder. Im Oktober 1944 kam er zum letzten Mal auf Urlaub nach Hause. Im Dezember 1944 wurde er, inzwischen Hauptmann, an die

Dampfer »Consul Hintz«

Ostfront versetzt. Er machte den Rückzug durch das brennende Ostpreußen mit und die Kämpfe im Kessel von Heiligenbeil im März 1945. Am 26.4.1945 fiel er durch eine russische Fliegerbombe am Strand der Frischen Nehrung. Irgendwo zwischen Steegen und Stutthof liegt er begraben, nicht weit von der Elbinger Höhe entfernt.[32]

Walter Kempowski erlebte seinen Vater nur bis zum zehnten Lebensjahr. Ein ernsthaftes Gespräch haben sie nie miteinander geführt. Er gehörte zur »vaterlosen Generation«, die früh schon ohne positive Autorität und Identifikationsmöglichkeit auskommen mußte, aber auch ohne Objekt des Protestes und des Aufbegehrens.[33] Über ein Telefonat aus dem Jahr 1941 berichtete er: »Dieses Gespräch setzte mich in die tödlichste Verlegenheit. Ich wußte absolut nicht, was ich sagen sollte, und meinem Vater ging es ganz ähnlich. Etwa 5 Minuten lang brachten wir mit allgemeinen Fragen nach dem Befinden usw. durch, erst dann ging es an, daß beide den Hörer wieder auflegten. Ich habe mit meinem Vater nie gesprochen. Es war eine Beziehungslosigkeit zwischen uns, er ›konnte‹ nicht mit Kindern.«[34]

Er suchte diese Auseinandersetzung erst in seinem Werk, ließ den Vater in den Romanen der »Deutschen Chronik« wiedererstehen, gestaltete in dem Hörspiel »Moin Vaddr läbt« seine Wünsche nach einer möglichen Begegnung, machte sich in »Mark und Bein« literarisch auf die Suche nach dem Grab auf der Frischen Nehrung. Kempowski vermutet, daß sein Vater den Tod gesucht hat – er soll nachts vor dem Bunker eine Zigarette geraucht haben, was Tiefflieger aufmerksam machte –, weil er die Rückkehr ins bürgerliche Leben fürchtete, ohne den Halt der Uniform, den Status des Hauptmanns. »Ich führe bis heute milde Gespräche mit meinem Vater. Manchmal bin ich ganz dankbar, daß mir der Kampf mit ihm erspart geblieben ist.«[35]

Margarethe und Karl Georg Kempowski waren sich in der Ablehnung der Nationalsozialisten einig. Während der Vater die konservative Seite vertrat, beeinflußte die Mutter ihre Kinder eher im christlich-liberalen Sinne. Sie würde auch Kommunistin werden, wenn man nichts besitze, sei das doch verständlich, dieser Ausspruch aus den dreißiger Jahren ist von ihr überliefert. Sie war religiös erzogen. Beten, Bibellektüre, Kirchgang, der Pastor als Ansprechpartner in Krisenzeiten, das alles war selbstverständlich, und sie versuchte, auch ihren Mann in dieser Richtung zu beeinflussen. Kempowski hat später seine eigene nichtkirchliche, privatreligiöse Neigung auf die Übertreibungen seiner Mutter zurückgeführt.

Karl Georg spielte zwar am Sonntagmorgen Choräle auf dem Klavier, aber er sang auch gelegentlich »Jesus, meine Kuh frißt nicht«. In seinem Elternhaus hatte die Religion keine Rolle gespielt, höchstens als Zielscheibe des Spotts. Erst im Krieg fand er eine ernstere Haltung zur Religion und stand wie seine Frau der Bekennenden Kirche nahe. Gesangbuch und Neues Testament waren seine Begleiter, und der Gottesdienst bedeutete für ihn eine Art Gegenwelt zu den kriegerischen Verhältnissen und dem proletarischen Wesen der Nazis.

Alexandrinenstraße 81, 1934

Margarethe Kempowski wird als gefühlsbetont geschildert, als hilfsbereit und sozial orientiert. Sie galt als hübsch, hatte Charme und spielte gut Klavier. Das große Glück war die Ehe wohl für beide nicht, Margarethe wollte etwas erleben, wie es heißt, und Karl Georg seine Ruhe haben. Differenzen wurden durch die allgemeine sanguinische Stimmung, durch Floskeln, Witze, rituelle Verhaltensweisen geglättet. Nach dem Tod ihres Schwiegervaters sorgte sie konsequent dafür, daß die Hypotheken mit dem Offiziersgehalt ihres Mannes abgezahlt wurden. Dessen Tod verwand sie ebenso tapfer, wie sie mehr als fünfeinhalb Jahre Gefängnis durchstand und am Ende ihres Lebens eine Krebserkrankung ohne ein Wort der Klage ertrug.

Man war einigermaßen wohlsituiert. Die Kinder wuchsen mit Segelclub, Reitstunden und Klavierunterricht heran. Der Umgang der Eltern war standesgemäß, Kaufleute, höhere Beamte, Gymnasiallehrer. Allerdings wohnte man »nur« in einer Etagenwohnung und noch nicht einmal Beletage. 1939 bezogen die Kempowskis in der Augustenstraße 90 eine größere Wohnung in einem Haus, das in den zwanziger Jahren im Bauhausstil errichtet worden war. Die Sommerferien verbrachten die Kinder gewöhnlich am Strand im nahen Warnemünde. Im Sommer 1936 fuhr man immerhin mit dem eigenen Dampfer »Consul Hintz«, der an der Versorgung der Exklave Ostpreußen beteiligt war, für eine Woche nach Königsberg und besuchte die Obsthändler-Verwandtschaft. Die Kinder erlebten keine soziale Not, beobachteten sie aber: Tante »Du bist es«, die sich die Waschlauge der Mutter stahl, ein weinender Mann, der kurz vor Weihnachten das Schaukelpferd abholte für seine Kinder, die Bettler an der Haustür, für die man eine Untertasse mit Pfennigen bereitstellte. Der Alltag war bestimmt durch Arbeit und Ordnung, durch Tischgespräch und Sonntagsspaziergang, durch Kulturrezeption und -ausübung. Lektüre, Konzertabonnement und Hausmusik sowie Teilnahme an einem privaten, geselligen Kreis, in dem philosophische und literarische Fragen erörtert wurden, beeinflußten auch die Kinder.

Mit den Eltern in Biestow bei Rostock

Robert Kempowski berichtet: »Sonntags gab es ein weichgekochtes Ei, dazu Brötchen – für jeden zwei –, Marmelade und Butter, Honig. Eine gemütliche Atmosphäre war das: die ganze Familie um den Tisch herum, der Vater gutgelaunt, mit steifem Kragen und funkelnder Brille, die Mutter freundlich und heiter gestimmt und die Geschwister. Man frühstückte lange, man ließ sich Zeit: Jeder erzählte, und es ging manches Mal sehr lebhaft zu, ein Wetteifern im Erzählen, wir von der Schule, der Vater von verbumfeiten Leuten (wie er sich ausdrückte). Gern auch Witze, und die Mutter hatte auch das eine oder andere beizusteuern. Und der kleine Bruder saß im Kinderstuhl und fuhr mit dem Löffel als Autos um die Teller herum.«[36] Die Erzähler am Eßtisch begleiteten Walter Kempowski von Anfang an, der Sarkasmus des Vaters, der ihm nacheifernde Bruder, die Mutter, die anschaulich aus ihrer Kindheit berichtete. Andere literarische Einflüsse traten früh hinzu. Die Mädchenkammer im Dachgeschoß der Alexandrinenstraße bewohnte in den Jahren nach der Weltwirtschaftskrise eine Souffleuse (»Einhelferin«) des Rostocker Stadttheaters, Franziska Koschate. Bei ihr lag Walter Kempowski gern auf dem Bett und lauschte, wenn sie Texte memorierte und Schauspielunterricht gab. Sie nahm ihn mit auf die Proben, ließ ihn aus dem Soufflierkasten schauen und sorgte dafür, daß er als Fünfjähriger in dem Kindermärchen »Der kleine Däumling« mitspielte.[37]

Von 1931 bis Ende 1937 lebte ein Untermieter in der Wohnung, Walter Görlitz, Sohn eines Stabsarztes aus Stettin. Zunächst Medizinstudent, verlegte er sich bald auf die Literatur und machte sich als Verfasser historischer Bücher einen Namen.[38] Nach dem Krieg schrieb er schon früh eine Hitler-Biographie (1952), und sein Buch »Der deutsche Generalstab« wurde ein Standardwerk. Er war jahrzehntelang Redakteur der »Welt«. Mit dem Reitsattel unter dem Arm zog er ein und legte sofort die Miete auf den Tisch, ein eleganter junger Herr mit »vornehmen Allüren«,[39] »der Möweneier aß und das Weiche aus den Brötchen herausklaubte und wegwarf.[40]« Als »Student med. Wirlitz« ist er in dem Roman »Schöne Aussicht« dargestellt

Walter Kempowski schildert seine Begegnung mit der zurückgezogenen, privaten Schriftstellerexistenz, die ihn als Kind sehr beeindruckte: »Wenn meine Mutter morgens früh sein Zimmer aufräumte, dann gab ich meiner Neugierde nach und filzte es. An der Lampe hingen Karnevalsorden, der Sattel lag in der Ecke, und im Papierkorb fand sich ein Füllfederhalter, der kleckste, sowie eine Konfektschachtel mit Pralinen, die ein wenig beschlagen waren. Der Geruch nach Terpentin und Ölfarben – er bemalte aus Studiengründen Zinnfiguren – der Tee und der Toast, den meine Mutter ihm hinstellte, und die aufgebrochene Zigarettenschachtel, er rauchte Orientzigaretten, Kyriazi oder Attikah? Eines Tage fand sich sogar eine Aktentasche, deren Verschluß defekt war, alles requirierte ich, nur die Aktentasche nahm mein Vater an sich.«[41]

Walter Görlitz

Abends suchte Görlitz zuweilen das Gespräch mit Karl Georg Kempowski, im Wohnzimmer oder auf einem Abendspaziergang, der dann in dem Kapitänslokal »Fröhliche Teekanne« endete. »Mein Vater hat auch von der Bekanntschaft profitiert«, berichtete Robert Kempowski später: »Sie liehen sich aus der Universitätsbibliothek alte Zeitungen, die ›Kreuzzeitung‹ und die ›Vossische‹. Die wurden dann auf dem Flügel ausgebreitet und gemeinsam gelesen. So studierten sie die politischen Verhältnisse der Weimarer Republik.«[42] Görlitz dachte noch konservativer als der Reeder. In der Ablehnung der Nationalsozialisten trafen sie sich – Robert Kempowski: »Sie haben immer furchtbar auf die Nazis geschimpft, nur von ›Herrn Hitler‹ gesprochen.«[43] Görlitz schrieb viele Jahre später an Walter Kempowski: »Die Nationalsozialisten fanden wir etwas wunderlich, ich erinnere mich noch, daß Ihre Eltern und ich – ich glaube, Sommer 1932 – zu einer deutschnationalen Versammlung gingen, auf der Herr Everling sprach, ein großer Monarchist. Als wir aus dem Hause in die Alexandrinenstraße kamen, marschierten SA-Leute in ihren gelbbraunen Hemden vorbei, und Ihre Frau Mutter sagte ziemlich laut: Oh Gott, Karl, sieh doch, wie die Ascheimerleute!«[44] Am Vorabend des 1. Mai 1933 wettete Görlitz mit Karl Georg Kempowski um zwei Flaschen Champagner, daß die sozialdemokratischen und kommunistischen Arbeiter nicht auf Befehl Hitlers zu Ehren der »Bewegung« marschieren würden, eine Wette, die Görlitz verlor, wie er in seiner Kolumne »Griff in die Geschichte« 1963 schrieb.[45] Er bekam dann Schwierigkeiten mit dem NS-Studentenausschuss und der Gestapo. Zwei seiner Bücher wurden verboten. Von 1941 bis 1943 leitete er die Pressestelle der Stadt und war Herausgeber der »Rostocker Monatshefte«.

Walter Kempowski setzte sich auf kindliche Weise mit dem Schriftsteller auseinander: »Nach der Karnevalszeit fand sich bei ihm ein Turban mit Agraffe vorne dran, den ich mir aufstülpte. Er war zu groß! Und auch seine Reitstiefel wollten nicht passen, denn ich stieg mit meinen eigenen Schuhen hinein, und es war schwierig, mich wieder herauszuziehen.«[46] Die märchenhaften Insignien seines Berufs, obwohl heiß begehrt, paßten nicht für das Kind. Görlitz schenkte ihm aber einen Kriegselefanten aus Zinn, der einen Krieger mit Pfeil und Bogen trug. In späteren Jahren, längst als Schriftsteller erfolgreich, wählte Kempowski einen Elefanten als Wappentier seiner Exlibris. Görlitz beurteilte auch als erster die frühen dichterischen Arbeiten Kempowskis. Dieser wurde unfreiwillig

Zeuge eines Gesprächs zwischen seiner Mutter und Görlitz, der wohl im Sommer 1946 noch einmal kurz nach Rostock zurückkehrte: »Meine Mutter zeigte ihm in einem Anfall von Wahnsinn meine Versuche, die in der Zeit meiner intensiven Morgenstern-Lektüre entstanden waren. Ich entsinne mich eines Gedichts, das mit dem Vers begann: ›Dergestalt ist Vaters einziger Sohn, daß er…‹, eine Hexametersache über einen faulen Jungen, der lieber im Bett liegt, als sich nützlich zu machen. Görlitz und meine Mutter saßen auf dem Balkon in der Sonne. Ich stand in der Küche und hörte mit halbem Ohr, wie er rief: ›Völlig ausgeschlossen, Frau Kempowski, das ist nichts, das ist gar nichts!!!‹ Görlitz bemerkte mich dann und sprach sofort von etwas anderem. Das war der erste Schock meiner literarischen Laufbahn, eigentlich im nachhinein ein positiver, produktiver!« Einige dieser Verse hat Kempowski in dieser Zeit dennoch unter dem Titel »Gedichte. I.« mit der Schreibmaschine auf braunem Nachkriegspapier in Form gebracht, geheftet und seinem Bruder gewidmet.[47] Ein Gedicht heißt »Zeitgemäss!«.

Sessel,
ich hab dich gern!
Lässt sich
Dein Futter
Doch so
Prächtig rauchen!
(März 1946)

Kempowski hat Görlitz bei seinen Recherchen für die Romane der »Deutschen Chronik« um Auskunft gebeten über seine Zeit in der Alexandrinenstraße, ihn in der Redaktion der »Welt« besucht. Robert Kempowski berichtet hingegen, daß Görlitz ihn nach Erscheinen von »Tadellöser & Wolff« gefragt habe, warum er nicht verhindern konnte, daß seine Familie so in den Schmutz gezogen wird. Indes ist überliefert, daß er dennoch alle Romane der Chronik gelesen habe. Rückblickend schätzte Kempowski die Nähe zu Görlitz in seiner Kindheit als grundlegend ein: »Ohne ihn wäre ich nie Schriftsteller geworden.«[48]

Seine Zeit als Leser begann in der dritten Volksschulklasse, mit dem Buch »Paul vom Zirkus Serpentini« von Otto Bernhard Wendler.[49] In der Folge frequentierte er die Volksbücherei häufig, las Sonnleitners »Die Höhlenkinder im heimlichen Grund« und die »Försterhaus«-Bücher von Erich Kloss: »Ich fand sie langweilig. Aber die Atmosphäre der Einbände war so intensiv, daß sie mich später bestimmten, Dorfschulmeister zu werden. Noch heute senden sie Impulse aus.«[50]

Abends las die Mutter am Bettrand sitzend vor, »Karl und Marie« von Elise Averdieck, die als Diakonissin in der Hamburger Stiftskirchengemeinde ihrer Eltern eine herausragende Rolle gespielt hatte. Die Beschäftigung mit Literatur war für das Kind eine ernsthafte:

»Als ich zehn Jahre alt war, ging ich mit dem Buch ›Kai aus der Kiste‹ unterm Arm zu unserem Buchhändler Schaab an der Ecke, bei dem meine Mutter jeden Sonnabend einen Roman kaufte, und sagte zu ihm: Ich möchte Ihnen meine Anerkennung für dieses Buch aussprechen.«[51] Er erfaßte seine Bücher numerisch in Listen. Karteikarten, wie man sie in der Volksbücherei benutzen mußte, um an Bücher zu kommen, waren seine ganze Sehnsucht. In dieser Zeit äußerte er mit beinahe prophetischer Sicherheit einen ersten Berufswunsch: »Ich stand mit meinem Vater vor dem Universitätsgebäude. Er unterhielt sich mit Reeder Cords, der ihm die Vorzüge einer Gasheizung anpries. Dann fragte er mich, was ich denn mal werden wolle, und ich antwortete: Archiv! Da war ich zehn Jahre alt.«[52] Seine Vorstellungen waren indes noch vage, denn seine Mutter mußte ihn wiederholt berichtigen, daß es Archivar heiße. Bald darauf verzeichnete er bereits alle Filme, die er im Kino gesehen hatte, auf Karteikarten. Von entscheidender Bedeutung für diese frühe Ausrichtung war die nachdrückliche und oft wiederholte Erklärung des Vaters, daß die Firma allein Robert vorbehalten sein würde. So mußte er sich ein anderes Ziel suchen.

In dieser Zeit schrieb er an seinem ersten Buch, eine Art Autobiographie mit dem Titel »Hans«, die mit den Worten begann: »Hans, rief die Mutter, Hans, komm zum Essen. – Doch Hans konnte nicht hören, er war nämlich auf dem Güterbahnhof. Hier saß er in einem Waggon, in den Soldaten verladen waren, und fuhr mit ihnen ins Manöver.«[53] Der Versuch wurde nach 20 Seiten abgebrochen. »Zur gleichen Zeit schrieb ich ein Buch von etwa sechs Seiten. Es hieß: ›Was mancher nicht weiß‹ und war eine Sammlung von Kulturkuriosa, die ich in Zeitungen, Zeitschriften und Jahrbüchern aufgeschnappt hatte.«[54] Die Anregung verdankte er wahrscheinlich den »Kulturkuriosa aus Altgriechenland« von Hans Licht, die im Bücherschrank neben einer zweibändigen Darstellung »Der Weltkrieg in Bildern und Dokumenten« standen.

Die Jugendlektüre wurde bald erweitert, angeregt von den Eltern: Heinrich Manns »Professor Unrat« und Hermann Hesse in den blauen Bänden der Insel-Ausgabe. Kempowski las sie im Schneidersitz, mit glühenden Wangen. Die von den Nazis geschätzten Schriftsteller ließen ihn kalt. Werner Beumelburgs »Gruppe Bosemüller« empfand er wegen der Kriegsschilderungen als abschreckend, an Hans Grimms »Volk ohne Raum« oder Edwin Erichs Dwingers »Letzte Reiter« machte er sich gar nicht erst heran.

In den Sommerferien 1943, die er in Hamburg bei seinem Großvater verbrachte, las er stattdessen die »Buddenbrooks« in einem Zug durch, kurz bevor er den Feuersturm der Bombenangriffe erlebte. Jetzt stellte er erstmals fest, daß Literatur auch ihn selbst anging und nicht nur der Unterhaltung der Erwachsenen diente. Noch in Hamburg begann er einen Roman mit dem Titel »Arram der Letzte«, die Geschichte eines Elefanten, der als letzter seiner Herde, von weißen Jägern gehetzt, sein Leben im Urwald beschließt. Möglicherweise handelte es sich um eine Nachwirkung des Görlitz-Geschenks. Seine Kusinen jedenfalls verspotteten ihn, und weil die Erlebnisgrundlage fehlte, stellte er seine Bemühungen nach drei Seiten ein.

Die Werke der lateinischen Antike lernte er jenseits der Schule in einer Art privatem Literaturunterricht schätzen, den er 1941 für einige Monate bei Dr. Erich Fabian erhielt, einem Lehrer aus der Nachbarschaft, der aufgrund der NS-Rassegesetze pensioniert worden war, weil seine Frau Jüdin war, und Nachhilfestunden gab. Fabian, der »Studienrat Matthes« in »Tadellöser & Wolff«, vermittelte ihm die Bedeutung der römischen Antike für die Herausbildung der abendländischen Kultur. Nach einigen Monaten fanden die Literaturstunden mit den Sommerferien ein jähes Ende und wurden nicht wieder aufgenommen. Fabian wurde nach dem Krieg Direktor der Rostocker Volkshochschule und veröffentlichte Bearbeitungen von Ovid und Catull sowie Romane.[55]

Bildende Kunst spielte im Gegensatz zur Musik nur eine untergeordnete Rolle. Aber Anregungen gingen auch von Minimalimpulsen aus. In kunstgeschichtlichen Bildbänden beeindruckte Kempowski besonders die Formensprache der Moderne. Der Bauhausstil des Wohnhauses und die »Blauen Pferde« von Franz Marc, dann ein Bild, das Glühbirne, Kaktus und Briefmarke zeigte, eine frühe Beschäftigung mit Alltagsgegenständen und Collage, blieben Kempowski im Gedächtnis, weil Kunst dieser Art in der Nazizeit selten zu sehen war.

Nicht nur für die schriftstellerische Tätigkeit wurde in Kempowskis Kindheit der Grundstein gelegt, auch für die spätere Arbeit als Pädagoge. Seine Mutter ließ sich bei der Erziehung ihrer Kinder von den christlichen Grundsätzen ihrer Fröbel-Ausbildung leiten. Es ging ihr darum, sie einer schon angelegten eigenen Bestimmung zuzuführen, sie »nachgehend« zu behüten und nicht autoritär Wege vorzuschreiben. Kerngedanke war die ständige Anregung der schöpferischen Möglichkeiten – eine liberale Auffassung, die der totalitären Zeit entgegenstand. Zu Ostern 1935 kam Kempowski in die St.-Georg-Schule für Knaben, die als »Institutsschule« des Pädagogischen Instituts der Universität

St.-Georg-Schule für Knaben, 1937: Walter Kempowski, 1. Reihe, 5. von links; ganz rechts Hans Märtin

geführt wurde.[56] Kempowski saß hier neben Jo(achim) Jastram in der Bank, der später Bildhauer wurde. Klassenlehrer war Hans Märtin, der zusammen mit dem Reformpädagogen Professor Johannes Erich Heyde Schulexperimente mit ganzheitlichem Unterricht durchführte und die Ergebnisse publizierte.[57] Märtin war ein menschenfreundlicher Pädagoge. Über seine Methode schrieb er: »Der Schulanfänger wird im Schulraum stets zu pakken sein, wenn man die bunte Welt der Erscheinungen und der einfachen Geschehensweisen seiner Umwelt vor sein Auge oder sein Ohr bringt. (…) Deshalb ist die *Geschichte* der große Wundertäter in der Klasse der Schulanfänger.«[58]

So las er den Kindern wochenlang spannende und lustige Erzählungen vor, ehe sie erste Schreib- und Leseversuche anstellten, um ihnen zu vermitteln, warum es erstrebenswert sei, lesen

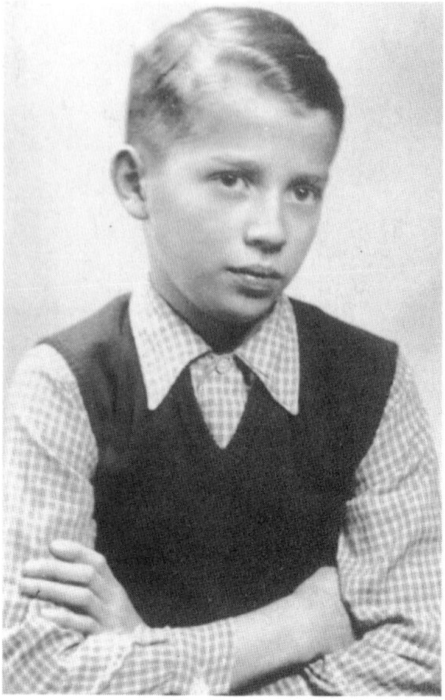

Dezember 1938

zu lernen. Das führte zu einem ungeheuren Arbeitseifer.[59] Märtin unterrichtete ohne Fibel. Er ließ die Schüler erzählen, schrieb ihre Beobachtungen an die Tafel und entwickelte daraus seinen Unterricht. Er trug einen weißen Arztkittel, benutzte farbige Kreide, schrieb Wörter auch auf die blaßgrüne Wand des Klassenraums – ein unerhörter Tabubruch in der ehrwürdigen Anstalt, wie die Abbildung des Menetekel, die Kempowski aus der Doréschen Bilderbibel kannte. Märtin war eine magische Erscheinung, die stark auf die Kinder wirkte. Als »Lehrer Jonas« ist er in den Roman »Schöne Aussicht« eingegangen. In den siebziger Jahren besuchte Kempowski den betagten Pädagogen, der ihm rührende Anmerkungen zu »Tadellöser & Wolff« geschickt hatte, und Märtin erinnerte sich an das »intensive Kind«, das ihn nach der Schule oft nach Hause begleitet und ohne Pause auf ihn eingeredet hatte.[60]

Ein weiteres Vorbild seiner pädagogischen Arbeit und Anregung für historisches Interesse fand Kempowski ab 1939 auf

Johannes Gosselck

dem Realgymnasium in Johannes Gosselck,[61] in »Tadellöser & Wolff« »Hannes« genannt. Gosselck stammte aus einer Zeit, als es für Gymnasiallehrer noch selbstverständlich war, sich vor allem in regionalgeschichtlicher und volkskundlicher Forschung zu betätigen. Er war wie Karl Georg Kempowski Mitglied im Verein für Rostocker Altertümer, Vorsitzender des Plattdeutschen Landesverbands und Leiter der Volkslied- und Flurnamenkommission im Heimatbund Mecklenburg. Er war äußerst produktiv, trug unter anderem zum Mecklenburgischen Wörterbuch bei, veröffentlichte niederdeutsche Geschichten und verfaßte eine Schulfibel.[62] Außerdem war er ein enger Mitarbeiter von Richard Wossidlo.[63] Dieser bedeutende volkskundliche Feldforscher erfaßte in der Art der Brüder Grimm das kulturelle Wissen und das Alltagsleben der einfachen Bevölkerung, führte Befragungen durch und notierte Geschichten, Ausdrücke, Bräuche auf kleinen Karteikarten, die der »Zettelmann«[64] stets bei sich trug.

In diese Atmosphäre von Heimat- und Volkskunde, gesammelten Volksüberlieferungen und Archiven geriet Walter Kempowski immer mehr. Gosselck bevorzugte ihn vor allen anderen Schülern, nahm ihn und ausgewählte ältere Jungen mit auf Wanderungen durch das Rostocker Umland. »Ich war von seinem Naturfimmel so angesteckt, daß ich mit meinem Freund nachmittags durch die Barnstorfer Anlagen ging, die Hände auf dem Rücken, tief atmete und an den Kiefernstämmen hinaufguckte, wie schön die gewachsen sind. Ich schaffte mir auch ein Kontobuch an und trug jeden Tag das Wetter ein.«[65] Die Ausflüge in die Natur und Besuche der umliegenden Güter brachten ihm eine Art reformpädagogische Landschulerfahrung.

Noch Jahrzehnte später empfand Kempowski im Rückblick Dankbarkeit gegenüber seinen Lehrern. Märtin, der »Halbgott«,[66] und Gosselck, »der ewige Vater«,[67] begegneten Kempowski zuweilen im Traum, und im Tagebuch notierte er: »Schulzeit, das war schlimm. Märtin und Gosselck haben mich gerettet: Immerhin wohl acht Jahre? Nein, sechs. Vier

Jahre Märtin und zwei Jahre Gosselck. Deren Bilder gehören auf meinen Schreibtisch. Es waren eigentlich ›schlechte Lehrer‹, aber es waren Pädagogen, oder einfach gute Menschen.«[68]

Von den Eltern geliebt und gefördert, in der Schule nicht gebrochen, verlebte Kempowski eine behütete und anregende, von einer heiteren Grundstimmung getragene Kindheit. Als Rostock Ende April 1942 von englischen Bomben zerstört wurde, fiel auch sie in Trümmer.

4. Verweigerung

1942–1948, das war die dunkelste Zeit, nicht etwa Bautzen.[69]

Der Krieg zerstörte das Familienleben, die kleine Urzelle inniger Gemeinschaft um den Eßtisch herum. Karl Georg Kempowski kam nur noch gelegentlich auf Urlaub, Ursula verbrachte nach dem Abitur 1941 ein Jahr beim Arbeitsdienst. Robert, im Juni 1942 eingezogen und bald als nur »arbeitsverwendungsfähig« entlassen – in seiner Kindheit war er wegen einer Knocheninfektion mehrfach operiert worden –, trat eine Lehrstelle als Schiffsmakler an, im fernen Stettin, wo er ein Zimmer bei der Mutter von Walter Görlitz bewohnte. Im Dezember 1944 mußte er dann in Pommern sowjetische Kriegsgefangene bewachen. Walter Kempowski blieb allein mit seiner Mutter, bis im Sommer 1943 der ausgebombte Großvater August Wilhelm Collasius aufgenommen wurde. Der Heranwachsende erfuhr Verlust und Zerstörung. In den Nächten vom 23. bis zum 27. April 1942 wurde der größte Teil der Rostocker Altstadt durch das englische Bomber Command vernichtet, im zweiten Brandbombenangriff auf eine deutsche Großstadt nach Lübeck. Mehr als 200 Menschen starben, mindestens 30 000 verloren ihre Wohnungen, viele flüchteten aufs Land.[70]

Kempowski beschrieb seine Eindrücke in einem seiner frühesten Texte, die erhalten sind: »Das Bild, das sich bot, war erschreckend. Alle Straßen waren so verändert. Überall klafften Lücken in den Häuserzeilen, Straßen waren abgesperrt, verstopft, mit Möbeln vollgestellt. In jeder Straße brannten Häuser, manche waren schon bis zum Keller ausgebrannt. Hier und

Augustenstraße 90

dort bemühte man sich noch verzweifelt, um zu retten, was zu retten war. Manche Häuser aber brannten still vor sich hin, und keiner beachtete das mehr. Ich lief aufgeregt umher, reihte mich auch in Eimerketten ein, das war zu schwer für mich. In die Innenstadt konnte man gar nicht vordringen, es hieß, die ganze Altstadt sei vernichtet. Gegen Mittag kam unser guter Robert, völlig am Ende und mit staubigem Gesicht. (...) Und von ihm hörte ich denn auch eine Nachricht, die mich tief erschütterte. Wißt ihr, was noch vernichtet ist? fragte er, die Nikolai-Kirche, die Petri-Kirche und das Steintor. Alles kaputt!«[71]

Die Bombenangriffe vom April 1942 bedeuteten eine einschneidende Zäsur in Kempowskis Leben, das jähe Ende der Kindheit. Dazu traten nun die Zumutungen des Dienstes in der Hitler-Jugend, der er seit 1939 angehörte.

Kempowski reagierte auf Zerstörung und Zwang mit Rückzug und Verweigerung. Auch in der Schule war es inzwischen unangenehm geworden: »Das war nur Scheiße, jedenfalls ab 1941. Mit Gosselck versank die schöne Welt.«[72] Kempowski entdeckte nun das Schwänzen, das er zuerst nur stundenweise erprobte. Als Margarethe Kempowski sich im Juni 1943 einer Magenoperation unterziehen mußte und danach zur Erholung nach Anklam fuhr, wo ihr Mann damals stationiert war, geriet die freiwillige Absentierung vom Schulunterricht außer Kontrolle und wurde auf ganze Tage ausgedehnt. »Ab Sommer 43 habe ich meine Mitarbeit eingestellt. Die Lebensmitarbeit auch«,[73] notierte Kempowski 1994 im Tagebuch.

Als seine Mutter dann im Herbst feststellte, daß er keine Schularbeiten machte, wurde er in die stadtbekannte »Presse« von »Tante Martha« Ahrens in der Kaiser-Wilhelm-Straße gegeben, ein ganzes Jahr lang, Tag für Tag von 14 bis 19 Uhr. Als »Tante Martha« im Sommer 1944 Rostock verließ, brach alles zusammen: »Danach ging ich dann überhaupt nicht mehr zur Schule, machte stattdessen lange Spaziergänge auf dem Oberwall, angeblich immer krank, Magenschmerzen, wie man sich zu verhalten hat, das hatte ich ja bei meiner Mutter gelernt.«[74]

Der Swingboy, Herbst 1944

Da hatte er das Schwänzen schon längst auf den Dienst in der Hitler-Jugend ausgedehnt. Seine Mutter mußte ihm immer wieder Entschuldigungszettel schreiben, obwohl Kempowski wegen seines Klavierspiels in einer Spielschar war, die er als einigermaßen moderat beschrieb. Aber den Antritt zum Dienst, das Tragen der Uniform verabscheute er. Das Erwachen der Individualität brachte den Jugendlichen auf einen anderen, einen eigenen Weg. Der Reederssohn wählte wie viele Kinder des großstädtischen Wirtschaftsbürgertums seiner Zeit die Orientierung an »westlichen« Mustern eines freien Jugendlebens.[75] Zusammen mit Freunden ging er nun oft ins Kino, sah bevorzugt die leichten Unterhaltungsfilme (»Frauen sind keine Engel«), zuweilen sogar zweimal am Tag, und hörte – dem Vorbild des Bruders folgend – Jazzmusik, die Gegenkultur zur offiziellen Jugenderziehung der Nazizeit.[76]

Robert, früh gegen das offizielle Marschieren und Liedersingen eingestellt, hatte Ende der dreißiger Jahre zusammen mit Freunden einen Club gegründet, die »Rostocker Swing

Band Boys«.[77] In Dachkammern und am Strand von Warnemünde spielten sie auf dem Koffergrammophon Tommy Dorsey, Gene Krupa oder Nat Gonella und immer wieder Hoagy Carmichaels »Georgia on my mind« – Schallplatten, die bis zum Krieg auch in Deutschland per Katalog bestellt werden konnten. Robert Kempowski schreibt in seinen Memoiren: »Wir haben in dieser Musik gelebt. Und meine Freunde, die damals zur Wehrmacht gingen und in Holland waren, in Frankreich, kamen zurück, und was brachten sie mit? Platten, Musik! Das war für uns Anregung und letztlich auch Bestätigung.«[78] Im Volksempfänger wurde der Sender Kairo eingestellt und Radio Kopenhagen.

Nach dem Auseinanderbrechen des Clubs im Verlauf des Krieges übernahm Kempowski, der bislang bei den Zusammenkünften kaum geduldet war, die Plattensammlung, gründete mit Freunden den »Internationalen Swing Klub« und gab eine Zeitung heraus, die den Titel »Swing« trug, Untertitel: »Streng geheim«.

Gleichgesinnte wurden wichtig in dieser Zeit der Verweigerung gegenüber Schule und ideologischer Jugenderziehung, die mit einer Lösung vom Elternhaus einherging. Bereits in diesen Jahren bildete sich Kempowskis späteres Außenseitertum heraus, sein Fernhalten von Massenbewegungen und Moden, das sein Leben, besonders seine Stellung im Literaturbetrieb, geprägt hat. »Kempi gehörte grundsätzlich in die Kategorie der Abseitsstehenden«,[79] schreibt ein Mitschüler. Es waren die anderen Außenseiter, die frühen Individualisten, mit denen Kempowski sich zusammenfand: »Wir waren eine Rotte von Freunden, ließen uns die Haare langwachsen und trugen weiße Schals, gingen dauernd ins Kino oder hörten Jazzmusik. Einer war vor dem Krieg mit seinen Eltern aus Kamerun zurückgekommen, ein anderer war nach dem Krieg viele Jahre FDP-Abgeordneter in Bremen. Dann der Sohn eines hohen Seeoffiziers, in ›Tadellöser & Wolff‹ als ›Manfred‹ dargestellt, der schwänzte auch, wir trafen uns manchmal auf dem Oberwall.«[80]

Hans-Ulrich Rüther auf dem Gut Saß-Albertsdorf, Sommer 1943

Eine enge Freundschaft verband ihn mit dem Sohn eines Arztes aus Brinckmansdorf vor den Toren der Stadt, Hans-Ulrich Rüther, genannt Hanne. Er starb 1946 an Typhus. »Er war der Sonnenschein meiner Schwänzjahre. Weich, verträumt, sanft.«[81] Eine ungezwungene Atmosphäre herrschte in dessen Elternhaus, die der Bummelei Kempowskis entgegenkam: »Wir saßen den ganzen Tag im Garten, machten Blödsinn, hörten Platten und bändelten mit den Töchtern der nahen Güter an. Saß-Albertsdorf hatte im Gegensatz zu Saß-Roggentin eine besondere Anziehungskraft, die beiden Töchter des Gutsbesitzers waren sehr schön, besonders die jüngere, Marianne.«[82]

In Saß-Albertsdorf verbrachte Kempowski den sich an die Sommerferien 1943 anschließenden »Landhilfe«-Dienst, nachdem er bei seinem Großvater zuvor die Zerstörung Hamburgs erlebt hatte, den ersten Feuersturm des Luftkriegs. Dort war er am 28. Juli 1943 mitten in der Stadt in einen Angriff geraten, den er in einem Bunker überstand: »Die Detonationen der

Bomben wurden durch die dicken Mauern gedämpft. Dann wurde der Sauerstoff knapp. Die Ventilatoren brachten nur noch heiße Luft herein. Panik brach aus. Die Türen konnten nicht geöffnet werden, draußen war eine Gluthitze. Am Ende wurden wir jeweils zu dritt rausgeschleust, nasse Decken über dem Kopf, überall lagen Tote, auf dem Fleet brannte Öl. Das Haus meines Großvaters stand noch, es wurde beim dritten Angriff zerstört. Ich fuhr sofort nach Lübeck. Dort lagen halbverbrannte Bücher herum, aus Hamburg. Sie waren vom Himmel gefallen.«[83]

Statt Ernteeinsatz paddelte er nun lieber bei Saß-Albertsdorf mit Marianne auf der Warnow. Einmal tranken sie auch gemeinsam aus einer Flasche Brause – das war dann das Höchste. Neben Hans-Ulrich Rüther verbrachte er viel Zeit mit Hans Ditten, dem Sohn eines Rechtsanwalts aus Kritzmow. Er war drei Jahre älter, sehr begabt (»überkandidelt«, wie Margarethe Kempowski es ausdrückte) und, anders als Kempowski, echter Gymnasiast. Ditten deklamierte griechische Verse, gemeinsam lasen sie Gedichte von Conrad Ferdinand Meyer und Grillparzers »Medea«. Auch Ditten war gegen die braunen Herren eingestellt, zeigte Kempowski schimpfend die SS-Uniform seines Vaters und verbrannte nach ausgedehntem Hören von Jazzmusik unter sonderbaren Beschwörungsformeln Porträts von Nazigrößen. Nach dem Krieg lebte er als Bibliothekar in der DDR und verfaßte Bücher zu griechischer Literatur und Geschichte.[84]

Durch Ditten und Rüther, der katholisch war, auf einen christlich-mystischen Weg gewiesen, suchte Kempowski oft in der Marienkirche Zuflucht, um beim Schwänzen nicht erwischt zu werden. Der blinde Organist Jahn nahm sich seiner an und erklärte ihm die Orgel. »Es machte ihm Spaß, mir Stunden zu geben. Ich lernte also das stumme Wechseln, das Registrieren und auch ein bißchen Pedal. Nach dem Krieg setzte ich diese Orgelstudien in der Klosterkirche fort, mit deren Äbtissin ich mich anfreundete. Sie gestattete mir, auf der sehr viel kleineren Orgel zu spielen, und einmal stellte sie mir sogar ein Körbchen mit Birnen hin. Ich spielte meistens Präludien von Bach aus dem Wohltemperierten Klavier und Choräle.«[85]

Diese Freundschaften waren allesamt eingebettet in die Schwänzzeit 1943/44. Die Swingboy-Existenz brachte Kempowski im Oktober 1943 noch eine kurze Beteiligung an dem Propagandafilm »Junge Adler« von Alfred Weidenmann ein. Er handelt von dem verzogenen Sohn eines Fabrikdirektors (Willy Fritsch), der in der Gemeinschaft der Lehrlinge eines Flugzeugwerks lernt, sich als junger Volksgenosse dem Rüstungswillen des Reiches unterzuordnen. In der jugendlichen Hauptrolle der siebzehnjährige Dietmar Schönherr, daneben Hardy Krüger und Gunnar Möller. Die »jungen Adler« kamen vom Heinkel-Flugzeugwerk in Warnemünde, die bürgerlichen Snobs vom Realgymnasium. Kempowski: »Hanne Rüther und ich fuhren nach Warnemünde und wurden sofort genommen, zusammen mit anderen Stenzen braun geschminkt und in weiße Anzüge gesteckt, d.h. ich bekam keinen mehr ab. Im Film bin ich allerdings nicht zu sehen, die Szene wurde gestrichen.«[86]

Der fünfzehnjährige Kempowski hatte sich in einem komfortablen Privatisieren eingerichtet, das bohèmehafte Züge trug: vornehme Kleidung, lange Haare, Jazzmusik, Literatur, Kino- und Caféhausbesuche, Trinken, Rauchen, Besuche auf Gütern. Auch in anderen Großstädten fand sich diese Form des Protests, eine Gegenwelt jenseits der verordneten Erziehung in der Hitler-Jugend. So konstatierte die Reichsjugendführung schon 1942: »Die Angehörigen der Swing-Jugend stehen dem heutigen Deutschland und seiner Polizei, der Partei und ihren Gliederungen, der HJ, dem Arbeits- und Wehrdienst samt dem Kriegsgeschehen ablehnend oder zumindest uninteressiert gegenüber. Sie empfinden die nationalsozialistischen Einrichtungen als einen ›Massenzwang‹. Das große Geschehen der Zeit rührt sie nicht, im Gegenteil, sie schwärmen für alles, was nicht deutsch, sondern englisch ist.«[87]

Bei Kempowski kam dänischer Einfluß hinzu, durch Ib Kai-Nielsen, einen jungen Mitarbeiter der Firma Otto Wiggers, der sein Auslandsjahr kriegsbedingt in Rostock absolvierte und ein Zimmer in der elterlichen Wohnung bezog, nachdem er im April 1942 ausgebombt worden war. »Er trat also ins Haus, brachte dänische Zeitungen mit und ausländisches Flair, trug einen modernen Trenchcoat mit einknöpfbarem Futter und Achselstücken auf den Schultern, besaß für den Sommer einen Panamahut und für den Winter einen entsprechenden anderen. Feine englische Aktentasche, englischer Kammgarnanzug, wunderbare Pfeifen, Preßtabak – ganz so wie ich es in ›Tadellöser & Wolff‹ geschildert habe.«[88] Kempowski, inzwischen schon mehr als zwei Jahre »vaterlos«, bewunderte den Dänen, der aus einer anderen Welt kam. Er war anglophil, demokratisch gesinnt, dabei konservativ und genauso kirchlich orientiert wie Kempowskis Eltern. Durch seine politischen Äußerungen bestätigte, ja verstärkte Kai-Nielsen seine Haltung: »Ich nahm willig all seine Ansichten an, nicht ohne sie jedoch diskutieren zu wollen, und diese Auseinandersetzung des Jungen mit ihm doch wohl über Zwanzigjährigen nahm er ernst! Ich verteidigte Deutschland gegen seine antideutschen Ressentiments, und das mißverstand er wohl als ein pronazistisches Engagement, obwohl ich es ganz im Sinne meines Vaters gemeint hatte. Sein verächtlicher Blick, als ich ihm einmal in Uniform begegnete…«[89] Gesteigert wurde der Einfluß noch durch den ständigen Verkehr mit anderen Ausländern, die sich gegen Ende des Krieges um das schwedische Konsulat sammelten. Kai-Nielsen brachte sie in die Augustenstraße 90 mit, und Kempowski nahm an den freimütigen Unterhaltungen teil, was ihn anscheinend so sehr bewegte, daß er gefangenen amerikanischen Piloten, die hinter seiner Schule das Bahngleis reparierten, eines Tages zurief: »Take it easy, boys, comes other times!« Ib Kai-Nielsen beeindruckte auch Ursula Kempowski,

Hochzeit von Ursula und Ib Kai-Nielsen, 27. Mai 1943, v.l.n.r.: Karl Georg Kempowski, Wilhelm Collasius, Margarethe Kempowski, Ursula und Ib Kai-Nielsen, Robert Kempowski, eine Freundin, Walter Kempowski, ein Freund, Herr Kai-Nielsen

die an der Universität Anglistik studierte. Am 27. Mai 1943 heirateten sie, Anlaß für ein letztes großes Familienfest. Als sich die Kriegslage zuspitzte, zogen sie im Oktober 1944 nach Dänemark.

Kempowski wundert sich, daß die Schule auf seine ständige Abwesenheit nicht reagierte. Es war die Hitler-Jugend, die seinem libertinären Lebenswandel ein Ende zu bereiten versuchte: »Die Leute von der HJ hatten es selbstverständlich mitgekriegt, daß ich gegen den Strom schwamm.«[90] Seine Mitschüler, zum Teil HJ-Führer, sorgten dafür, daß dies höheren Orts bekannt wurde. Am 27. September 1944 eskalierte die Angelegenheit: Kempowski wurde von einer Rotte uniformierter Jungen gestellt, man schnitt ihm die Haare ab, eine übliche Strafaktion gegen Swing-Jugendliche, die auch aus anderen Städten überliefert ist.[91] »Der Mann, der die Schere führte, ist nach dem Krieg mein Freund geworden, ich traf ihn in Bautzen wieder! ›Tadellöser & Wolff‹ habe ich ihm gewidmet, um zu zeigen, daß man sich seine Vergangenheit nicht aussuchen kann.«[92] Detlev Nahmmacher schildert den Vorfall selbst: »Nazi-Bruhns war berühmt, weil er so unwahrscheinlich brüllen konnte. Er residierte auf der Banndienststelle mit primär akustischen Argumenten. Bei einer Besprechung kam er auf die ›dienstscheuen Elemente‹, die ›Jazz-Bubis‹, ›die Herren mit den langen Haaren‹ zu sprechen. Der Name Kempowski fiel, es sei eine ›Schweinerei‹, daß der immer noch so rumlaufe. Lange Haare galten damals als Symbol der Opposition zur Hitler-Jugend. Diese Kritik an Walter Kempowski nahm ich sehr ernst und sehr wörtlich. Zwei Tage später, abends im Dunkeln, erwartete ich ihn in seinem Hauseingang, mit einer Schere bewaffnet. Wohl fühlte ich mich keineswegs. Im Inneren ahnte ich, daß meine geplante Aktion keineswegs ehrenwert war. (…) Am folgenden Tag in der Schule stellte ich fest, daß Walters Haartracht nur unwesentlich deformiert war. Enttäuschung *und* Erleichterung empfand ich, und etwas Scham.«[93] Kempowskis Großvater, August Wilhelm Collasius, berichtete seinem Sohn über den Vorfall: »Er hatte Künstlerlocken und setzte allen Aufforderungen d. Hitlerjugend passiven Widerstand entgegen! Nun haben sie ihn vor 10/12 Tagen mit 8 Mann hier unten im Torweg abds 10½ Uhr überfallen und ihm mit Gewalt die Haare gekürzt!!! – Große Entrüstung – Grethe hat sich mündl. und schriftl. beschwert und geschrieben, sie würde Walter nicht zum Dienst schicken – wenn sie nicht dafür garantierten, daß er nicht wieder überfallen werde! Der Unterführer hat nämlich gesagt, sie würden es so lange wiederholen, bis er seine Haare auf Streichholzlänge geschnitten habe!!! Schließlich hat Grethe mit dem Oberbannführer die Sache beigelegt. Walter läßt sich die Haare schneiden, und er sorgt dafür, daß W. nicht weiter belästigt wird! Wenn Grethe ihn vom Dienst zurückhält, wird sie mit 150 Mark Strafe oder Gefängnis bestraft – *sagt er*! Sie haben W. so angeschnauzt und gemaßregelt, daß ihm die Beine zitterten und er aufgelöst nach Hause kam! Es nützt nichts – *sie haben eben die Macht*!«[94] Dabei hatte Kempowski noch Glück, denn in Hamburg etwa wurden Swing-Jugendliche im selben Jahr wegen »Anglophilie« in Zuchthäuser und Straflager gesperrt. Er selbst war durch die Strafaktion nicht einmal eingeschüchtert: »Dieser Überfall damals erregte mich natürlich sehr, bestärkte mich aber in meiner klaren Haltung.«[95] Deshalb wurde er bald darauf in die »Pflichtgefolgschaft« überwiesen, eine Strafeinheit mit verschärftem Dienst und einer Schinderei, die ihm sehr zusetzte.

Wenn seine Mutter morgens zu Hause war, fuhr er mit dem Fahrrad auf die Güter der Umgebung, nach Saß-Albertsdorf zu Marianne oder nach Wendhof, das Uwe Johnson in den »Jahrestagen« beschrieben hat. Ansonsten verbrachte er die Vormittage weiterhin schwänzend in seiner Dachstube, der »feindlichen« Welt entrückt, Jazz hörend oder in die Lektüre von Morgenstern-Gedichten vertieft, immer wieder »Galgenberg«:

Blödem Volke unverständlich
treiben wir des Lebens Spiel.
Gerade das, was unabwendlich,
fruchtet unserm Spott als Ziel.

Magst es Kinder-Rache nennen
an des Daseins tiefem Ernst;
wirst das Leben besser kennen,
Wenn du uns verstehen lernst.

»Ich wurde zum Morgenstern-Spezialisten, was dazu führte, daß ich im ›Gelben Elend‹ in Bautzen, wo es nur wenige Bücher gab, von Mithäftlingen immer wieder aufgefordert wurde, diese Gedichte zu rezitieren.«[96] Er versuchte sich in eigenen Gedichten nach dem großen Vorbild, die er unter dem Titel

»Morgensterne, ein Buch für die Speziell-Humorigen« zusammenstellte. Einige haben sich in der Sammlung von 1946 erhalten.[97] Andere schrieb er 1962 aus dem Gedächtnis ins Tagebuch:

> Palmström geht heut wiederum
> ins ägyptische Museum.
> Gleich zieht er aus pergament'nen Hüllen
> 2 Paar gute Butterstullen.
>
> Korf, der ihn begleitet und vom guten Essen satt,
> meint in seinem Heimatplatt:
> »Hier dörfst nich eten,
> hier steit No freten![98]

Im Januar 1945 wurde die Schule geschlossen, die Schüler zu Hilfsdiensten herangezogen. Aus der schikanösen Behandlung der Pflichtgefolgschaft wurde Kempowski erst Mitte Februar 1945 »gerettet« durch die Einberufung zu einer Kuriereinheit. Sie bestand aus Angehörigen kasernierter Flieger-HJ, die nicht Teil einer kämpfenden Truppe waren, auch wenn sie Uniform trugen und ein Personalbuch der Luftwaffe zur Legitimation erhielten. Sie waren Zivilangestellte der Heinkel-Flugzeug-Werke in Rostock-Warnemünde und hatten Aufträge zu erledigen, Material zu beschaffen. Auf diese Weise sah Kempowski das in Trümmer gefallene Restreich kurz vor seinem Ende, eine »letzte Bestandsaufnahme«[99], nachdem er 1936 in Königsberg gewesen war, 1944 eine Tante im vom Krieg fast unberührten Breslau besucht hatte und auf der Rückfahrt im alten Dresden in einem Antiquariat Mokka getrunken hatte.

Die Kuriertätigkeit war nicht ungefährlich: »Die schrecklichen Angriffe auf Pforzheim habe ich miterlebt, auf Schweinfurt, und diverse Attacken von Jabos auf unseren Zug. Einmal ging mir ein Schuß durch meine Feldflasche. Frauen liefen über den Acker, sackten plötzlich zusammen. Schreckliche Bilder,

Als Luftwaffenkurier in Oberhaid bei Bamberg nach einem Tieffliegerangriff, Februar 1945

ich sehe noch die Trümmer von Ludwigshafen, und auf dem Nebengleis ein Zug mit KZ-Häftlingen.«[100] Mutter und Großvater blieben allein zurück. In den Briefen von Margarethe Kempowski an ihre Tochter in Kopenhagen nahm die Sorge zu.

Sie hatte eine Flüchtlingsfrau aus der Gegend von Elbing aufgenommen, dann stellte sich auch Frau Görlitz aus Stettin ein. »Ich will versuchen alle Sorgen abzuschütteln, es geht nur schwer! Ich habe immer noch keine Nachricht von Vati! Wo ist er und lebt er noch? Die Russen versuchen ja immer weiter vorzudringen?! Ob sie wohl noch bis Rostock kommen?«[101] Kempowski machte ab und zu Station: »Walter kam letzten Mittwoch zurück von einer 10tägigen Fahrt nach Süddeutschland, er war total übermüdet und recht herunter. Morgen geht es in den Harz, wieder für 10 Tage. Hoffentlich hält er es auf die Dauer aus.«[102] Der Kontakt zu Robert, der in der Nähe von Kolberg Kriegsgefangene bewachte, brach ab. Von Karl Georg Kempowski kam Anfang April noch einmal ein Brief aus Ostpreußen, aus der Nähe von Heiligenbeil – die letzte Nachricht. Ununterbrochen zogen Flüchtlingstrecks durch die Stadt in Richtung Westen.

»Ende März wurden wir dann gemustert, zunächst von der SS. Mutig sagte ich zusammen mit einem Freund: ›Nein, wir wollen nicht zur SS.‹ Da sein Vater Landrat war und meiner Reeder und überdies hochdekorierter Offizier, gaben die SS-Leute nach. Die anderen bekamen in ihren Wehrpaß gestempelt: ›Meldet sich freiwillig zur SS‹, ich nicht. Man stelle sich vor, ich müßte jetzt und immerfort und überall angeben, daß ich mich im Frühjahr 45 freiwillig zur Waffen-SS gemeldet hätte! Niemand hätte sich doch die Mühe gemacht nachzurechnen, daß ich damals erst 15 war. Und keiner hätte mir geglaubt, daß das unter den geschilderten Umständen geschehen wäre. So stand ich vor einem Musterungsarzt, der meine dünnen Arme befühlte und in die Stammrolle diktierte: ›Zurückgestellt bis Oktober 1945.‹«[103]

Er reiste weiter für die Heinkel-Werke, Mitte April 1945 nach Berlin, wo er im Kabarett die letzten Jazzkapellen spielen sah, wegen der ständigen Luftangriffe aber meistens im Bunker saß. Als Artilleriegranaten im Stadtzentrum niedergingen, wagte er bei Spandau den Ausbruch aus der Stadt, die von der Roten

Armee fast vollständig eingekreist war: »Die Gegend war waldig und hügelig, ich ging vorsichtig weiter, immer gewärtig, plötzlich Russen vor mir zu sehen. Plötzlich stieß ich auf einen verlassenen Graben. Deutsche Helme und Gewehre lagen herum und hier und da eine Panzerfaust. Scheinbar hatte die Besatzung des Grabens die Flucht gesucht. In der Ferne hörte ich Maschinengewehrfeuer und dumpfe Detonationen, ich sprang in den Graben und lief gebückt weiter. Schließlich kam ich an eine Eisenbahnlinie, dort stieg ich aus dem Graben und lief im Schutze des Dammes. Wohl eine Stunde war vergangen, da sah ich einige Soldaten, Deutsche, ich atmete auf. Ich hatte mich also ungefähr eine Stunde im feindlichen Gebiet bewegt ...! Da hier jeder mit einem Angriff rechnete, verzog ich mich schleunigst und marschierte weiter, in Richtung Nauen.« [104] Dort stieg er in den Zug und war nach zwei Tagen in Rostock. Bei seiner Kuriereinheit meldete er sich nicht zurück, sondern hielt sich in der Wohnung verborgen. Seine Kameraden wurden in den letzten Kriegstagen noch ins Gefecht geschickt.

Am 1. Mai 1945 begann in Rostock die neue Zeit. Die Rote Armee besetzte die Stadt, deren Bewohner vogelfrei waren. Kempowski wurde nun Zeuge der Plünderungen und Vergewaltigungen. Er hatte damit gerechnet. Seine Familie kam mit den üblichen Ablieferungen und Diebstählen einigermaßen ungeschoren davon. Ein russischer Offizier auf der Suche nach Schnaps scheuchte ihn durch die Mineralwasserfabrik hinter dem Haus. »Er stellte mich in einen 1-Mann-Bunker hinein und drohte, mich durch die Sehschlitze zu erschießen. Nachdem er seinen Spaß an meiner Angst gehabt hatte, ging die Jagd weiter. Sie zwangen mich in einen Luftschacht hinein, welcher ungefähr 2 m tief war und gerade so breit, daß ich mich umdrehen konnte. Dann machten sie mir klar, daß, wenn sie mich jetzt töteten, mich keiner finden würde. Alles wegen Schnaps. Dann trieben sie mich durch die Keller der umliegenden Häuser, endlich ließen sie mich laufen.«[105]

Das Verhältnis zur Besatzungsmacht war distanziert. Kempowski war zwar erleichtert über die Befreiung von den Nazis, aber Freiheit gab es nicht. Im August 1945 kehrte Robert aus Gefangenschaft zurück, auch er hatte die Russen kennengelernt. Im Oktober 1945 wurde die Schule eröffnet. Anfangs war Kempowski mit wieder erwachtem Interesse dabei. Doch der fortgesetzten Ideologisierung, der politischen Indoktrination, nun unter anderen Vorzeichen, widersetzte er sich bald, zuerst passiv, und als das Bildungssystem auf die Sowjetunion ausgerichtet wurde, auch offen. Es kam zu Differenzen mit dem Deutschlehrer, und als der Französischunterricht zugunsten von Russisch abgesetzt wurde, initiierte er eine Resolution, die von drei weiteren Klassenkameraden unterschrieben wurde. Vorerst wurde diese »antisowjetische« Haltung nur mit einer strengen Ermahnung geahndet.

In diese Zeit fiel die Nachricht vom Tod des Vaters, der noch in den letzten Kriegstagen unweit Succase auf zusammengebundenen Benzinfässern zur Frischen Nehrung hinübergerudert war. Vielleicht hatte er vom Strand bei Kahlberg aus seinen Dampfer »Friedrich« fahren sehen, der Flüchtlinge aus dem eingeschlossenen Ostpreußen evakuierte.«Alles muß ich jetzt alleine tragen«,[106] schrieb Margarethe Kempowski an ihre Tochter in Dänemark, die Sorge um die Söhne, den eigenen Vater, die Firma. Die genauen Umstände des Todes erfuhr Walter Kempowski erst im Zuchthaus Bautzen, wo er einen Augenzeugen traf, den ehemaligen Feldwebel seines Vaters.[107] Er verlor nun vollends den Halt, lag tagsüber auf dem Bett in der Mansarde und starrte wie gelähmt an die Decke. Abends wankte er von einem Fest zum nächsten. Im Kreise der wenigen aus dem Krieg heimgekehrten Swing-Freunde Roberts ging es hoch her. Man trank viel, tanzte, lernte Mädchen kennen.

Auch das Schwänzen setzte Walter nach der mißglückten Eingabe fort und versuchte sich ohne großen Erfolg als Schwarzhändler. Seiner Mutter blieb das verborgen. Sie hatte andere Sorgen in diesen ersten Monaten nach dem Krieg. Sie mußte sowjetischen Offizieren die Wohnung putzen und auf dem Land Lebensmittel besorgen, Steckrüben, Kartoffeln, zur Not auch Brennnesseln. Im Laufe des Jahres 1946 kamen allmählich Pakete von den Verwandten aus Hamburg und Dänemark. Vertriebene Sudetendeutsche wurden einquartiert. Man rückte zusammen. Geld war kaum vorhanden. Das Geschäft lag darnieder. Der Teilhaber der Firma Otto Wiggers, der sich rechtzeitig in den Westen abgesetzt hatte, schickte eine Zeit lang Geld, stellte die Zahlungen aber bald ein. Für den Lebensunterhalt der Familie kam Robert auf. Er arbeitete in den Monaten nach seiner Rückkehr aus sowjetischer Kriegsgefangenschaft im städtischen Elektrizitätswerk. »Wo war Walter damals, wo war er, als er gebraucht wurde?«[108] fragte er sich später. Kempowski: »Im Bett lag ich und las, gemütlich in meiner Dachstube, saß auch mal im Café oder ging auf dem Oberwall spazieren.«[109] Er beschäftigte sich mit Novellen von Stefan Zweig und mit Émile Zolas Geschichte der Rougon-Macquart. Die Verknüpfung von Familien- mit Gesellschaftsgeschichte beeindruckte ihn so sehr, daß er sie sich noch zwanzig Jahre danach zum Vorbild der »Deutschen Chronik« nahm. Er schrieb Gedichte, die ein Freund an einen Redakteur der Berliner Zeitschrift »Ulenspiegel« weitergab, ohne Folgen, verfaßte kleine autobiographische Geschichten über die Wohnungssituation mit einquartierten Flüchtlingen und dem ausgebombten Großvater: »Seine Schwerhörigkeit und die Frechheiten der beiden Brüder Robert und Walter K. bildeten den Stoff für ›Das gastliche Haus, ein Drama von einem Ziegel desselben‹. Es wurde sehr belacht und erhielt Beifall – nur vom Großvater nicht, denn er verstand nicht, was vorgelesen wurde.«[110] Auch versuchte er nun, die Drangsalierung durch die Nazis darzustellen, »Wenn alles in Scherben fällt«. Der Bruder arbeitend, die Mutter hamsternd, der Großvater senil, es war niemand da, der sich seiner annahm, der sich um ihn gekümmert hätte. So schrieb er sich die Verletzung von der Seele: »Es schilderte einen zivilen Jüngling, der sich durch sein lässiges Gebaren von der Zackigkeit der HJ absetzt und dadurch allerhand erduldet. Das Buch wurde nie fertig, es kam über 25 Seiten nicht hinaus. Es war natürlich eine Biographie.«[111] Seine Mutter erfuhr davon nichts. In Briefen lobte sie sein Klavierspiel, seine Belesenheit und die Absicht, bald vom Realgymnasium abzugehen, um in der Universitätsbibliothek eine Ausbildung zu beginnen.[112] Die Schule kam ihm zuvor. Als sein Fehlverhalten im April 1946 entdeckte wurde, erhielt er ohne Verwarnung – wohl wegen der Resolution gegen den Russischunterricht – das Consilium abeundi. Margarethe Kempowski klagte in einem Brief, daß er »den Vater sehr nötig hätte«.[113] Im Mai 1946 konnte Robert wieder in der eigenen Firma arbeiten, die in Arbeitsgemeinschaft mit einem ehemaligen Konkurrenten und im Auftrag der Sowjets die Verschiffung von Reparationsgütern in die Sowjetunion abwickelte. Rostock war zum wichtigsten Umschlaghafen der sowjetischen Besatzungszone geworden. In einem Brief schrieb Robert Kempowski: »Durch einen Vertrag mit der Morflot bezw. Sowflot sind unserer Firma die Schiffsabfertigungen im Rostocker Hafen zugesprochen worden. Seit Ende April kommen nun Woche für Woche finnische Dampfer, die für den Russen in Zeitcharter fahren und Reparationsgüter nach dem Ostland bringen. Bis jetzt haben wir vom Strickhandschuh und Kinderhemd bis zu chemischen Produkten alles an Gütern verladen, was zu verladen ist. Es sind wohlverstanden alles nagelneue Sachen, die verschifft werden. Wenn also in der Zeitung steht, daß so und so viele Fabriken für den Aufbau arbeiten, so stimmt das nicht. Es ist kein Auf-, sondern ein Abbau. Man muß staunen, was alles noch an Werten in Deutschland steckt!!«[114]

Zur weiteren Abwicklung der Reparationsleistungen gründeten die Sowjets am 23. März 1946 in Berlin die Deutsch-Russische Transport Aktiengesellschaft (Derutra), der die Firma Otto Wiggers nur noch mit Spedition und Umschlag zuarbeiten durfte. Als die Derutra im Mai 1947 den Umschlag ganz übernahm, saß Kempowskis Bruder allein in der stillen Firma. Aufträge gab es nur noch selten, etwa Getreide- und Kartoffelexporte im Auftrag der Sowjetischen Militäradministration in Deutschland (SMAD) in die Westzonen. Die Einnahmen flossen spärlich. Auch Kempowski mußte nun Geld verdienen. Er arbeitete zunächst als Laufbursche in einem Reformhaus, verkaufte zeitweilig auf dem Neuen Markt Bratpfannen an die Landbevölkerung. In Aussicht stand für Oktober 1946 ein Praktikum in der Universitätsbibliothek. Kempowski sah sich schon als Spitzwegscher Bücherwurm. Doch über Robert, der in einem Nachtlokal den Juniorchef einer Verlagsdruckerei kennengelernt hatte, kam er im September 1946 in die Firma Hansa Druck Konau, wo er eine kaufmännische Lehre begann. Er wurde als Einkäufer durch die SBZ geschickt, landete in Berlin mit russischen Geschäftspartnern im Bordell, stellte für eine neue Modezeitschrift Kreuzworträtsel zusammen, bearbeitete Varieté-Programme und russische Schulbücher, stach Torf im betriebseigenen Moor, fällte Bäume, die auf dem Schwarzmarkt verschoben wurden, und bekam es mit Prostituierten zu tun, die der Firma als Arbeiterinnen zugeteilt waren. Ansonsten gab er den wunderlichen Sonderling, von der Sekretärin »Professorchen« genannt.

Gefeiert wurde weiterhin kräftig. Ein wenig Halt gaben das Orgelspiel in der Klosterkirche und ein neuer Freund, den er noch in der Schule kennengelernt hatte: der aus Ostpreußen geflüchtete Hans Siegfried, »Philipp Lejeune« in »Uns geht's ja noch gold«. Sie ergingen sich in düsteren Gesprächen über die ernsten Fragen des Lebens und über die Kommunisten. Die anfängliche Aufbruchsstimmung war schnell verflogen. Die Ideen und Maßnahmen der neuen Machthaber übten keine Anziehungskraft aus. Daß bei der FDJ dieselben Fanfaren in Gebrauch waren wie bei der Hitler-Jugend, erschien Kempowski symptomatisch. Das Braunhemd hatte er nur widerwillig getragen, das blaue Hemd der FDJ zog er gar nicht erst an. Trotzdem besuchte er zusammen mit Hans Siegfried Vorträge, bei denen Überlebende von Konzentrationslagern berichteten, und mit Robert auch Veranstaltungen des im Juli 1945 von der

SMAD gegründeten »Kulturbunds zur demokratischen Erneuerung«. Sein ehemaliger Lehrer Johannes Gosselck sprach hier über Flurnamen und deren Verzettelung, eine Auffrischung der alten Anregungen, aber die Nabelschnur zu dem einst verehrten Lehrer war gerissen. Der kommunistische Schriftsteller Adam Scharrer las im Rathaus. »Wir wollten mal sehen, was das für Leute sind«, so Robert Kempowski, »aber wir sind gleich wieder gegangen.«[115] Der proletarische Habitus, die klassenkämpferische Attitüde stießen die Bürgersöhne ab. Auch Willi Bredel überzeugte nicht: »Er war grobschlächtig, ein unangenehmer Kerl«,[116] sagt Kempowski über einen Vortrag aus der Nachkriegszeit. Wie viele Angehörige der Flakhelfer-Generation befand er sich in »Identifikationsnot«.[117] Er war kein Nazi gewesen und wollte kein Kommunist werden, nicht die eine Diktatur mit der anderen vertauschen, gleichwohl aber die Lektion aus der Vergangenheit lernen, anders als seine Eltern es getan hatten, nicht abseits stehen, sondern teilnehmen an der Diskussion um neue gesellschaftliche und staatliche Ordnung.

So kam er ins bürgerliche Lager, das sich gegen Widerstände der Besatzungsmacht zu organisieren begann. Am 13. Juni 1946 trat er wie auch sein Bruder der Liberal-Demokratischen Partei (LDP) der sowjetischen Besatzungszone bei, die gesamtdeutsch ausgerichtet unabhängige Rechtsprechung, demokratischen Parlamentarismus, freie Wirtschaft und den Schutz des Privateigentums forderte.[118]

Kempowski abonnierte den »Morgen« (außerdem die Jazz-Zeitung »Melodie«, die im französischen Sektor von Berlin erschien) und befreundete sich in den Versammlungen mit dem Jurastudenten Arno Esch, einem führenden Mitglied der Partei, der in der bürgerlichen Opposition an der Rostocker Universität eine herausragende Rolle spielte.[119] Esch leitete die Jugendgruppe der LDP, auf deren Vortragsabenden Kempowski über Christian Morgenstern sprach und Hans Siegfried über Balzac. »Wir tagten in einem Keller an der Reiferbahn. Es war etwas

Besonderes, daß Ältere vernünftig mit einem redeten. Man konnte sprechen, worüber man wollte. Das war eine neue Erfahrung für mich nach der Nazizeit und den Erlebnissen in der Schule. Auch mein Schulverweis wurde hier diskutiert und mir Rückendeckung gegeben. Ich habe Arno Esch regelrecht verehrt.«[120] Im Wahlkampf 1946 hörten sie gemeinsam die Rede des Parteivorsitzenden Wilhelm Külz, der in der Weimarer Republik bereits Reichsminister gewesen war, und klebten nachts Plakate, eine gefährliche Angelegenheit: Jungkommunisten schlugen eine Gruppe der Liberalen dabei brutal zusammen. Bei den Gemeindewahlen in Mecklenburg am 15. September 1946 erzielte die von der SMAD geförderte SED eine deutliche Mehrheit, auch weil die Sowjets nur einen Bruchteil der LDP-Ortsverbände zugelassen hatten. Im Vorfeld der Kreis- und Landtagswahlen vom 20. Oktober 1946 verfuhr die Besatzungsmacht ähnlich manipulativ, hielt die Papierzuteilung in engen Grenzen, verhörte und verhaftete Funktionäre der bürgerlichen Parteien. Dennoch kam die LDP immerhin auf 12,5 Prozent der Stimmen, die CDU auf 34,1 Prozent.[121]

Aufgrund dieser Wahlerfolge begann die eigentliche Repression. Kempowski erinnert sich, daß die Übergänge zwischen konspirativem Reden und Handeln fließend wurden. Als er im November 1947 Rostock Richtung Westen verließ, sammelte Arno Esch bereits eine Gruppe um sich, in der sich bald die illegale Widerstandsarbeit konzentrierte, die »Radikal-soziale Freiheitspartei«. »Wenn ich nicht in den Westen gegangen wäre, wäre ich wohl dabeigewesen«,[122] sagt Kempowski im Rückblick. Esch wurde im Oktober 1949 zusammen mit anderen mecklenburgischen LDP-Mitgliedern verhaftet und zwei Jahre später in einem Moskauer Gefängnis vom sowjetischen Geheimdienst erschossen.

Nachdem Robert bei der Derutra entlassen worden war, privatwirtschaftliche Aktivitäten der Firma Otto Wiggers unterdrückt wurden, zeichnete sich mit den Vorfällen in und nach dem Wahlkampf 1946 ab, daß ein Leben in der SBZ wenig aussichtsreich war. Die Sowjets und ihre Helfer von der SED waren dabei, eine totalitäre kommunistische Ordnung zu etablieren. Im Hungerwinter 1945/46 hatte Margarethe Kempowski bereits daran gedacht, zu ihrer Tochter nach Dänemark zu ziehen, aber die Dänen ließen niemanden ins Land. Nachdem August Wilhelm Collasius Anfang 1947 an Entkräftung gestorben war, nahm der Gedanke allmählich Gestalt an, in den Westen zu gehen. Ende Oktober reiste Margarethe Kempowski für eine Woche illegal nach Hamburg zu ihrem Bruder, um die Übersiedlung vorzubereiten. Hans Siegfried, der bereits gegangen war, schickte ermunternde Briefe aus Wiesbaden, wo er bei den Amerikanern arbeitete. Dann erhielt Kempowski von einem sowjetischen Propagandaoffizier, der die Arbeit der Druckerei überwachte und auch von seiner LDP-Tätigkeit wußte, die Warnung, daß seine Verhaftung unmittelbar bevorstehe. In der Nacht des 27. November 1947 floh er bei Lübeck über die Zonengrenze.

Er blieb einige Tage in Hamburg, wo ihm der Rowohlt Verlag die Fortsetzung seiner Lehre in Aussicht stellte. Aber er bekam keine Zuzugsgenehmigung, und die Verwandten waren ausgebombt, lebten selbst unter schwierigen Umständen. Deshalb fuhr er Mitte Dezember nach Wiesbaden, zu Hans Siegfried.[123]

Er kam mit einem Begleitschreiben der LDP, in dem es hieß, er verlasse Rostock »aus gewissen Gründen«.[124] Bei der westdeutschen FDP interessierte man sich weder für ihn noch für die Gründe. Das aber tat der amerikanische Geheimdienst CIC, der ihn vor seiner Anstellung in einem Lebensmittelgeschäft der US-Army überprüfte: Er hatte einige Frachtpapiere im Gepäck, die Robert in seiner Zeit bei der Derutra auf die Seite geschafft hatte und aus denen hervorging, daß die Sowjets ihre Zone regelrecht ausplünderten. Robert Kempowski: »Vom Schiffsnamen bis zum Empfänger in der Sowjetunion stand bei mir alles zu Buche.«[125]

Ein tief eingewurzeltes Gerechtigkeitsgefühl trieb Walter

Kempowski an: »Ein inniges Bedürfnis, den Amerikanern zu erzählen, was in der SBZ geschah, die Strangulierung durch die Kommunisten, die Bodenreform – ›Junkerland in Bauernhand‹«. Ich kannte sie doch alle, war auf den Gütern ein- und ausgegangen, das waren keine Nazis gewesen. Eigentlich hatte ich nichts gegen die Ausplünderung, das taten die Amerikaner ja in ihrer Zone auch, das war irgendwie ihr gutes Recht. Aber das mußte doch aufgeschrieben werden, damit die Reparationszahlungen nach dem Friedensvertrag nicht wieder von vorne losgingen. Daß überhaupt kein Friedensvertrag kam, wußten wir ja damals nicht.«[126]

Kempowskis Verhältnis zu den Amerikanern entwickelte sich zwiespältig. Einerseits fühlte er sich vom ersten Augenblick an geborgen. Er bewunderte ihre Selbstsicherheit, ihre Organisation. Die drei Monate, die er in Wiesbaden verbrachte, waren äußerlich eine angenehme Zeit. Das war die Welt, von der er und seine Freunde in der Nazizeit geträumt hatten. Wiesbaden wurde für ihn zu einem kurzen »Zwischenparadies«.[127] Freie Stunden verbrachte er im Kino – Bing Crosby, »I'm dreaming of a white Christmas…«, Charlie Chaplins »Goldrausch«, »Gaslicht«, ein früher Film Noir –, war im Staatstheater beeindruckt von dem jungen Schauspieler Karl Lieffen, im »Central Collecting Point« der Amerikaner von der Büste der Nofretete und Rembrandts »Mann mit dem Goldhelm«. Er ging ins Nachtkabarett, wo leichtbekleidete Frauen tanzten, oder saß in der gut geheizten amerikanischen Bibliothek. Er las die ersten freien Bücher über die Nazizeit, dazu alle möglichen Zeitungen, blätterte staunend in Illustrierten, die vom American Way of Life kündeten. Im Lebensmittelgeschäft gab es ungeheuren Luxus: Bananen, Corned Beef, Hershey's Sirup, dickflüssige Schokolade, die er heimlich auf der Toilette trank. Auch Nescafé ließ er mitgehen und verkaufte die Dosen auf dem Schwarzmarkt, trug bald Kammgarnhosen und rauchte Camel oder Chesterfield. »Ich saß im Caféhaus und trank illegalen Schnaps aus der Tasse oder lag in meiner Unterkunft, einem Hotel, in der warmen Badewanne und las Hemingway. Manchmal ließ ich mich in einer gemieteten Droschke durch die Villenviertel fahren, Graf Kempowski.«[128]

Andererseits schockierte ihn das Verhalten der Amerikaner ihm und seinen Kollegen gegenüber: »Die feindselige Haltung war grotesk, ja zutiefst verletzend. Sie behandelten mich, der in der Pflichtgefolgschaft Strafdienst geleistet hatte, als Nazi. Man führte uns bei den Reeducation-Veranstaltungen Greuelbilder aus Konzentrationslagern vor und machte uns dafür verantwortlich. Und gleichzeitig mußte ich beobachten, wie sie mit den schwarzen Soldaten umgingen, die getrennte Toiletten hatten und auf offenen Lastwagen transportiert wurden statt in komfortablen Bussen wie ihre weißen Kameraden. Ich war doch freiwillig gekommen, besten Willens, auf der Suche nach Orientierung, nach einem Halt. Und dann diese unglaubliche Zurückweisung!«[129]

Diese Ablehnung durch die »Befreier«, die auch moralischen Sieger, die als Vertreter der Demokratie auftraten, gehört zu den besonderen Nachkriegserfahrungen der Flakhelfer-Generation. Zu der existentiellen Verunsicherung und den Schuldgefühlen, in einem verbrecherischen System gelebt zu haben, trat nun die Erkenntnis, daß einem das vermeintlich Gute auch böse begegnen konnte. Die Folge waren Skepsis und Zurückhaltung in allen Fragen ideologischer Identifikation oder engagierter Anteilnahme am öffentlichen Leben.[130] Daß Kempowski unter die kollektive Verurteilung der Amerikaner fiel, war für ihn zudem der erste Anstoß für die große Entschuldungsarbeit, die seine »Deutsche Chronik« mit den Befragungsbänden »Haben Sie Hitler gesehen?« und »Haben Sie davon gewußt?« sowie das »Echolot« motivierte. Die englische Fassung seiner Autobiographie, die er in der Einzelhaft sich selbst erzählte, war eigentlich an die Amerikaner adressiert, als Versuch, den Irrtum aufzuklären, daß man ihn mit den Nazis in einen Topf geworfen hatte.

Ende Februar, Anfang März 1948 fuhr Kempowski noch einmal zurück nach Rostock, legal mit Interzonenpaß. In Hamburg machte er für einige Tage bei den Verwandten Station, sah im Theater ausgerechnet Thornton Wilders Endzeitstück »Wir sind noch einmal davongekommen«. In Rostock wollte er die Flucht seines Bruders und seiner Mutter besprechen, die sich inzwischen vergebens bei der dänischen Militärmission in Berlin um eine Erlaubnis bemüht hatte, ihre Tochter auch nur besuchen zu dürfen. Am Morgen des 8. März 1948, einen Tag nach seiner Ankunft, wurde er um 5.30 Uhr von vier Russen aus dem Bett heraus verhaftet und in das MWD-Gefängnis in der John-Brinckman-Straße eingeliefert.

5. Bautzen

Bautzen war ein Segen für mich.[131]

Kempowski wurde in den Keller einer Villa in der John-Brinckman-Straße gesperrt, die der sowjetische Geheimdienst als Gefängnis nutzte. Seinen Bruder Robert verhaftete man am selben Morgen. Sie waren denunziert worden. Nach einigen Tagen transportierte man sie nach Schwerin in das MWD-Gefängnis an der Demmlerstraße. Es folgten Einzelhaft und nächtliche Verhöre. »Nach vier Wochen wurde ich nicht mehr ›geholt‹, da hatte ich das Schlimmste überstanden, dies nächtliche Sitzen vor dem Schreibtisch, der gutartige Dolmetscher, Tabakkrümel mit der Hand zusammenfegend. Und der Untersuchungsrichter, bevor er begann, heftete er mit Reißzwecken ein Blatt Papier auf den Schreibtisch.«[132]

Seine Mutter blieb unterdessen ohne Nachricht, die deutsche Kriminalpolizei schwieg, auf der sowjetischen Kommandantur ließ man sie nicht vor, in der John-Brinckman-Straße wurde sie verjagt. Am 28. September 1948 holten sie die Russen ab. Da waren ihre Söhne schon in Bautzen, nachdem sie das zentrale sowjetische Militärtribunal[133] zu 25 Jahren Arbeitslager verurteilt hatte, wegen Spionage, antisowjetischer Hetze, illegalen Grenzübertritts und Gruppenbildung. Die Russen wußten Bescheid über die Frachtbriefe, Kempowskis Zeit in Wiesbaden, auch über die Tätigkeit in der LDP, seinen Einsatz im Wahlkampf 1946, den von Arno Esch geleiteten Jugendclub. Kempowski bezeichnet das Urteil heute als »Glücksfall«, denn die Hälfte der von den Militärtribunalen Verurteilten wurde in die

Sowjetunion deportiert, etwa 25 000 Menschen, unter ihnen der spätere Schriftsteller Horst Bienek. Einige hundert wurden wie Arno Esch erschossen.

Margarethe Kempowski wurde im Januar 1949 zu zehn Jahren Zuchthaus verurteilt, wegen »Nichtanzeigens« von Agenten des ausländischen Nachrichtendienstes«. Nach einem Monat verlegte man sie ins ehemalige Konzentrationslager Sachsenhausen und Anfang 1950 zusammen mit mehr als 1000 Frauen und 30 Kindern in das Frauengefängnis Hoheneck bei Stollberg im Erzgebirge.[134]

Die bürgerliche Existenz der Familie Kempowski war zerstört, innerhalb weniger Monate entschied sich ihr Schicksal. Die Firma wurde liquidiert, die Wohnung aufgelöst, das Mobiliar versteigert. Geblieben waren nur Erinnerungen. Kempowskis Haft in Bautzen dauerte vom 6. September 1948 bis zum 7. März 1956, sein Bruder saß noch einige Monate länger.

Das Zuchthaus Bautzen I, wegen der Klinkerfarbe »Gelbes Elend« genannt,[135] stammte aus der Zeit nach der Jahrhundertwende. Ernst Thälmann war hier inhaftiert gewesen, bevor ihn die Nationalsozialisten in Buchenwald ermordeten. Ende der vierziger Jahre war es überwiegend mit Männern belegt, die zu hohen Strafen verurteilt worden waren. Kempowski schreibt: »In Bautzen, das war 1948, traf ich auf Sozialdemokraten, die sich der Zwangsvereinigung widersetzt hatten, und auf Ostbüro-Leute, auf Christen und auf Liberale, auf Bauern, die ihr Soll nicht erfüllt hatten, aufmüpfige Schüler und Studenten. All jene Leute saßen hier, die störten beim Aufbau (...): Saboteure, die in Aue irgendein Malheur gehabt hatten, Kaufleute, Gutsbesitzer. Es waren allein in Bautzen über 8000 Menschen, von denen in den ersten Jahren täglich welche starben, an TBC meist. Wir hatten ständig über 1000 TBC-Kranke.

In Bautzen saßen auch sogenannte Vgmer,[136] also Landesschützen, die Russen bewacht hatten: Nazis mit und ohne Vergangenheit.«[137]

Im Zuchthaus war Kempowski auf sich selbst zurückgeworfen, war allein mit seinen Schuldgefühlen der Mutter gegenüber, allein mit seinen Ängsten, ob er die lange Haftzeit überstehen würde, mit seinen Sorgen, was er bei seiner Entlassung anfangen sollte. »Die ›kummervollen Nächte‹, als ich mir darüber klar wurde, daß ich nichts war, nichts hatte, immer älter wurde, kein Abitur, keine Lehre, nichts.«[138] In Bautzen kam er aber auch zur Ruhe, zur Besinnung nach den Jahren der Verweigerung und des Taumelns. Und am Tiefpunkt seiner Existenz zeichnete sich nach Jahren die Perspektive eines zukünftigen Lebens ab. »Das Zuchthaus war meine Universität«,[139] sagt Kempowski in Anspielung auf einen autobiographischen Roman Maxim Gorkis. Das Zusammensein mit Menschen aus allen Schichten, Berufen, Altersgruppen und Provinzen über Jahre hat ihn gebildet: »Es begann schon in der Zelle. Ich hatte ja als Bürgersohn bis dahin mit sogenannten einfachen Leuten, mit Arbeitern oder Handwerkern, nichts zu tun gehabt, auch nicht mit Berlinern oder Sachsen.«[140] Ein Schuhmachergeselle berichtete von seiner Arbeitslosigkeit in den zwanziger Jahren und vom Arbeiterbildungsverein. »Er staunte Bauklötze, als er erfuhr, daß ich Oberschüler gewesen war. Ach, du hast Schule besucht... Das war ein Schock, weil mir klar wurde, wie privilegiert ich gelebt hatte.«[141]

Die Jahre 1949 bis 1952 verbrachte er mit 400 Männern auf engstem Raum: »Die Pritschen waren 1,50 m breit, für drei Mann!«[142] Studien treiben, hatte Robert ihm zugeraunt, als sie auf dem Saal Einzug hielten, Studien treiben, das komme ja nie wieder, und: »Lauter Lemuren!« Er lernte Menschen unterschiedlichster Herkunft und Profession kennen, freundliche Erzgebirgler und Glasbläser aus dem Vogtland, Juden, die Auschwitz überlebt hatten, KZ-Kapos, einen Kaufmann, der in Persien gearbeitet hatte, einen Bäcker, dessen Vater Schlachter gewesen war und eine Gastwirtschaft besessen hatte, einen Bankpräsidenten, dazu Amerikaner, Finnen, einen Fremdenle-

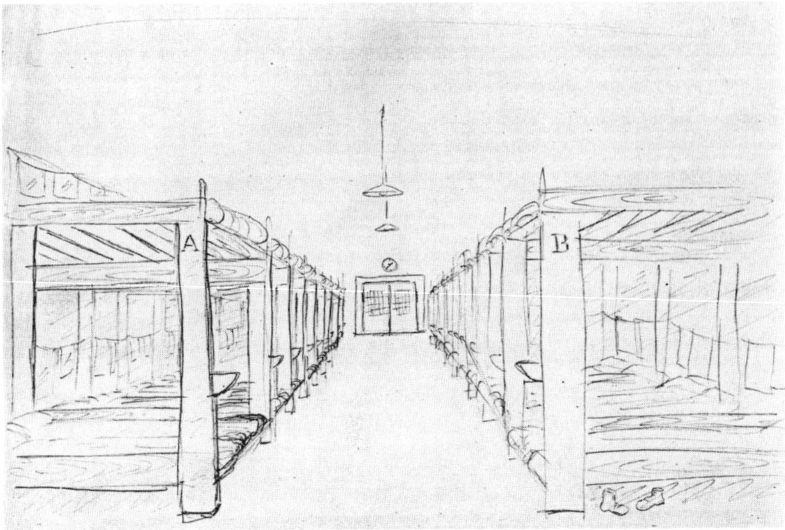

Saal im Zuchthaus Bautzen. Zeichnung: Walter Kempowski

gionär, der in Dien Bien Phu gekämpft hatte, Alte und Kinder. »Sebastian Brants ›Narrenschiff‹, damit kann man es vielleicht vergleichen, obwohl es darüber hinausging, es gab ja nicht nur Narren im Saal, sondern alle Arten von menschlichem Verhalten, alle vorstellbaren Charaktere, angenehme wie unangenehme.«[143] Er traf den Feldwebel seines Vaters und Detlev Nahmmacher, der ihm 1943 die Haare abgeschnitten hatte, außerdem einen Neffen seines ehemaligen Lehrers Johannes Gosselck. Kempowski ging immer wieder von Pritsche zu Pritsche, sprach mit den Männern, fragte sie nach ihrem Leben, hörte stundenlang zu. Der babylonische Chor der Stimmen faszinierte ihn: »Ich begann mit dem Einsammeln der Schicksale schon in Bautzen, das Belauschen der Gespräche, das Geraune, nicht erst seit dem schon geschilderten Gang über den Hof, seit damals aber zielbewußt.«[144]

Er habe die Menschen kennengelernt, sagt Kempowski, ihr Verhalten in extremer Situation. »Das Erstaunlichste war, daß sich auch unter den Bedingungen des Zuchthauses so etwas wie eine bürgerliche Ordnung herstellte. Ich war sonderbarerweise als Sohn eines Reeders geachtet, verfügte zeitweise über eine Art Diener, einen Mann, der mir die Strümpfe stopfte und dafür mit einem Teil der Suppenration entlohnt wurde.«[145]

Wie in den Kriegsgefangenenlagern der Alliierten organisierte sich auch im Zuchthaus Bautzen ein Kultur- und Lehrbetrieb, an dem Kempowski regen Anteil nahm. Er konnte endlich den Französischunterricht fortsetzen, bei Wolfgang Natonek, dem Sohn des Schriftstellers Hans Natonek. Er war LDP-Mitglied und an der Universität Leipzig Vorsitzender des Studentenrates gewesen. »Sein Unterricht kam mir sehr zugute. Ich zehre immer noch davon. Er konnte Fabeln von La Fontaine aufsagen, die ich dann auswendig lernte, ›Le corbeau et le renard‹, oder er gab Vorlesungen über die deutsche Klassik wieder, die er bei Hermann August Korff gehört hatte (›Geist der Goethezeit‹).«[146] In Göttingen begegnete Kempowski ihm wenige Jahre nach der Entlassung wieder.

Bei einem Volksschullehrer namens Erler besuchte Kempowski Kurse zur Harmonielehre, und er nahm an einem literarisch-philosophischen Gesprächskreis teil, den der Studienrat Hans Haustein (»Eckstein« in »Ein Kapitel für sich«) leitete. Philosophische Systeme wurden in dem sogenannten Mimosenclub erläutert und aus dem Leben der Dichter berichtet, Gedichte rezitiert – »blödem Volke unverständlich«. Kempowski: »Ich habe nie wieder so intensiv Gedichte gelesen wie in Bautzen.«[147] Er schrieb auch selbst Verse, in denen es um die Situation der Gefangenschaft ging:

In meinem Aquarium
hängen[148] die Fische
seltsam starr und stumm.
Doch – wenn ich die Scheibe wische,
Fahren sie plötzlich herum.

Oder um die freundschaftlichen Beziehungen im literarischen Gesprächskreis:

> Nächtlich durch die großen
> Hallen sinnend schreiten
> kühlen Marmor an den bloßen
> Füßen und befreiten
> Atem auszustoßen
> Und empfinden Dankbarkeiten
> daß in dieser urteilslosen
> Welt dich immer noch begleiten
> zartempfindende Mimosen.[149]

In den acht Jahren konnte er etwa 20 Bücher lesen, darunter »Schuld und Sühne«, »Krieg und Frieden«, Shakespeares Königsdramen, Dantes »Göttliche Komödie«, Kellers Novellenzyklus »Das Sinngedicht«, Giorgio Vasaris »Künstler der Renaissance«, ein Buch über Heinrich Vogeler und Fritz Reuters »Ut mine Festungstid«.

Kempowski gehörte auch einer Gruppe an, die sich um Jochen Hafner versammelte. Der Studienrat berichtete den Oberschülern aus seinem Leben, von Kriegserlebnissen, von seiner Einstellung gegen die Nationalsozialisten. »Nicht was er erzählte, beeindruckte mich, sondern wie er es erzählte«, so Kempowski, »seine pädagogische Art sprach mich an. Junge Männer brauchen das wohl, eine starke Persönlichkeit außerhalb der Familie.«[150] Hafner beeinflußte die Gruppe nicht erzieherisch, sondern durch seine Anwesenheit, durch Gespräche, Zuhören, Eingehen auf die Teilnehmer. »Es ging eine Art Liebe von ihm aus, nicht im sexuellen Sinne, sondern ein Eros, der wirksam wird. Seine Ausstrahlung war enorm.«[151] Für den vaterlosen Kempowski bedeutete Jochen Hafner eine positive Autorität. Am meisten beeindruckte ihn der pädagogische Raum, der hier eröffnet wurde. »Es waren nur wenige konkrete Anstöße, die ich von ihm empfing. Er ließ mich Gedichte schreiben, einmal sollte das Wort ›Fahrrad‹ darin vorkommen. Es wurde auch viel interpretiert. Rilkes ›Sonette an Orpheus‹ spielten eine große Rolle. Und er plädierte für ein Schulfach ›Allgemeine Lebenskunde‹, Benimmfragen sollten vermittelt werden, wie man richtig liest und einen Knopf annäht. Das habe ich später als Lehrer angewendet, älteren Schülern in der großen Pause Schachspielen beigebracht und englische Vokabeln.«[152] Hafner setzte die Linie der pädagogischen Anregungen fort, die von Kempowskis Mutter und den Lehrern Märtin und Gosselck ausgegangen war. Er wies dem Suchenden auch die Richtung in eine berufliche Zukunft, nämlich Lehrer zu werden. Darin bestärkten ihn auch die Erzählungen des Volksschullehrers Erler über seine einklassige Dorfschule in Ostpreußen und seine eigenen Kindheitserinnerungen an den Sommer 1933, den er im Haus eines Lehrers in Bad Sülze an der Schwarzen Recknitz verbracht hatte.

Der allgemeine Kulturbetrieb auf dem Saal war lebhaft, besonders in den ersten Monaten des Jahres 1950, nach der Übergabe an die Volkspolizei, die anfangs mit der Verwaltung überfordert war. Das Ende des breiten Mittelgangs wurde als Veranstaltungsort benutzt. Sonntags wurden Vorträge gehalten. Der Kustos des Zoologischen Museums Königsberg referierte über Würmer und Kriechtiere, ein Lehrer sprach über Himmelskunde, Robert über die Schiffsmaklerei, Segelflieger und Weltreisende kamen zu Wort. Einzelheiten einer mehrteiligen Vorlesung über Lust- und Unlustgefühle prägten sich Kempowski tief ins Gedächtnis ein. Der Inhalt ganzer Bücher wurde erzählt, jemand konnte das erste Klavierkonzert von Tschaikowsky pfeifen, ein anderer Szenen aus Schillers »Don Carlos« vortragen, »Faust I« bis zur Walpurgisnacht wurde aufgeführt. Bei »Bunten Abenden« traten Zauberkünstler und Clowns auf, wurden Tucholsky-Gedichte vorgetragen. In der Kirche wurden Filme vorgeführt, zumeist sowjetische, aber auch tschechische und deutsche. Karl Lieffen, den er schon in Wiesbaden im

Theater gesehen hatte, erschien ihm nun auf der Leinwand. »Mein Bruder und ich sahen ausgerechnet in Bautzen einen Film mit ihm, und wir beide riefen: Wie Vater!«[153]

Kempowski betätigte sich zeitweilig als Theaterdichter und -regisseur. Mit Unterstützung seines Bruder rekonstruierte er den Text von Curt Goetz' »Die tote Tante«, ein Stück, das sein Vater oft zitiert und das er selbst kurz vor der Verhaftung gelesen hatte. Kostüme wurden aus Zivilkleidern zusammengeliehen, Tische zur Bühne zusammengeschoben, ein Vorhang aus Bettlaken hergestellt. Robert übernahm die Rolle des Pastors.[154]

Außerdem schrieb Kempowski einen Zweiakter über einen Homo Tarzanus, der bei einer Expedition im Dschungel entdekkt wird. Am Ende bleibt der Expeditionsleiter in der Wildnis und lebt wie der tarzanähnliche Mensch, während dieser mit der Expedition den Urwald verläßt. Die Sehnsucht nach Abgeschiedenheit und Ruhe bildet einen Kontrast zur belebten Welt der Zivilisation – die Hoffnungen des Gefangenen auf Freiheit, aber auch die Furcht vor der bürgerlichen Welt drücken sich hier aus. Die Vorstellung wurde zu einem großen Erfolg für den Autor und Regisseur, nicht zuletzt durch Roberts überragend komische Darstellung des Tarzan. Auch als Sänger eines Jazzquartetts reüssierte Kempowski, mit heiserer Stimme wegen einer Stimmbandreizung und in Art der Mills Brothers hottend. »Als wir geendet hatten, setzte ein Gejohle und Geschrei ein, als ob sich der Deckel vom Kochtopf hob und die Milch überkochte. Ich bin sofort verschwunden.«[155]

Die kulturellen Aktivitäten, die Bildungsmöglichkeiten dürfen nicht darüber hinwegtäuschen, daß die Jahre der Haft sehr hart waren. Hunger, Kälte, katastrophale sanitäre Einrichtungen, unzureichende medizinische Versorgung bestimmten den Alltag im Gefängnis. Robert Kempowski schildert die primitiven Umstände: »3 Glühbirnen in einem Saal von 35 Metern Länge und 15 Metern Breite, in dem 400 Leute hausen. Für jeden bleibt ein Raum von 50 Zentimetern in der Breite und 2 Metern in der Länge; Staub, Dreck, Lärm, Gestank, 5 Klos für 400 Leute.«[156] Die Verpflegung war schlecht, Hunger an der Tagesordnung, Gewichtsverlust, Entkräftung die Folge. Robert Kempowski: »Ich erinnere mich an den Ruf ›Westflügel – Suppe‹, bei dem wir schon mit der Schüssel an der Zellentür gestanden haben. Dies zum Gefühl Hunger, das man sich heute kaum mehr vorstellen kann. Damals gab es beispielsweise die ›Krümelkacker‹, die Krümel gesammelt und in Beuteln zum Trocknen aufgehängt haben. Es hat Leute gegeben, die Nudeln zum Trocknen aufgehängt haben, um sich irgendwann einmal einen ›Prasdnik‹ zu machen. Leute haben ihre ›Kuhlen‹ (Gaunersprache = Brotration) untereinander getauscht und 2 Tage gehungert, um einmal eine richtige Mahlzeit zu haben. Diese Leute haben sich kaputtgemacht.«[157] Dazu kam die seelische Not. Die überwiegende Mehrheit war unschuldig eingesperrt, ohne rechtsstaatliche Verfahren, aufgrund von Willkürakten eines terroristischen Besatzungsregimes und einer bürokratisch-repressiv agierenden Verwaltung der Volkspolizei. Schon ein offener Knopf oder Unterhaltungen während des Hofgangs wurden mit Stehkarzer geahndet, stundenlang eingesperrt in einer dunklen, 40 cm tiefen Kammer. Denunziation führte zu Einzelhaft. Kempowski erlitt sie im Dezember 1953 unter dem Vorwurf, eine christliche Untergrundgruppe gegründet zu haben. Kalfaktoren führten ein rigides Regiment. Appellationsinstanzen gab es nicht, ebensowenig Aussicht auf vorzeitige Entlassung. Arbeit erhielten die wenigsten und oft nur für kurze Zeit. So war Kempowski von März bis November 1953 als Schreiber in der Sattlerei beschäftigt.

Seine Strafzeit hätte bis 1973 dauern sollen. Dann wäre er 44 Jahre alt gewesen. Besuch erhielt er nicht. Briefe waren erst ab 1949 erlaubt, trafen nur spärlich ein, wurden zensiert oder aus disziplinarischen Gründen auch zurückgehalten. Für viele Häftlinge war die Trennung von Ehefrauen und Freundinnen oft verbunden mit Ungewißheit. Und manch einer erhielt dann den

Der Häftling, 1950

berühmten Brief: »Du hast es ja auch schon geahnt ...« – Scheidung. Eine spezifische Gefängniserotik kam auf, wie sie auch aus Kadettenanstalten und Internaten bekannt ist, schwärmerische Freundschaften bis hin zu temporärer Homosexualität. Suche nach Beschäftigung, sticken, nähen, Schach spielen, nach geistiger Anregung bei kulturellen Unternehmungen, war die eine Seite, manchmal steigerte sie sich zu pathologischer Hyperaktivität bis hin zum Zusammenbruch. Die andere bestand aus Leiden, Verzweiflung, Resignation, Depression, Krankheit, Tod. Mancher beging Selbstmord. Nur wenige versuchten den Ausbruch. Bei zwei Fluchtversuchen in den Jahren 1952 und 1953 wurden drei Häftlinge erschossen.

Kempowski quälte sich zusätzlich mit der Schuld, das Leiden seiner Mutter verursacht zu haben. »Dies sind die dunkelsten Stunden meines Lebens«,[158] schrieb er später. Am 6. Juli 1949, wenige Tage nachdem er die Nachricht von ihrer Inhaftierung erhalten hatte, schrieb er an seine Schwester: »Ich glaube, Ihr könnt Euch denken, was in mir vorgeht, wenn ich an

Mutter denke. Richtet nicht! (...) Gebe Gott, daß wir Mutter ein Leben schaffen können, das alles Bisherige vergessen läßt. Wie werde ich arbeiten, das zu erreichen!«[159] Jahrzehnte später hielt er es jedoch für fraglich, ob seine im Wasserkarzer erpreßten Aussagen tatsächlich der Grund ihrer Verhaftung waren, und sah eher den Besuch eines amerikanischen Agenten kurz nach seiner Verhaftung sowie ihre Reise nach West-Berlin im September 1948 als auslösende Momente an. »Daß ich mich schuldig fühle, ist eine ganz andere Sache.«[160] Seine Verantwortung verstand er metaphysisch: »Die Tatsache bleibt, daß ich ja gesagt habe, ja, meine Mutter hat davon gewußt, auch wenn die Entscheidung über ihr Schicksal zu diesem Zeitpunkt längst gefallen war.«[161]

Er brach mehrfach zusammen. Im September 1949 wurde er mit hohem Fieber ins Lazarett eingeliefert, Verdacht auf Tbc. Er wog nur noch 45 Kilo. Im Herbst 1953 versagte der Magen vor Erschöpfung durch das jahrelange karge und schlechte Essen.

Ab 1952 gab ihm der Kirchenchor Halt, dem er mit Unterbrechungen bis zur Entlassung angehörte. Etwa 50 Männer lebten in einer Art klösterlicher Gemeinschaft in einer Doppelzelle, West 5/45: Studenten, Lehrer, Pastoren, die gemeinsam aßen, schliefen, Noten kopierten, Lieder einstudierten. Der Chor wurde gefördert von Hans-Joachim Mund, Kirchenreferent im ZK der SED und im Auftrag der Volkspolizei als hauptamtlicher Gefangenenseelsorger zuständig für alle neun politischen Strafanstalten in der DDR.[162] »Ich faßte zu Hans-Joachim Mund sofort Vertrauen, und es entwickelte sich darüber hinaus Zuneigung, ja ein besonderes Freundschaftsverhältnis. Die herzliche Atmosphäre, in der er das Gespräch führte, zog mich an, und die Strenge imponierte mir, mit der er vorging, den Häftling auf sich selbst zurückzuführen und ihn abzubringen von weinerlicher Allerweltsanklagerei.«[163] Mund konnte ihm auch Grüße von seiner Mutter aus Hoheneck übermitteln.

Durch diese Begegnung wandelte sich Kempowskis Haltung gegenüber seinem Schicksal. Er akzeptierte es, eine Voraussetzung für seinen Wiederaufstieg aus eigener Kraft. »Ich dachte: Wir tun hier stellvertretend Buße für die, die sie nicht geschnappt haben, und für das Unrecht, das wir Deutschen begangen haben.«[164]

Als man im Januar 1954 mit der Mehrheit der Sänger auch den Chorleiter entließ, wurde Kempowski »Kommandoleiter Kirchenchor«, im Alter von 24 Jahren – eine Aufgabe, die ihn nach den Jahren des Wartens und Bildens fesselte und herausforderte, die ihm einen Sinn für sein weiteres Leben gab. »Erst mit der Chorarbeit 1954 fing ich mich wieder. Da merkte ich, daß es Gebiete gibt, auf denen ich etwas leisten kann.«[165] Aufgestaute Energie und der Schmerz, zurückgeblieben zu sein, trieben ihn an. Die Arbeit verstand er künstlerisch: »Wir waren kein Männergesangsverein.«[166] Zuerst einmal setzte er durch, daß der Chor wieder aufgefüllt wurde. Er ging mit der Stimmgabel in der Hand und begleitet von einem Wachtmeister von Zelle zu Zelle und ließ Häftlinge vorsingen. »Manchen habe ich so aus dem Zellendasein erlöst.«[167] Der Chor sang Motetten, Kantaten, Choräle, ganze Messen von Bach, Palestrina, Gluck, Schütz, Distler, eingerichtet von Kempowski, der auch selbst komponierte, und unterstützt von einem kleinen Streichorchester. »Ich lag dann abends oben auf meiner Pritsche, das Bett gegenüber mit Noten bedeckt, und studierte im Schein der Feuerzone Partituren von Pepping.«[168] In dieser letzten Zeit seiner Haft schrieb er auf Toilettenpapier ein Jamben-Epos mit dem Titel »Die schwarzen Vögel«, das er seinen Zellengenossen vorlas: die Geschichte eines einsamen Mannes in einer mittelalterlichen Stadt, in der die Pest wütet.

In der klösterlichen Abgeschiedenheit der Kirchenchorzelle war sein späteres Leben schon in nuce angelegt: Studien treiben, künstlerische Betätigung, suchen nach Ausdruck, um die Ergebnisse der Welt zu präsentieren, den Menschen zurückgeben, was man von ihnen empfing. Wenn der Chor am Sonntagvormittag in der Kirche Choräle sang, war das Erbauung und Unterhaltung zugleich, eine Annäherung an geistige Regionen mittels der Sinne. Es war seine Absicht, schreibt Kempowski im Tagebuch, »den dreißig Leuten eine lohnende Beschäftigung zu bieten, den sogenannten Kirchgängern ein bißchen Freude und absolut gesehen das Fähnchen hochzuhalten. Es hatte auch eine kultische Bedeutung«.[169] Daß in dem Lied »Von Gott will ich nicht lassen … Errett't von Sünd' und Schanden, von Ketten und von Banden« auch Widerstand steckte, begriff die Volkspolizei durchaus.

In der Musik begegnete er auch der Religion. Kempowski fühlte sich besonders vom mystischen Charakter des Katholizismus angezogen – vorbereitet durch seinen Freund Hans-Ulrich Rüther, mit dem er in Rostock die Heilige Messe besucht hatte, und vertieft durch intensives Bibelstudium in den Jahren auf dem Saal. Auch gehörten Werke von Adolf von Harnack, Julius Wellhausen und Ernst Troeltsch zu seiner Lektüre. In der Kirchenchorzelle las er Romano Guardinis »Heilige Zeichen« über katholische Riten und Symbole: Kreuzzeichen, Knien, Kerze, Weihwasser, Weihrauch.

Der Wunsch, sich selbst aufzuheben in einer Jahrtausende alten, noch immer lebendigen Tradition, regte sich in Kempowski. Er begriff das Christentum als Kulturgrund des Abendlandes.

Auch die hochkirchlich-katholisierende Richtung des evangelischen Pfarrers Mund beförderte ein Gespräch. »Die Gottesdienste, die Hans-Joachim Mund in der Anstaltskirche hielt, waren ungewöhnlich. An die Predigten erinnere ich mich zum Teil noch wörtlich. Seine Neigung zur Feierlichkeit kam meinen Vorstellungen von Gottesdienst entgegen.«[170] Eine gewisse Affinität zu manchen Elementen des Katholizismus erwuchs daraus, etwa für die Meßordnung als Form für religiöse Inhalte. Ein persönliches Verhältnis zu Gott suchte er damals indes nicht. Weder betete er, noch hielt er stille Zwiesprache. »Von da kam keine Hilfe. Im Gesang fand ich sie, in der Manifestation des Glaubens durch Wort und Lied, in der Musik.«[171]

Die Zeit der Haft wurde zum Zentrum, um das Kempowskis Leben als Pädagoge, Schriftsteller und Archivar später kreiste. Eine symbolische Erfahrung: Der Sohn aus gutem Hause, kriminalisiert, ausgestoßen, besann sich am tiefsten Punkt und strebte fortan danach, das von ihm Zerstörte wiederherzustellen, durch seine Arbeit wieder in die Gesellschaft aufgenommen zu werden. Dankbarkeit gegenüber den Bautzener »Lehrern«, die ihm die Richtung wiesen, und das Gefühl einer pädagogischen Verantwortung leiteten ihn, das Erfahrene an künftige Generationen weiterzugeben.

Die habituelle, im Zitat erstarrte Bürgerlichkeit seiner Eltern wurde hier gewandelt und wies in die Zukunft. Bildung und Kultur erlebte er nicht mehr als überkommenes Erbe, sondern als selbst erarbeitet, unter schwersten Bedingungen, als existentielles Bedürfnis, das Überleben im geistigen Raum gewährleistet und einen höheren Lebenszweck eröffnet.

Bautzen disziplinierte den Bürgersohn, der sich jahrelang herumgetrieben hatte, Bautzen traumatisierte ihn aber auch. Das Ausmaß ist schwer zu beurteilen. Das Hafterlebnis war auch später immer präsent. Durch Träume und Ähnlichkeiten wurde Kempowski damit konfrontiert – Auslöser für Gespräche, Tagebuchnotizen, literarische Verarbeitung. Am 30. Mai 1993 notierte er: »Verhaftungstraum. Ich hätte mir ja denken können, daß die Russen nichts vergessen. Eben noch amüsiere ich mich über einen Zivilrussen, der seine Hose zwecks Schonung der Bügelfalte verkehrt rum angezogen hat – seine Zahnprothese hat er richtig rum im Mund –, da werde ich von hinten gepackt und ins Auto geschoben. Aber da fällt mir ein, daß ich ja schon gesessen habe deswegen, und der Spuk verfliegt.«[172]

Kempowski nannte die Reaktionen ungewollten Wiedererlebens selbstironisch die »Bautzen-Macke«. Die Psychologie spricht von posttraumatischen Belastungsstörungen. Die Haft ehemaliger politischer Gefangener in der DDR gilt nach einer UN-Konvention als psychologische Folter, die zu psychischen Störungen führen kann.[173]

Im Juni 1955 wurde Kempowskis Haftstrafe auf acht Jahre herabgesetzt. Er war in die Operative Abteilung geführt worden, wo ihn der gefürchtete Hauptwachtmeister fragte: »Na, Kempowski, wie lange wollen Sie denn noch hier bleiben?« – »Ich habe ja 25 Jahre.« – »Und freiwillig?« – »Zehn Jahre insgesamt, das halte ich noch durch.« – »Da kann ich Ihnen eine schöne Mitteilung machen, Ihre Haft ist auf acht Jahre reduziert. Sie können schon in acht Monaten nach Hause.«[174] Der Präsident der DDR, Wilhelm Pieck, hatte einen allgemeinen Gnadenerweis verfügt, unter den auch Kempowski fiel. Seine Mutter war bereits im Januar 1954 freigekommen und nach kurzem Aufenthalt in Rostock nach Hamburg ausgereist.

Wenige Wochen vor seiner Entlassung brach Kempowski zusammen. Körper und Psyche kapitulierten vor dem ständigen Hunger, der Angst vor der Volkspolizei, der Unfreiheit. Der innere Widerstand war im achten Jahr erlahmt. »Ich war fertig, ich konnte nicht mehr.«[175] Er wurde im Lazarett gepflegt, kam allmählich zu Kräften. Hier lernte er auch einen Brief an die SPD in Bonn auswendig, Satz für Satz, eine Art Hilfeschrei der inhaftierten Genossen, den er bestellen sollte. Die letzten Tage in Bautzen verbrachte er in der Entlassungszelle, wo er sich in die Lektüre von Arnold Zweigs »Verklungene Tage« versenkte. Am frühen Morgen des 7. März 1956 händigte man ihm seine Zivilkleidung aus – einen Pullover und eine Joppe –, das Foto seiner Mutter, eine Stimmgabel und zwei Notenblätter. Um 6.26 Uhr passierte er die Torwache, um 6.43 Uhr fuhr der Zug ab, Richtung Westdeutschland. Von seinem Bruder hatte er sich nicht verabschieden können. Um 17.15 Uhr telegrafierte er aus Wittenberge an seine Mutter: »ICH BIN FREI.« In der Nacht kam er in Hamburg an – ein Wiedersehen nach acht Jahren.

6. Neubeginn

Bunte, sonnige Zeit auf schwarzer Metallfolie.[176]

Schon am Abend des zweiten Tages in Freiheit beschrieb er in einem Brief an den Freund Hans Siegfried, der inzwischen in Kanada lebte, die Umstände der Verhaftung und der Zeit in Bautzen – der früheste Versuch, das Erlebte schriftlich zu verarbeiten. Mit der Schilderung des gescheiterten Aufstandes vom März 1950, der sogenannten Schreierei, bricht der Brief nach zweieinhalb Seiten ab. Kempowski schickte ihn nicht ab: »Gestern morgen öffnete sich das Tor, und ein ehemaliger Strafgefangener, zu 25 Jahren Zwangsarbeit verurteilt, amnestiert, wird dem Leben gegeben. Einem unbegreiflichen Leben. Er alleine geht, und tausend bleiben. Hungern, werden schikaniert, entwürdigt, entmenscht. Einer bekommt Kleidung, wie sie zivilisierte Menschen tragen. Darf rauchen, so viel er will, wird in einen Zug gesetzt nach – Hamburg. (…) Dieser eine, ich, wurde gestern um ½6 der Freiheit gegeben.«[177]

In den ersten Tagen ging er von Behörde zu Behörde: Anmeldung, Personalausweis, Wohnungsamt, Flüchtlingsausweis, Haftentschädigung. Er wurde einstweilen vom Arbeitsamt unterstützt, Abteilung Schausteller und sonstige. Die Stadt Hamburg und die Bundesrepublik Deutschland zahlten ihm ein Begrüßungsgeld in Höhe von 600 Mark, dazu bekam er einen Freifahrtschein der Bundesbahn für ein Jahr, außerdem Karten für Hagenbecks Tierpark, Hafenrundfahrten, die Staatsoper. Vom Begrüßungsgeld kaufte er sich bei Peek & Cloppenburg in der Mönckebergstraße einen braunen, zweireihigen Anzug, ein

Tweedjackett, Schuhe mit dicker Kreppsohle und eine Hornbrille, außerdem einen elektrischen Rasierapparat der Firma Braun und endlich gute Zigaretten.

Die Freiheit – Kempowski mußte sich eingewöhnen. Er war noch sehr geschwächt, wog 50 kg, hatte die Statur eines Jugendlichen, traute sich kaum allein auf die Straße, war menschenscheu geworden. Er konnte nicht mehr mit Messer und Gabel essen und hatte Schwierigkeiten, fließend zu lesen. Die Konzentration versagte. Er übte mit Hilfe von Illustrierten. Ende März ging er einige Tage am Bodensee spazieren, wohnte in Lindau bei einem Malermeister für drei Mark die Nacht in einem schmutzigen Zimmer, kaufte im Antiquariat Dostojewskis »Idiot«, fuhr in die Schweiz, das erste Mal ins Ausland.

Er bestellte den auswendig gelernten Brief an die SPD, ohne je eine Antwort zu erhalten, nahm Kontakt zu ehemaligen Knastkameraden auf, traf Detlev Nahmmacher wieder und besuchte die Verwandten. Bei den Angehörigen der Familie Collasius, die ihren Dünkel der Vornehmheit über den Krieg gerettet hatten, erntete er Kopfschütteln. Man machte ihn für das Schicksal der Mutter verantwortlich, und man zeigte es ihm auch, behandelte ihn mit »zurückgehaltener Bosheit«[178] als Verräter, als Verbrecher. Hilfe erfuhr er nicht. Selbst seine Vettern und Kusinen, mit denen er 13 Jahre zuvor noch im Garten der Wandsbeker Villa gespielt hatte, lehnten ihn ab. Zu ihren Studentenpartys wurde er nicht geladen. Allein Pastor Isenberg von der Stiftskirchengemeinde seines Großvaters, der ihn getauft hatte, nahm ihn freundlich auf. Kempowski wollte ihm eine Art Beichte ablegen, Herz und Gewissen erleichtern, aber es gelang ihm nicht, dem Greis, den seine Mutter bereits in ihrer Jugend verehrt hatte, von seiner Schuld zu berichten.

Eine Reise nach Aalborg zu seiner Schwester endete in einem Fiasko. »Mein Schwager behandelte mich mit äußerster Feindseligkeit und beschimpfte mich als Nazi, wohl um zu kompensieren, daß man ihn nach 1945 als Kollaborateur behandelt hatte. Seine 14 Tage Gestapohaft, weil er die Zerstörungen nach dem Bombenangriff 1942 kartographiert hatte, seien weitaus schlimmer gewesen als meine acht Jahre Bautzen. Dabei war er doch irgendwie mitverantwortlich. Er hatte in den Gesprächen damals in Rostock immer wieder von Demokratie und demokratischem Verhalten gesprochen, und daß wir Deutschen das lernen müßten.«[179] Da half es auch nicht, daß Kempowski in Kopenhagen dem katholischen Bischof von Dänemark vorgestellt wurde, der ihn segnete und ihm die Hand auf den Kopf legte.

Im Notaufnahmelager Uelzen durchlief er das reguläre Aufnahmeverfahren für Flüchtlinge aus der DDR. Dort saß er im April 1956 einem Sachbearbeiter gegenüber, der ihn nach Mitgefangenen in Bautzen ausfragte, wissen wollte, ob der Pfarrer illegal Briefe und Medikamente mitgebracht hatte – Kempowski schwieg dazu. Die Brisanz dieser Befragung und der Zusammenhang mit Operationen des Staatssicherheitsdienstes der DDR in Westdeutschland wurden ihm erst nach Jahren klar. Er erhielt den Flüchtlingsausweis C, eine Bescheinigung nach §10 des Häftlingshilfegesetzes, und war als politischer Häftling anerkannt. Man gewährte ihm Anspruch auf Unterhaltsbeihilfe und die Möglichkeit, an einem Abiturlehrgang für Spätheimkehrer teilzunehmen. »Immerhinque«, hätte sein Vater gesagt. Kempowski jedoch war enttäuscht. Er hatte sich vorgestellt, daß man ihn als Helden empfangen würde, als Kämpfer für Recht und Gerechtigkeit. Nun war er ein Wohlfahrtsempfänger, auf den niemand gewartet hatte.

In Hamburg wurde er nicht recht heimisch. Der Ton, der dort herrschte, blieb ihm fremd. Er hatte die Entwicklung der Nachkriegszeit nicht miterlebt, die große Stadt stieß ihn ab. Seine Mutter machte es ihm zwar leicht, war freundlich und herzlich wie früher. Aber er war noch immer in Bautzen, die Jahre waren so einfach nicht abzuschütteln. Er wollte seine Geschichte mitteilen, aber seiner Mutter konnte er sie nicht erzählen. Sie hatte Ähnliches erlebt, und er fühlte sich dafür verantwortlich. So schwiegen sie. »Was hat sich damals abgespielt,

1956 in der Heinrichstraße, beim Kaffeetrinken, die Noppensessel, der Tischläufer, das gekochte Ei. Der Zigarettentöter, der Messinghaken für die Handtasche an der Sessellehne. Der Hinterhof mit den Flaschenkisten, die Schlaglöcher-Straße mit den spielenden Kindern. ›Hör zu‹, Imperial, Rororo. Rowooohlt, wie meine Mutter sagte.«[180] Er konnte nicht bleiben. Detlev Nahmmacher war es, der im April 1956 bestimmte: »Du mußt hier weg. Du gehst nach Göttingen und machst das Abitur!«

Er war jetzt 27 Jahre alt. In der vom Krieg wenig beschädigten Universitätsstadt fand er ein »Ersatzrostock«[181] vor. Die Fachwerkhäuser und Professorenburgen, Cafés und Antiquariate – hier richtete er sich ein, bezog ein kleines Zimmer bei einem freundlichen Zollrat namens Fürchtegott Wittig und seiner Frau, Am weißen Stein 4, für das er 40 Mark im Monat zahlte. Er besuchte den Schulkursus, und am Wochenende ging er den Hainberg hinauf im nahen Wald spazieren, fuhr mit dem Fahrrad in die Dörfer der Gegend, an der Weser entlang, saß im Café bei einer Tasse »Bohnenkaffee«,[182] wie er noch immer sagte, und einer North-State-Zigarette. Er kam allmählich zu sich, »fing sich«,[183] wie er im Rückblick schrieb. »In Göttingen schien die Sonne«,[184] heißt es in seinem Roman »Herzlich willkommen«. Er setzte den Weg zu sich selbst fort, den er in Bautzen begonnen hatte. Das bedeutete zuallererst die Auseinandersetzung mit der Vergangenheit. Seine Tagebücher füllten sich: Reflexionen, Rechtfertigungen, Erklärungen. Träume notierte er zusätzlich auf Zettel und sortierte sie in einen Karteikasten, den er beim Trödler erworben hatte.

Im August 1956 wurde sein Anspruch auf Unterhaltsbeihilfe erneut überprüft und zurückgewiesen, der Flüchtlingsstatus aberkannt. Sein Einspruch gegen die Entscheidung wurde am 29. November abgelehnt mit der Begründung, daß »die Ingewahrsamnahme wegen Spionage« kein politischer, sondern ein strafrechtlicher Grund gewesen sei und damit die Grundlage für Unterstützung entfalle. Zwar erhielt er noch Kriegshalbwaisenrente, aber die materielle Existenz stand auf dem Spiel

Ankunft in Göttingen, April 1956

und die Anerkennung seiner ideellen Beweggründe. Kempowski begann eine nervöse Tätigkeit, bat ehemalige Häftlinge um Unterstützung, die Kirche, auch Pfarrer Mund. Ein Berliner Oberkirchenrat, Sohn eines früheren Rostocker Pastors, antwortete ihm am 11. Februar 1957: »Ich habe Ihren Brief vom 25. Januar d. Js. mit rechter Bewegung gelesen. Was Sie da erlebt haben, ist eine der uns leider häufig begegnenden Fehlentscheidungen des Westens, resultierend aus völliger Unkenntnis und Lieblosigkeit satter Bürger.«[185] Kempowski strengte ein Verfahren an, das sich über mehrere Jahre hinzog. Daß er zur gleichen Zeit an ein Buch über das Schicksal zweier entlassener Häftlinge dachte, die sich nach etlichen Enttäuschungen zum Selbstmord entschließen, läßt erahnen, wie verstört er war.[186]

In die düstere Stimmung des Herbstes 1956 fielen zwei freudige Ereignisse. Robert Kempowski wurde im September 1956 entlassen und fand nach einigen Schwierigkeiten Arbeit als Werkstattschreiber auf einer Werft, dann als Befrachtungsassistent bei einer Transportgesellschaft am Ballindamm. Und in der Theologen-Tanzstunde lernte Kempowski die einundzwanzigjährige Lehramtsstudentin Hildegard Janssen kennen, Pastorentochter aus altem ostfriesischen Geschlecht. Kempowski: »Sie war die zweite von links.«[187] Zwei Wochen später, am Totensonntag, besuchten sie gemeinsam ein Kirchenkonzert, zehn Tage danach verlobten sie sich, am 1. Dezember 1956, dem Geburtstag von Großvater Kempowski.

Der Antrittsbesuch bei den Schwiegereltern in Rotenburg an der Wümme fiel allerdings ernüchternd aus. Er hatte sich auf das gastliche Haus eines Landpastors eingestellt, der die Diakonissenanstalt eines Krankenhauses leitete. Doch dessen Frau war wenig erfreut über den hergelaufenen, ehemaligen Zuchthäusler, der da hohlwangig und blaß ins Haus trat. Sie ließ Erkundigungen einziehen nach einer »Reederei Kempowski« in Rostock, deren Existenz nicht bestätigt werden konnte – weil sie »Otto Wiggers« geheißen hatte. Erst als er im April 1957 das Abitur als zweitbester Schüler bestand, besserte sich das Verhältnis.

Kempowski fuhr für drei Wochen nach Locarno zu einem Erholungsaufenthalt in einer kirchlichen Einrichtung, von Pfarrer Mund vermittelt: »Eine wunderschöne Zeit, die italienische Schweiz! 25 Italienurlaube habe ich dadurch gespart!«[188] Dann

Ostern 1958

wurde er am Kehlkopf operiert. Ein Fibrom in Reiskorngröße mußte von den Stimmbändern entfernt werden, wohl eine Folge der Chortätigkeit unter erschwerten Bedingungen.

Sein zukünftiger Schwiegervater meinte, er solle nun etwas

Anständiges studieren, am besten Deutsch und Geschichte. Aber Kempowski fühlte sich einem Universitätsstudium nicht gewachsen, die Lese- und Konzentrationsstörungen hielten an, die Folgen der Unterernährung waren noch nicht beseitigt. So schrieb er sich zwar zum Wintersemester 1957 an der Universität Göttingen ein und gleichzeitig an der pädagogischen Hochschule. Er hatte keine Zeit zu verlieren, und die Ausbildung zum Volksschullehrer galt als weniger anstrengend. Zwei Semester hörte er Germanistik bei Wolfgang Kayser, dessen einflußreiches Hauptwerk, »Das sprachliche Kunstwerk«, eben in vierter Auflage erschienen war. Außerdem besuchte er Veranstaltungen bei dem Historiker Percy Ernst Schramm. »Er lud mich zu sich nach Hause ein. Er hatte wohl von meiner Geschichte gehört, vielleicht spielte auch der hanseatische Reederssohn eine Rolle. Er bewohnte eine kleine, dunkle Wohnung am Hainberg. Seine Frau trug Gulasch auf, und Schramm redete und redete, mit Händen und Füßen. Er hatte Interesse am Widerstand im Osten, fragte nach meinen Gefängniserlebnissen. Auf das Kriegstagebuch des OKW, das er im Führerhauptquartier geführt hatte, wies er mich hin, er bereitete gerade die Herausgabe vor. Er fragte aber auch, ob ich mich mit den Konzentrationslagern beschäftigt hätte, und empfahl mir das Buch der Margarete Buber-Neumann.«[189] In der Rostocker Nachkriegszeit war das Thema durch die Kommunisten vereinnahmt worden. Dabei wußte Kempowski durch seine Eltern, daß die Nazis auch Pastoren eingesperrt hatten, hatte noch 1942 in Rostock Juden mit dem gelben Stern gesehen, Gerüchte über diesen und jenen vernommen. Jetzt begriff er erst das schreckliche Ausmaß der Judenvernichtung und war tief erschüttert. Am 19. März 1989 schrieb er ins Tagebuch: »Ich habe mich wochenlang mit nichts anderem beschäftigt. Eigentlich bewegt es mich bis heute. Vielleicht ist alles, was ich geschrieben habe, eine Antwort darauf?«[190]

Das Jahr 1957 wurde zu einer wichtigen Phase der Orientierung für Kempowski. Er las die »Zeit« und den »Spiegel«, auch

Mit Margarethe Kempowski, Ursula Kai-Nielsen und Robert Kempowski in Hamburg, 1958

das »Göttinger Tageblatt«, wählte bürgerlich. Das Wahlplakat der CDU gefiel ihm, der sonnengebräunte Adenauer – ihm verdankte er die Amnestie, wie er meinte. »Keine Experimente!« Das galt auch für Kempowski. Zu politischer Betätigung wie in Rostock hatte er keine Neigung mehr. Sie hatte ihn schließlich ins Zuchthaus geführt. Er beschäftigte sich wie die meisten Angehörigen der Flakhelfer-Generation ganz pragmatisch mit der Bewältigung des Alltags und der anstehenden Berufsausbildung.[191]

Für kurze Zeit erwog er ein Theologiestudium. Aber die Lehren Rudolf Bultmanns, die in Göttingen hoch im Kurs standen, waren ihm zu liberal: »Bultmann und Karl Barth haben die letzten akzeptablen Bestände des Protestantismus ruiniert.«[192] Den Rest gab ihm in Göttingen ein Pastor, der ihm fünf Mark aus der Kasse für Landstreicher in die Hand drückte, als er dort wegen seiner finanziellen Notlage vorsprach. Die Verbindung zur Religion, die durch den Kirchenchor in Bautzen entstanden war, ließ sich nicht fortsetzen. Katholiken spielten in Göttingen keine Rolle, und gelegentliche Sympathieäußerungen in diese Richtung wurden von seiner Verlobten im Keim erstickt.

Dann brachte ihn der Bach-Forscher Alfred Dürr, in dessen Chor er auf Vermittlung seiner Wirtsleute sang, auf Musikwissenschaft. Dürr edierte gerade sämtliche Bach-Kantaten neu, im Auftrag des Göttinger Johann-Sebastian-Bach-Instituts, dessen Direktor er wenige Jahre darauf wurde. Kempowski war der einzige Tenor seines Chores, konnte vom Blatt singen und verblüffte durch sein Wissen in kirchenmusikalischen Fragen. Dürr lud ihn zu seinem Freitisch ein und unternahm mit ihm ausgedehnte Gelehrtenspaziergänge auf dem Wall. Aber Kempowski war doch abgeschreckt durch die Vorstellung des ausdauernden Klavierübens. In dieser Situation schob sich das Studium an der Pädagogischen Hochschule wieder in den Vordergrund, das er bisher nur nebenbei verfolgt hatte.[193] »Was lag näher, als nun doch Dorfschullehrer zu werden, wie einst der Schneider Kempowski in Succase?«[194] Zurück zu den Wurzeln, zu Einmaleins und ABC, anknüpfen an die Pläne in Bautzen, die Vorstellungen von der einklassigen Schule auf dem Lande, auch an die eigenen Lehrer denken, an Gosselck und Märtin. Seine Verlobte stand kurz vor dem Staatsexamen, und die Landlehrerexistenz – Kinder, Kühe und Kartoffeln – erschien wie ein Neuanfang im Paradies der Unschuld, wie bei Adam und Eva, den Höhlenkindern und in Hamsuns »Segen der Erde«.

Die Pädagogische Hochschule mit ihren 500 Studenten war für den vorgebildeten und nun ernsthaft studierenden Kempowski eine Art Elysium. »Es war leicht, luftig, eine Art Spaziergang.«[195] Die Professoren stammten zum größten Teil noch aus der Vorkriegszeit, ja aus den zwanziger Jahren. Die Atmosphäre war human, die Erinnerungen an das berühmte Fest der Jugendbewegung auf dem Hohen Meißner 1913 noch nicht vergangen.

Man suchte einen Weg der Volksbildung jenseits von wilhelminischer Paukschule und nationalsozialistischer Erziehungsanstalt zu finden, auf der Grundlage der Reformpädagogik. Die Theorien von Pestalozzi und Fröbel, Georg Kerschensteiner,

Berthold Otto und Peter Petersen wurden hier vermittelt. »Vor allem Hermann Lietz und die Landschulheime interessierten mich, die Gemeinschaft der Lehrenden und Lernenden. Das war meine ganze Sehnsucht, in der Knast und Schule zusammenkamen.«[196] Den stärksten Eindruck hinterließen die Pädagogikvorlesungen Heinrich Heises, des Direktors der Hochschule.[197] Notizen zu dessen Ausführungen verbunden mit eigenen Überlegungen durchziehen Kempowskis Tagebücher der Zeit. Heise kam aus der Reformpädagogik und der Jugendbewegung, war mit Adolf Reichwein befreundet gewesen und hatte in Verbindung zum Kreisauer Kreis gestanden. Im Sommersemester 1958 las er über Allgemeine Pädagogik und hielt Übungen zur »Politischen Ethik und Erziehung«.[198] In seinem bekanntesten Werk, »Die entscholastisierte Schule«,[199] das Kempowski studierte, entwickelte er ein pädagogisches Programm, in dem er Schule als gelebte politische Bildung vorstellte, als Modell eines partnerschaftlichen Zusammenwirkens freier Bürger. Im Vorwort heißt es: »Im Hintergrund aller pädagogischen Erörterungen findet man, wenn auch nur umrißhaft, das Leitbild eines Staates, der die Freiheit der Person, die durch das Bürgertum errungen wurde, achtet und bewahrt, sie aber doch zugleich in freigewollte Bindungen und Pflichten eines höher integrierten sozialen Körpers übergehen läßt.« Pädagogik sollte also beitragen zur Herausbildung einer neuen demokratischen Gesellschaft, von bürgerlichen Ideen getragen, um darüber hinaus zu einer anderen Sozialform zu finden, gleichsam zeitgemäße Bürgerlichkeit neu zu begründen. Dem entsprach die Unabhängigkeit der Schule von Ideologien und das Bild des Volkslehrers, der über Parteien und Gruppen stehend eine gesamtpolitische Verantwortung trägt. Das fiel bei Kempowski auf fruchtbaren Boden.

Heise forderte den Bezug auf Sachen hinter den Begriffen, das erörternde Gespräch, das arbeitsteilige Projekt, das immanente Üben verbunden mit der Ablehnung des rein rezeptiven, verbalen Lernens. »Entscholastisiert« bedeutete in diesem Programm, daß die Schule so wenig schulmäßig wie nötig sein und sich stattdessen auf die Vermittlung von Erfahrung stützen sollte.

Die Theorien Heises prägten Kempowskis pädagogische Auffassungen wohl mehr, als ihm selbst bewußt war. Sie haben Eingang gefunden in seine schriftstellerische Arbeitsweise, bis in den sachlich-bildhaften Stil seiner Romane, die ideologiefreien, objektivierenden Collagen des »Echolot«, Projekte, die sich auf ein Team von Mitarbeitern stützten.

Kempowski war damals acht Jahre älter als seine Kommilitonen. Verbindung hatte er nur zu wenigen. Ein damaliger Freund erinnert sich: »In den Vorlesungen saß er immer allein, möglichst weit weg vom ›Volk‹. Wenn ich kam, rief er mich zu sich, in seiner mecklenburgisch getönten Sprache. Er war sehr nachdenklich, in sich gekehrt. Ihm fehlte die Heiterkeit. Während des Unterrichts zeichnete er ständig Rahmen aufs Papier und zog Linien ein. Das waren Gitterfenster. Aber über Bautzen hat er nie gesprochen.«[200]

Kempowski übte sich in pädagogischer Tätigkeit. Ein kleiner Kreis von Jugendlichen hatte sich bei ihm eingefunden. Der spätere Schauspieler Hartmut Stanke wurde von seiner Mutter zu ihm geschickt, weil sie ihn für einen Physikstudenten hielt: »Ich lernte Kempowski 1959 kennen. Wir waren Nachbarn. Er sollte mir Nachhilfe geben. ›Walter Kempowski 2x klingeln‹, stand an der Tür. Er öffnete in einem schwarz-rot gestreiften Bademantel. Mit Physik konnte er nicht dienen, aber er ermunterte mich, meine Freunde mitzubringen.«[201] Kempowski ließ sie erzählen in seiner gemütlichen Ecke am Fenster, mit Sofa und Tisch. Hartmut Stanke: »Er sagte dann, erzähl doch mal, was war in der Schule los? Er hatte damals schon seine Zettelwirtschaft, zog dann ein Stück Papier aus der Tasche und notierte das.«[202] 20 Jahre später fand Stanke seine Antworten in dem Befragungsband »Immer so durchgemogelt« wieder.

Kempowski benutzte die Jugendlichen als pädagogische Versuchskaninchen. Er sprach mit ihnen über Literatur und regte

Der Hörspielkreis, September 1959, in der hinteren Ecke Hartmut Stanke

sie an, ein Hörspiel einzustudieren. Sie entschieden sich für Wolfgang Borcherts »Draußen vor der Tür«, über das Kempowski gerade an der Hochschule eine Semesterarbeit geschrieben hatte.[203] Neben der heutigen Lyrikerin Ginka Steinwachs war auch Hartmut Stanke daran beteiligt: »Er hatte ein Tonband, damals eine Seltenheit. Wir saßen um den Tisch herum vor dem Mikrophon und waren mit Akribie und Liebe bei der Sache. Kempowski übernahm den Kabarettdirektor und machte die Geräusche, ich durfte den Beckmann sprechen. In diese Rolle habe ich mich hineingesteigert, danach überhaupt in die Beschäftigung mit Theater.«[204]

Die Jugendlichen besuchten den älteren Studenten oft, auch wenn er Marotten hatte: »Von 18.30 bis 19.30 Uhr war seine heilige Zeit, wenn das ›Echo des Tages‹ im Radio lief, diese Nachrichtensendung. Da durfte man ihn absolut nicht stören. Er ging auch viel spazieren, immer allein, die Straße hoch zum

Hainberg. Vielleicht traf er da Freundinnen, aber davon bekamen wir nichts mit.«[205]

Kempowski übte einen milden Einfluß auf den kleinen Kreis aus, hielt sich im Hintergrund, förderte ihre freie Entwicklung, indem er sie ihre Sachen verhandeln ließ, ganz wie Studienrat Haustein es in Bautzen getan hatte. Nur selten warf er ein Wort ein, wirkte durch Präsenz und Vorbild: Weil sie viel rauchten, gewöhnte er selbst es sich im November 1959 ab. Auch Stankes Mutter sah den Kontakt gern: »Sie war wohl froh, daß ich von der Straße kam. Die Faszination, die von Kempowski ausging, hatte allerdings mit seiner Gefängniszeit nichts zu tun, das spielte keine Rolle. Es war die Art, in der er sich mit uns beschäftigte, das Eingehen auf unsere Probleme und Interessen. Er versuchte, uns sachte in die Bahn zu lenken, von der Oberfläche weg hin zu sinnvollen Dingen. Ohne ihn wäre ich nie Schauspieler geworden.«[206]

Kempowski selbst sah sich oft die Aufführungen des Deutschen Theaters an, das unter der Leitung von Heinz Hilpert zu den ersten Bühnen Deutschlands zählte und an dem damals Martin Held, Brigitte Horney, Carl Raddatz und der junge Götz George spielten. Er saß auch gern allein in seinem Zimmer und hörte Radiokonzerte, planmäßig und in geringer Lautstärke, um die Wirtsleute nicht zu stören. Im Konzertführer notierte er das Datum der Sendungen: Bruckner, 2. Symphonie, 2.11.1957, Beethoven, 7. Symphonie, 6.3.1958, Bach, Ouvertüre Nr. 3, D-Dur, BWV 1068, 16.3.1958.

Durch Strawinskys Psalmensymphonie, Rolf Liebermanns Konzert für Jazzband und Orchester sowie Werke von Hans Werner Henze lernte er auch die Musik der Moderne kennen. Im Kino bevorzugte er die künstlerischen Produktionen, sah den »Blauen Engel« mehrmals, den sowjetischen Film »Don Quichotte« mit Nikolai Tscherkassow, »Richard III.« mit Laurence Olivier, »Alibi« von Alfred Weidenmann und Ottomar Domnicks psychologisch-experimentellen Film »Jonas« (Text:

Hans Magnus Enzensberger; Musik: Duke Ellington) über einen Druckereiarbeiter, der von Schuldgefühlen bis hin zum Verfolgungswahn geplagt wird, weil er einen Kameraden im Stich gelassen hat.

Er malte auch ein wenig, kleine abstrakte Gebilde in Öl, Wolkenstudien, und stellte Monotypien her, die Szenen aus Bautzen zeigten. In der zweiten Auflage von »Im Block« sind sie in Auswahl veröffentlicht.[207] Im Sommer saß er wohl zuweilen mit seiner Verlobten in der Eisdiele oder unternahm mit ihr Fahrradtouren entlang der Weser. Aber die Tagebücher der Jahre bezeugen vor allem eine intensive Auseinandersetzung mit Theater, Musik, Filmen, Büchern. Er hatte sich ein ungeheures Pensum auferlegt, um das in Bautzen Versäumte aufzuholen. Er studierte Alfred Adler, Sigmund Freud und Arnold Gehlen, der an der Hochschule diskutiert wurde. Durch seine Adorno-Lektüre entfernte er sich allmählich vom Jazz, schulte sein Sprachverständnis bei Karl Kraus, las die Klassiker, die Realisten, die Modernen. Bei Kafkas kurzen Textblöcken fand er zur gewohnten Lesekonzentration zurück. Arno Schmidt begeisterte ihn: »›Brands Haide‹ war das erste Buch, das ich von ihm las. Ich war fasziniert von dem vor Sinnlichkeit triefenden Text, von der fakten- und pointenreichen Alltagssprache.«[208] Dann stieß er auf John Galsworthys »Forsyte Saga«, fünf Romane und novellistische Zwischenstücke über die englische Mittelklasse, jeden Band im Antiquariat Kersten für fünf Mark gekauft. »Die Lektüre verwies mich auf das literarische Großprojekt einer Familiengeschichte, nach Erich Kloss' ›Försterhaus‹-Serie in der Kindheit und Zolas ›Rougon-Macquart‹, die ich in der Nachkriegszeit gelesen hatte. Sie fiel zusammen mit den Anfängen meiner eigenen Nachforschungen.«[209]

Ostern 1959 begann er in Hamburg bei Kaffee und Kuchen, die Erzählungen seiner Mutter mitzuschreiben. Er selbst hatte immer wieder im Tagebuch Eindrücke aus seiner Kindheit und Jugend notiert und schon zwei Jahre zuvor an eine Familienchronik gedacht.[210] Aber einem Gespräch mit seiner Mutter über die Vergangenheit war er aus dem Weg gegangen. Nun zeichnete er ihre Lebensbeschreibung vollständig auf. Sie berichtete Stunde um Stunde: von ihrer Kindheit, ihren Großeltern und Eltern, ihrer Berufsausbildung als Kindergärtnerin, von ihrer jungen Ehe. Mehrere hundert Seiten umfaßt die Abschrift. Im August 1959 besuchte er dann seine Großtante Marie Redlich in Bad Oeynhausen, um sie als Augenzeugin der großelterlichen Generation und des alten Rostock zu befragen. Er dehnte die Unternehmung aus, schrieb an Verwandte der Kempowskis und Collasius', an Standesämter, Suchdienste, Archive, an ehemalige Mitarbeiter der Firma Otto Wiggers, an Hausangestellte seiner Großeltern, Kameraden seines Vaters, Nachbarn, Freunde und Bekannte und erhielt zahlreiche Berichte über das Leben seiner Vorfahren. Die Memoiren, Tagebücher, Briefe, Urkunden, Fotografien, Requisiten reichten bis weit ins 16. Jahrhundert zurück. Nach einem Jahr wagte er es dann auch endlich, mit seiner Mutter über ihre Haftzeit in Hoheneck zu sprechen.

Parallel zu den Recherchen und Befragungen beschäftigte er sich weiter mit eigenen literarischen Versuchen, die er bereits kurze Zeit nach der Entlassung begonnen hatte, autobiographisch gefärbten Skizzen aus seiner Kindheit in Rostock und der Gegenwart in Göttingen.[211] In seinem Tagebuch hielt er Bilder fest, die sich mit Träumen vermischen: »Kindheitserinnerungen an die Schlachterei Max Müller ganz besonders intensiv. 5½ Uhr nachmittags im Dezember, vielleicht Schlackerschnee, erleuchtete Schaufenster und Laternen, die sich im feuchten Pflaster spiegeln. Drinnen (denn die Straße wird mit hineingenommen) alles glänzend, die Kacheln und blanken Glasscheiben werfen strahlendes Licht zurück. Geruch zwischen Äpfeln, Gänsefleisch und geräucherter Mettwurst. Dann das Klingeln der Kasse. Säcke mit Nüssen, der Korkfußboden naß, das ist die mit hineingenommene Straße. Und die Hand der Mutter beim

Hinausgehen, warm, geborgen. Und zu Hause klingeln die Teegläser. Betrieb um das Abendbrot. Alle trudeln ein.«[212]

Seit 1957 wollte er auch ein umfangreiches Buch über seine Jahre in Bautzen schreiben,[213] für das er Schilderungen von Themen versuchte – Einzelhaft, erste Eindrücke, Zellenbeschreibungen, das Leben auf dem Saal, Studien von Typen, Hygienisches, Entlassung … –, die bald in literarische Gestaltung übergingen, die Zuchthaus-Existenz metaphorisch verschlüsselnd wie in der Erzählung »Das Auge«: »Blaugekochte, aber lebendige Fischchen standen unbeweglich im Raum. Das Wasser war kalkig grün-blau und von winzigen Bläschen durchsetzt, als stünde es kurz vorm Sieden. In der Mitte schwebte ein quallengroßer Augapfel, ernst, wie ein Schweinsauge, von dem man sich die Wimpern fortdenkt. Sehnen und Äderchen hingen hinten herunter, als sei es erst kürzlich ausgerissen.«[214] Während des Jahres 1958 entstand »Knast«, eine erste zusammenhängende Darstellung seiner Erlebnisse, die bereits auf den Haftbericht »Im Block« verweist: »Einige Minuten des Zögerns – die letzte Möglichkeit zur Flucht war verpaßt. Der Wagen raste über die Landstraße. Ein schweigsamer Begleitoffizier bot mir fortwährend Zigaretten an.«[215]

Kempowski schrieb jetzt jeden Tag, ging nur noch vormittags zur Hochschule. Er experimentierte mit Erzählstilen, realistisch, symbolisch, mit Erzählhaltungen, nüchtern, pathetisch, wechselte die Perspektive vom Ich zum Er zum Ich. Als Motor des Schreibens wird in all diesen Texten die Verletzung sichtbar – und die Suche nach der ausgebliebenen amtlichen Anerkennung. In dem Fragment »Knast« schilderte er etwa einen Tagtraum in der Haft: »Man erkennt meine Unschuld, verleiht mir Würden und Orden, läßt mich vor einem ergriffen lauschenden Publikum Reden halten oder legt mir nahe, mit Rücksicht auf die Staatsraison ein stilles Landhaus zu beziehen.«[216]

Kempowski brachte die Auseinandersetzung mit der Haft auch in sein Studium ein. Auf Vorschlag Heises schrieb er im Staatsexamen eine Abhandlung über das Thema »Pädagogische Arbeit im Zuchthaus, ein Erfahrungsbericht«.[217] Er schilderte in den Kategorien der Reformpädagogik seine »innere Entwicklung«[218] zum Lehrerberuf, von den ersten Ansätzen im Kirchenchor bis hin zu einem Verantwortungsgefühl, sich nun in einem neuen bürgerlichen Leben in den Dienst der Gesellschaft zu stellen: »Diese Haft (...) erschien mir als eine große Gnade, die mich verpflichtete. Diese Verpflichtung, dessen war ich gewiß, hatte ich eines Tages einzulösen«,[219] nämlich als Lehrer. Heise urteilte damals:

»Der Verfasser beschreibt, wie er in der hoffnungslosen Lage einer nicht befristeten Zuchthaushaft den Versuch macht, sich und eine Gruppe seiner Mitgefangenen durch die gemeinsame Arbeit an anspruchsvollen Chören der Kirchenmusik geistig, moralisch und physisch so in Form zu bringen, daß sie ihr Schicksal annehmen und in ein für ihr späteres Leben positives Ereignis umwandeln können. Der in einer künstlerisch verdichteten und reifen Sprache geschriebene – oft an die Probleme des ›Stanzer Briefes‹ oder des ›Poems‹ von Makarenko erinnernde – Bericht dringt zu tiefen, in der Zusammenfassung noch einmal formulierten pädagogischen Wahrheiten vor.«[220]

Es ist erstaunlich, wie früh und hartnäckig Kempowski die künftigen Themen seiner Romane umkreiste. Während er »Bautzen« immer wieder variierte, rückten vorerst Aufstieg, Verfall und erneuter Aufstieg der Rostocker Kempowskis in den Vordergrund, von den Anfängen bis in die Gegenwart – individuelle Erlebnisse und doch zugleich repräsentativ für das deutsche Bürgertum im 20. Jahrhundert. Seine Sammlung von Berichten und Dokumenten diente als Materialgrundlage für die »Familiengeschichte der Collasius, Hälssen, Kempowski, Nölting«, die er bis August 1966 auf vier Bände mit mehr als 500 Seiten, zahlreichen Fotografien und Ahnentafeln vorantrieb.[221] Er dachte an eine Fortsetzung für die Jahre 1939 bis 1948, dazu die Zuchthausbeschreibung seiner Mutter und seinen eigenen Haftbericht. Als er Anfang der siebziger Jahre die Arbeit beendete, umfaßte das Material 45 Bände mit insgesamt 2799 Seiten.[222]

Es ist sicher kein Zufall, daß er auch Berichte über seine Widerstandshaltung gegenüber den Nazis und den Kommunisten sammelte, während sich zur gleichen Zeit die Verhandlungen um seine Anerkennung als politischer Häftling hinzogen. Er klagte nun gegen den Vertreter des Bezirksbüros Eimsbüttel, einen »jungen unwissenden Assessor«,[223] der ihn als gewöhnlichen Kriminellen bezeichnet hatte. Ende 1959 lehnte das Landesverwaltungsgericht Hamburg seinen Antrag auf Gewährung von Unterstützung nach dem Häftlingshilfegesetz ab, weil er sich unzweifelhaft der Spionage schuldig gemacht habe, zumindest vom Standpunkt der sowjetischen Besatzungsmacht aus.[224] Eine vage Andeutung der Amerikaner 1948 in Wiesbaden, man könne Kempowski eventuell helfen, eine Lehrstelle im Verlagsbuchhandel zu finden, wenn er sich im Rostocker Hafen ein bißchen umsehe, werteten die Richter als Auftrag, als Agententätigkeit. »Sie haben Ihr Schicksal selbst zu verantworten«, hieß es, und: »Spionage wird überall bestraft.«

Ein tiefer Schock. Noch dreißig Jahre später empörte sich Kempowski: »Spionage! – Als ob ich ein Spion gewesen wäre. ›Er war beim CIC.‹ Mit diesem Makel werde ich ewig herumlaufen.«[225] Ideelle Gründe, die er als Hauptmotiv angegeben hatte, seine Widerstandshaltung gegen die Sowjets, wurden zweitrangig behandelt. Deshalb sahen die Richter eine »Ingewahrsamnahme« aus politischen Gründen nicht gegeben. Das Urteil wurde in zweiter Instanz vom Hamburgischen Oberverwaltungsgericht im November 1960 endgültig bestätigt, bestätigt auch vom Landratsamt des Landkreises Rotenburg (Wümme) im Juli 2002, mit dem zusätzlichen Hinweis darauf, daß sich Kempowski 1948 ja freiwillig nach Rostock begeben habe, obwohl er sich des Risikos bewußt gewesen sei. Das Präsidium des 3. Bezirksmilitärgerichts in Moskau indes hatte ihn bereits im Jahr zuvor vollkommen rehabilitiert.

Er galt nun auch von Rechts wegen als Krimineller, hatte es amtlich, daß sein Verhalten von ihm selbst zu verantworten war – eine Verletzung, die sich, wie er selbst sagt, zu einer »faustdicken Psychose«[226] verfestigte. Tagebuch vom 12. November 1994: »Die größte Enttäuschung meines Lebens war die Ablehnung meines Antrags auf Anerkennung in Hamburg. Bis heute nagt es an mir, der Schlag war zu kräftig. Daß ich daraus letztlich Kraft zog für meinen Beruf, das ist eine ganz andere Sache.«[227]

Der soziale Abstieg der angesehenen Reederfamilie ging nun ganz auf sein Konto, zumal Bruder Robert die Anerkennung als politischer Häftling zuteil geworden war. Er stand allein mit der Bewältigung des Traumas – und das wirkte schließlich wie ein Katalysator. Die Zusammenstellung der Familienchronik wurde zu einem Werk der Wiedergutmachung: »Ich habe die Familie zerstört, nun suche ich sie auf Papier wieder aufzubauen«,[228] schrieb er im Januar 1960 ins Tagebuch, und: »So wäre dann also mein Bemühen um die Biographie ein sublimiertes Schuldgefühl.«[229]

Auch der Plan, »Bautzen« literarisch zu verarbeiten, wurde nun schnell konkret. Im Tagebuch findet sich noch im November 1959 die Absicht, den Begriff »politischer Häftling« in einem Buch zu erklären.[230] Seine Zettelkästen umfaßten inzwischen 2000 Blätter.[231]

Daß die Gesellschaft, in deren Dienst er sich hatte stellen wollen, ihn zurückwies, war der letzte Auslöser einer ungeheuren schriftstellerischen Produktivität. Öffentliche Anerkennung zu erringen durch das Werk und gleichzeitig Schuld abzutragen durch jedes neue Buch wurde für Kempowski zu einer existentiellen Notwendigkeit: »Das war ein Schlag! Er treibt mich bis heute an, der Urknall, und es fliegt sich immer schneller. Antrieb. Ich habe alles hinter mir zurückgelassen.«[232]

Am 11. Februar 1960 legte Kempowski »als Herr verkleidet«,[233] wie Heinrich Heise bemerkte, das Erste Staatsexamen ab. Unter fünf Stellenangeboten entschied er sich zusammen mit seiner Verlobten Hildegard Janssen für Breddorf bei Zeven, weil das Lehrerhaus fünf Zimmer hatte und einen großen Garten. Außerdem gab es keine Kirche – »jeden Sonntag zum Gottesdienst und nach dem Pastor nur der zweite Mann im Dorf?«[234] –, und die Schule hatte wenig Kinder. Mitte März 1960 erhielten sie die Zusage der Bezirksregierung in Stade. Am 20. April wurde in Rotenburg die Hochzeit gefeiert, unter bescheidenen Umständen. Nur seine engsten Verwandten waren anwesend, Mutter, Bruder mit frisch angetrauter Ehefrau, Schwester mit Schwager aus Dänemark. Die zweitägige Hochzeitsreise führte nach Lüneburg – Hotel Deutsches Haus, Zimmer 25 Mark – und endete im strömenden Regen. Eine Woche später begann der Unterricht.

7. Aufstieg

Freischaffendes Lernen in je offener Behaustheit.[234a]

Breddorf: zwischen Zeven und Worpswede unweit des Teufelsmoors, mit reetgedeckten Bauernhäusern, Landhandel, Gemischtwarenladen, Kriegerdenkmal, Krug und Schützenverein, ein norddeutsches Dorf ähnlich wie Arno Schmidts Bargfeld in der Heide. Verheiratet sein, auf dem Lande leben, Kinder unterrichten – endlich angekommen? Der Abschied von Göttingen fiel Kempowski jedenfalls leicht. Die Zeit war reif, tätig zu werden. Die Segnungen der Zivilisation hatten Anfang der sechziger Jahre noch kaum Einzug gehalten auf dem Land. Es gab Häuser ohne Strom, nur wenige Autos, Fernsehapparate, Kühlschränke. Das Moor war intakt, das Korn wurde noch in Hocken getrocknet, die Bauern fuhren mit Pferd und Wagen auf den Sandwegen. Manche Kinder kamen barfuß zur Schule. So etwas hatte Kempowski auch in seiner Kindheit in Bad Sülze erlebt, im Sommer 1933 beim Lehrer an der Schwarzen Recknitz. Einmal sah er vor einem Torfschuppen außerhalb des Dorfes eine schwarzgekleidete alte Frau auf einem Schemel sitzen. Sie las ein christliches Kalenderblatt.

Doch Idylle stellte sich nicht ein. Die Arbeit fiel ihm unerwartet schwer. Mit dem Hauptlehrer kam er nicht zurecht. Die Fibel entsprach nicht seinen reformpädagogischen Vorstellungen, die er von der Hochschule mitgebracht hatte. Und die Schüler reagierten nicht so, wie er es sich erhoffte, weshalb Kempowski bald an seinen Fähigkeiten zu zweifeln begann. Auch Vertrauenslehrer und AG-Leiter, die er um Rat fragte, konnten ihm nicht weiterhelfen.

Posaunenchor in Breddorf, 1962

Erst im dritten Jahr machte er sich frei, unterrichtete ohne Buch, wie es Märtin getan hatte, nutzte situationsbezogene Gespräche mit den Kindern für den Unterricht, wandte die Prinzipien der Erlebnispädagogik an. Die Zeit in Breddorf wurde zur Erprobungsphase des Gelernten und führte zur Entwicklung eigener Wege.

Im Mai 1961 kam Karl-Friedrich zur Welt, Karl nach seinem Großvater genannt und nach Carl Grosschopf, der den einstigen Wohlstand der Kempowskis begründet hatte, Friedrich nach den westpreußischen Vorfahren. Eine symbolische Entscheidung: Eine neue Familie Kempowski war entstanden, die nur fünf Jahre nach der Entlassung aus Bautzen an die Formen überlieferter Bürgerlichkeit anknüpfte.

Man richtete sich ein, komplettierte den Hausstand. Eine Waschmaschine wurde angeschafft, ein Fernsehapparat und den Bauern für wenig Geld antike Truhen (von 1758!) und Schränke abgekauft, die unbeachtet in Schweineställen verrotteten. Kempowski bestand beim zweiten Versuch die Führerscheinprüfung. Beim ersten Mal war er zu langsam gefahren. Im März 1962 kaufte er einen VW Standard in Taubengrau. »Nun sind wir aber wirklich mit allem ausgerüstet und brauchen weiter nichts als unsere Ruhe und Frieden«,[235] schrieb er ins Tagebuch.

Er leitete den Gesangsverein des Dorfes und blies im Posaunenchor. Sonntags spielte er nach alter Sitte Choräle auf dem Klavier. Im Oktober 1962 wurde die Tochter Renate geboren. Seine Frau war aus dem Lehrerdienst ausgeschieden, um sich ganz den Kindern zu widmen. Der Bürgermeister und zwei Gemeinderäte waren abends zur Verabschiedung ins Haus gekommen. Einen Toaster hatten sie geschenkt, und eine Flasche Weinbrand war getrunken worden.

Kempowski leistete jetzt doppelte Arbeit in der Schule. Sein Leben kreiste um die Seinen und den Beruf. Im Tagebuch dieser Jahre finden sich Aufzeichnungen über das Heranwachsen der Kinder, erste Zähne, Laute, Wörter, Geh- und Stehversuche und Notizen für den Unterricht, über Eigenheiten der Schüler. Man besuchte die Schwiegereltern in Rotenburg, Margarethe Kempowski kam nach Breddorf, auch Robert, der seit 1964 in Hamburg bei der Deutschen Bank arbeitete, mit Frau und Tochter. Sogenannte Knastologen und alte Freunde aus Rostocker Tagen stellten sich ein, Hans Siegfried reiste aus Kanada an.

Daneben führten die Arbeit an der Familiengeschichte, der sogenannten Vorchronik, und die literarischen Versuche ein Eigenleben, wurden der Zeit abgerungen, systematisch, täglich, existentiell. Allmählich kam Kempowski von kurzen Skizzen zu umfangreicheren Texten, die er mehrfach umarbeitete.

Die Erzählung »Der Restaurator«[236] beendete er 1961 und »Vor dem Gewitter«[237] schenkte er, in Leinen gebunden, seiner Frau zu Weihnachten. Er schrieb auch Gedichte und stellte sie mit einigen älteren aus Bautzen zu einem kleinen Buch zusammen, mit eigenen Monotypien illustriert.[238]

Ein größeres Projekt zeichnete sich ab. Kempowski, der

sich zuweilen vor erneuter Verhaftung fürchtete und von Alpträumen heimgesucht wurde, notierte diese grotesken Bilder auf Zettel. Daraus erwuchs ein literarisches Gebilde, ein Roman in Briefen eines Ich-Erzählers an seine Mutter, geschrieben aus einer fremden Stadt, wo er sich unfreiwillig aufhält, eine Art Gefängnismodell also. Kempowski wählte den Titel »Margot« (Mahr-Gott), eine Transzendierung des Hafterlebnisses und der Versuch, sich davon zu befreien. Der Anfang lautet:

»Liebe Mutter!
Nun bin ich angekommen. Es sind eine Menge Menschen hier. Aus allen Himmelsrichtungen stammen sie, aus allen Kreisen der Bevölkerung. Rauhe Leute sind es, mit Stricken um den Leib, Kerlsfäusten und ›Nimm-mich-mit‹-Gesichtern. Ich halte mich in allem sehr zurück. Meistens stehe ich am Fenster und spiele mit den Troddeln.

Mein Kollege heißt Kotelmann. Nicht, daß ich ihn schlechtmachen wollte, keineswegs. Wenn man ehrlich ist, muß man ihn sogar für einen prachtvollen Menschen halten. Aber, weißt Du, schon daß er aussieht wie ein Huhn – und immer dieses Scharren und Picken!

Von der Stadt, ihrer Anlage und ihren Baulichkeiten werde ich Dir von Zeit zu Zeit berichten. Nur so viel für heute: Im Zentrum der Stadt, das nicht betreten werden darf, stehen große Pyramiden, ein Relikt aus alter Zeit. Nachts, im Schein des Mondes, nehmen sie sich eigenartig aus. Dann streichen silberne Vögel durch die Totenstille, und von jenseits der Stadtmauer klagen verlassene Hunde.

Man wartet hier schon lange auf das große Ereignis. Niemand weiß zu sagen, wann es eintreten wird. Von Dach zu Dach sind Zeltplanen gespannt, damit wir in unserer Erwartung nicht abgelenkt werden. Dadurch ist uns der Himmel fremd und der Tag eine gelbliche Unbestimmtheit.«[239]

Der Roman war angeregt von den dunkel-rätselhaften Visionen Alfred Kubins und den Unterweltsphantasien Giovanni Battista Piranesis, vor allem aber von Franz Kafkas »Schloß« und »In der Strafkolonie«. Kempowski setzte seine Träume in symbolische Prosa um, auf der Folie realer Vorfälle: »In unserer Stadt gibt es auch eine Sprechstelle, liebe Mutter, da kann man alles sagen. Im Vorraum waltet Margot. Das ist ein schmalbrüstiges Wesen mit unreinen Händen. In ihrer Nähe riecht es immer nach Zwiebeln.

Bei meinem ersten Besuch mußte ich mich mit dem Gesicht zur Wand hinstellen. Margot legte mir die Hände auf den Rücken. Ich solle nur ja stille sein, raunte sie mir zu, sonst käme ich in den großen Schrank.«[240]

Im Winter 1962 schickte er das Manuskript an Hans-Joachim Mund, der inzwischen aus der DDR geflohen war und als Pfarrer in Wasserburg am Inn lebte. Mund gab es an seinen früheren Pflegesohn weiter, Fritz J. Raddatz, Cheflektor und stellvertretender Verlagsleiter bei Rowohlt, dem wichtigsten deutschen Verlag jener Zeit. »Daß Raddatz ausgerechnet der ›Pflegesohn‹ meines Gefängnispfarrers war? Kann man sich so etwas ausrechnen?«,[241] wunderte sich Kempowski später. Raddatz berichtet in seinen Memoiren über das dicke, ziemlich unlesbare Manuskript, aber auch darüber, daß unter stilistischen Unzulänglichkeiten Kraft zu spüren gewesen sei.[242] Am 24. Februar 1962, einem Sonnabend, fuhr er zusammen mit Mund in einem weißen Porsche vor. Er trug eine Sonnenbrille, und statt eines Grußes fragte er Hildegard Kempowski nach einer Kopfschmerztablette. Die große urbane Kulturwelt brach in die Provinz ein. Damals notierte Kempowski: »Gestern war Mund hier. Dr. Raddatz, sein Adoptivsohn, begleitete ihn, er ist im Rowohlt Verlag als Lektor oder so etwas beschäftigt. Er hatte natürlich mein Manuskript gelesen und tastete mich nun ganz vorsichtig ab. (Erster Gang zum Bücherregal, was ich für Bücher habe.) Auf Umwegen kam er auf mein Manuskript zu sprechen und bot sich mir als ein interessierter Mentor an. Er sprach sogar von einer Veröffentlichung. Hier der entscheidende Dialog:

R: Haben Sie denn schon mal an eine Veröffentlichung gedacht?

Ich: Das hängt ja nicht von mir ab, das hängt doch davon ab, ob ich einen Verleger finde.

R: Der Verleger kommt zu Ihnen. Hauptsache, Sie schreiben.

Ich: Da muß man aber doch Beziehungen zu diesem Verlag haben, eine Quelle…

R: Sie sind doch die Quelle, und ich sitze an der Quelle.

Ich: Wenn Sie das so meinen, ich bin einverstanden. – Nun tuckert mein Herz.«[243]

Trotzdem blieb Sinn für Realität, Skepsis: »Wir sind uns natürlich darüber klar, wie man ja immer auf der Hut sein muß, daß dies alles eine Seifenblase sein kann.«[244] Aber Freude überwog und Hoffnung: »Nun habe ich wenigstens einen Menschen, dem ich was schicken kann.«[245]

In den folgenden sieben Jahren kam es zu einer der aufwendigsten und fruchtbarsten Betreuungen der deutschen Literaturgeschichte. Raddatz schickte dem armen Schulmeister, der zu Anfang 600, Mitte der sechziger Jahre 1000 Mark verdiente, Bücher aus dem Verlagsprogramm, Schreibpapier und gute Ratschläge.[246] Er holte ein knappes Dutzend Gutachten ein von damals maßgeblichen Schriftstellern, Lektoren, Kritikern. Die Beurteilungen fielen unterschiedlich aus. Hans Magnus Enzensberger schrieb im März 1962: »im übrigen würde ich ihm nahelegen, nicht das manuskript wegzulegen, sondern noch einmal daran zu arbeiten. seinen Kafka soll er nicht verstecken – das wäre taktisch klug, aber sachlich falsch. aber er soll seine stärke erkennen und genauer und gezielter schreiben. er muß ganz genau wissen, was er will. der grat, den er sich ausgesucht hat, ist nicht der gemütlichste, jeder schritt daneben (…) kostet bei einem so ambitiösen text den kragen. wenn der mann aber zeit hat, geduld aufbringt und das buch, gestochen scharf, noch einmal schreibt, wird man es publizieren können. (…) es wird sich lohnen, auf den autor zu setzen; wenn er das, was er hier angefangen hat, ausführen kann, ist er ein schriftsteller, und wenn den leuten sein erstes buch nicht gefällt, werden sie sein zweites schlucken müssen.«[247]

Joachim Kaiser schrieb über die daraufhin erfolgte Umarbeitung des Textes, die den Titel »Im Aquarium« trug: »Mittlere Phantasie hat lyrisch-impressionistische Prosabeschreibungen in altmodische Sprache gehüllt«[248] und schloß eine Veröffentlichung aus. Enzensberger wiederum konstatierte: »das ganze buch ist durch diese völlige planlosigkeit (oder nicht einsehbare planlosigkeit) nicht etwa des beschriebenen, sondern des beschreibenden schwer erträglich und eigentlich irre.«[249] Die dritte Fassung des Romans wurde Peter Rühmkorf im Frühjahr 1963 vorgelegt. Er war immerhin der Ansicht: »Eine Begabung, für die es sich einzusetzen lohnt, ist Kempowski gewiß«,[250] auch wenn er die große Form noch nicht meistere: »Ganz offensichtlich sind Grenzziehung, Aufbau, kompositorische Ordnung und sinnvolle Gliederung nicht Sache dieses Autors.«

»Wer sollte sich da zurechtfinden?«[251] fragte Raddatz sich. Es ist sein Verdienst, daß er an Kempowski festhielt und ihn ermunterte, an seinen Texten weiterzuarbeiten. Er schickte ihm auch die ablehnenden Stellungnahmen. Kempowski hatte nicht erwartet, sofort Anklang zu finden. Die Prominenz der Gutachter ehrte ihn. Doch von manchen ihrer Bewertungen fühlte er sich unverstanden, bezeichnete sie als »kurios« und wies sie als unsachlich zurück. Die Gutachter gehörten zur Gruppe 47 und repräsentierten die herrschenden literarästhetischen Auffassungen der Zeit. Kempowski hingegen las die Sprachspiele Arno Schmidts lieber als die Soldatenprosa Heinrich Bölls. Gegen die »saure Schwarzweißliteratur«[252] der Gruppe 47 hegte er Abneigung. Allein die »Blechtrommel« hatte er mit Begeisterung gelesen, bis zur Hälfte. Gleichwohl beschäftigte ihn die

Mit den Kindern Renate und Karl-Friedrich, Rotenburg/Wümme 1963

Kritik. Er erkannte, »daß mein Schreiben noch nicht die nötige Geschlossenheit hat, um zu überzeugen«.[253]

Er führte ein isoliertes Leben auf dem Land. Im August 1964 notierte er: »Man ist mit seiner Arbeit eigentlich doch ziemlich einsam. So schreibe ich Monat für Monat, ohne einem einzigen Menschen das Manuskript zeigen zu können.«[254] Es war schwierig, neben der Schule Zeit zu finden: »Täglich 1½ Stunden am Roman, mehr ist nicht drin«,[255] heißt es im Tagebuch. Er fieberte den Ferien entgegen, in denen er intensiv an seinen Texten arbeiten konnte. In dem Maße, wie seine Arbeit aber voranschritt, er immer mehr zum Schriftsteller wurde, trat das Lehrerdasein zurück: »Ich bin mit halbem Herzen nur dabei, was nicht heißen soll, daß ich meinen Beruf verfehlt hätte. Keineswegs! Aber ›Margot‹ hat meine größeren Sympathien, was man wohl verstehen wird, wenn ich mich dadurch von allerhand Belastendem freischreibe. Das Buch ist im Rohbau fertig.

Der 1. Teil beschreibt meine Einsamkeit und die Begegnung mit Menschen, wobei ich getreten werde und wiedertrete. Im 2. Teile werde ich in größere Verhältnisse entlassen, ein Steigen beginnt, ich gerate mit hinein, ohne zu wissen wie, gelange dann glücklicherweise zu Margot, wo ich aber schließlich in Einsamkeit zurücksinke – dies ist eine oberflächliche Beschreibung der Oberfläche.«[256]

Kempowski schrieb gegen die Unterrichtszeit an und gegen die Bedrohung der familiären Existenz. Im März 1963 wurde Hildegard Kempowski psychisch krank und mußte einige Monate in einer Klinik verbringen. Kempowski blieb allein mit den kleinen Kindern, nahm sie zeitweilig mit in die Klasse, wenn er keine Betreuung fand. Er flüchtete sich jetzt geradezu in das Schreiben: »Ich arbeite wie ein Rasender. Das ist gute Medizin.«[257] Hinzu kam im Sommer 1963 die Vorbereitung auf das Zweite Staatsexamen, Thema der schriftlichen Hausarbeit, die sich auf die Methoden der Tatsachenforschung stützte: »Eine Rechenübung im 3. Schuljahr; Tatsachen, Vergleiche und Folgerungen«.[258]

Die Gutachter hatten trotz mancher Anerkennung im Detail von der Veröffentlichung des Romans »Margot« abgeraten. Deshalb reagierte Kempowski radikal. Es war ihm nicht gelungen, das emotionale und imaginative Chaos formal zu bändigen. Er legte »Margot« zur Seite, gab die Orientierung an Kafka auf und wechselte den Stil. Direkt und ohne Umschweife ging er den Bautzen-Stoff an, hatte er doch eine Schilderung seiner Haftzeit auch für die Familienchronik vorgesehen. An Raddatz schrieb er im November 1963, er beabsichtige nun, »meine Zuchthauszeit in einem nüchternen Erlebnisbericht festzuhalten«.[259] In gemeinsamen Gesprächen entwickelte sich die Darstellungsweise. Sie lautete »Protokoll«: Verzicht auf Kommentare und Wertungen, Reduzierung des Erzählers auf die Rolle des kühlen Berichterstatters.[260] »Hierbei half mir eine Erkenntnis aus meinem Pädagogik-Studium: Tatsachen sind wichtiger als Meinungen.«[261]

Nachdem er im Dezember 1963 das Zweite Staatsexamen bestanden hatte, warf er sich auf den Haftbericht: »Ich bin nun bei meinem neuen Buch, es schreitet gut voran, verändert sich unter meiner Hand. Konzeption ist schon einigermaßen klar. Ich arbeite mit Zettelkasten, das geht ganz prima. Das viele schon vorliegende Material ist gute Hilfe.«[262] Der bezeichnende Arbeitstitel lautete: »Die Anerkennung«.[263]

Der Zettelkasten, in der Kindheit Gegenstand größter Sehnsucht, dann zur Archivierung von Ufa-Filmen verwendet, in Göttingen als Auffangbecken für Träume und Beobachtungen, in der Pädagogischen Hochschule auch als Arbeitsmittel des Lehrers vorgeführt: jetzt kam er zu voller Geltung. Kempowski versenkte sich in die Haftzeit, griff auf frühe Notizen zurück und hielt Szenen und Begegnungen fest.

Bestärkt wurde er von Klaus Beck, mit dem er sich in Bautzen befreundet hatte. Er war inzwischen Schüler von Joseph Beuys in Düsseldorf und kam oft zu Besuch nach Breddorf, wo er im Garten zwischen Apfelbäumen und Johannisbeersträuchern Plastiken gestaltete (»Kunst-Versuchsfeld«) und Kempowski von seinem Meister berichtete. Ein kleiner Kreis von Künstlern, Journalisten und Lehrern tagte einmal im Monat im Lehrerhaus. Kempowski stellte als Gesprächsgrundlage eine Zeitung zusammen mit Texten von Man Ray, Duchamp, Huelsenbeck, Mondrian, aus Briefen von Klaus Beck, Raddatz und Mund, aus eigenen Tagebüchern und dem Lebensbericht seiner Mutter, »Das Kreisblatt«.[264] »Bei einem seiner Besuche, wir saßen hinter dem Haus und ich legte gerade eine Liste an, was mir alles in Einzelhaft widerfahren war, sagte Beck unvermittelt: So mußt du das Buch machen, in Aufzählungen, hintereinander weg. Das leuchtete mir sofort ein, und so ähnlich ist es dann ja auch geworden.«[265] Der Bürger begegnete dem Künstler: »Das Anderssein, das Nonkonformistische, faszinierten mich, sein weißes Atelier in Düsseldorf, wo ich mich in eine Wanne mit eiskaltem Wasser legen mußte, auf dem schrägen Dachfenster saßen Tauben. Jedes dritte Wort war Beuys, und ich notierte mir dessen Aussprüche. Beck zeigte ihm auch ›Das Kreisblatt‹, und Beuys soll gesagt haben: Ja, so kann man das machen. Berichten Sie mir wieder von dem Mann.«[266]

Kempowski ordnete die Zettel chronologisch und schrieb sie ab. Es entstand mit der Zeit ein tagebuchartiges Manuskript, im Präsens geschrieben und mit Berichten anderer Häftlinge durchsetzt, von den ersten Christen über das Mittelalter bis zu Isa Vermehren und Bischof Lilje. Er wollte das Gefängnis als allgemeine Erscheinung darstellen und zielte auf eine Art umfassender Collage, auf ein Mosaiksystem ähnlich dem Terrazzofußboden in der Schweriner Einzelzelle. Noch mißtraute er der Verengung auf das Einzelschicksal, weil er nicht als Klagender erscheinen wollte.

Das Unternehmen steigerte sich ins scheinbar Uferlose. Bis zum Sommer 1964 brachte er das Manuskript des »Protokolls« auf drei Bände.[267] »Dann wird es wohl sehr umfangreich«,[268] fragte Raddatz besorgt und hielt dagegen: »Nehmen Sie sich nicht zuviel vor und gefährden Sie mit dieser riesigen Übersicht, die Ihnen anscheinend vorschwebt, nicht doch ein wenig das Buch? (…) Ich muß auch fürchten, daß diese Literaturberge, durch die Sie sich nun hindurchwühlen wollen, alles verschütten und verstellen werden, was an Unmittelbarkeit bei Ihnen hervorzuholen wäre.«[269] Kempowski strich also die Zitate und begann eine reine Tagebuchfassung, an der er bis zu den Sommerferien 1965 arbeitete.[270]

In diese Zeit fiel auch der Umzug nach Nartum. Auf dem Land herrschte akuter Lehrermangel. Um einer möglichen Versetzung zuvorzukommen, suchte er sich die beste Stelle aus. Nartum hatte ein neues Schulgebäude mit großer Lehrerwohnung, lag genau zwischen den Städten Zeven und Rotenburg und vor allem nahe an der Autobahn Bremen – Hamburg.

In Breddorf war die Familie Kempowski nie richtig heimisch geworden. »Das düstere, zerschmetternde Breddorf. (…) Aber wir haben's überstanden«,[271] schrieb Kempowski ins Tagebuch.

Die zweiklassige Volksschule in Nartum besuchten Kinder vom 1. bis zum 8. Jahrgang. Kempowski unterrichtete Deutsch, Mathematik, Erd- und Heimatkunde, Naturwissenschaften, Religion, Musik, bildnerisches Gestalten, Sport. Er war nun auch Kreisfachberater für Ostkunde und mitteldeutsche Fragen und experimentierte mit Planspielen.[272] Seine Tochter Renate erlebte ihn als Lehrer: »Ich konnte schon lesen, als ich erst vier war. Er hatte sich Spiele ausgedacht, die er mit mir und meinem Bruder spielte. Zum Beispiel hatten er und meine Mutter Schilder für alle Möbel im Wohnzimmer geschrieben und sie dann zu den dazugehörigen Möbelstücken gestellt. Das durften wir uns ansehen, dann wurden wir aus dem Zimmer geschickt, und als wir wieder hereinkamen, waren die Schilder vertauscht, und wir mußten sie wieder zu den richtigen Möbeln stellen.«[273]

Hildegard Kempowski unterrichtete seit 1968 wieder in der Nartumer Schule. Der Lehrer setzte das Inseldasein fort inmitten der unruhigen Zeitläufte, ja er zog sich innerhalb des Hauses noch weiter zurück, wie damals in seinem Rostocker Mansardenzimmer. Renate: »Sein Arbeitszimmer war ein alter leerer Dachbodenraum, die Wandziegel waren weiß gestrichen, ohne Tapeten oder Putz.«[274] Kempowski saß wieder in der Zelle, freiwillig, notwendig. Die Schreibmaschine klapperte durch das Haus. Im Winter arbeitete er im ungeheizten Raum mit Wolldecke auf den Knien. »Dort hatte er auch zwei Fernseher stehen, die gleichzeitig liefen. Einer auf dem ersten oder zweiten Programm und einer auf dem dritten. Mein Vater war ein Channel Surfer, schon bevor es Fernbedienungen gab.« Die Fernseher waren die Fenster zur Welt: Kuba-Krise, Mauerbau, Wettrüsten, Vietnam, Studentenunruhen erlebte er am Bildschirm. Oft sah er sich Theateraufführungen an und schrieb bei Diskussionssendungen mit, protokollierte etwa Ausführungen Ernst Blochs zur Erzähltheorie.[275]

Die Tagebuchform des Bautzen-Buchs befriedigte ihn bald nicht mehr, weil sie den Eindruck erweckte, er hätte im Zuchthaus Aufzeichnungen machen können. Deshalb begann er eine dritte Fassung, zuerst »Festgehalten. Ein Protokoll«, später »Wassagrynn«[276] genannt, ein Kennwort unter ehemaligen Häftlingen. Kempowski sah von der Aufzählung der Leiden ab und versuchte sich an einem distanzierten, emotionslosen Text, der sich allmählich dem angestrebten Erzählverfahren näherte: »Keine Kommentare. Nichts über sich selbst (Privat-Sphäre).«[277] Haft erschien nicht als Seelendrama mit Verderbnis oder Läuterung, sondern als fortgesetzter trivialer Alltag in der Unfreiheit. Die Schwierigkeit lag vor allem darin, das facettenreiche Saalleben, die unterschiedlichen Typen, die Veranstaltungen, besonders aber das Nichtstun, die Langeweile, die Ereignislosigkeit zu beschreiben: »Wie soll man das darstellen, daß jahrelang gar nichts passiert?«[278] Antworten fand Kempowski in Fritz Reuters »Ut mine Festungstid«. Besonders stark wirkten Dostojewskis »Aufzeichnungen aus einem Totenhaus«, in denen der seine eigene Gefängniszeit verarbeitet hatte. Viele Stellen in Kempowskis Exemplar sind angestrichen, etwa die Frage des Erzählers: »Soll ich mein ganzes Leben dort, alle meine Jahre, die ich im Gefängnis verbracht habe, beschreiben? Ich denke: nein.« Stattdessen entscheidet er sich für die Auswahl, um ein anschauliches Bild des sibirischen Zuchthauses zu zeichnen. So hielt es Kempowski auch mit seinen Zetteln. Er verzichtete auf eine breit ausgeführte Erzählung und stellte Erinnerungsbilder zusammen, eines auf jeder Manuskriptseite. Indem er sie in Textzellen einschloß, setzte er die Raumerfahrung der Zelle in Literatur um. Im Buch erschien dieses Verfahren – inspiriert von Kafka und Dos Passos' Romancollage »Manhattan Transfer« – in der Trennung der Textblöcke durch Leerzeilen.

Raddatz dachte bei diesem Erzählverfahren, das Kempowski später in »Tadellöser & Wolff« zur Meisterschaft trieb, an ein »Gitterwerk«.[279] Er meinte, Kempowski wolle »vokabulöse Signalstellen« geben, den Text müsse der Leser dann wohl selbst auffüllen. Er gab der Arbeit die Richtung vor. In der Mitschrift

Mit dem Manuskript von »Im Block«, Nartum, Juni 1967

eines Telefonats vom 7. August 1966 hielt Kempowski fest: »Grauenhaftes ist wichtig (…), in banalen Dingen, Widerlichkeiten, Charakterverkommenheit. (…) Scheißhausstelle gut, Schreierei gut.«[280] Das Buch sollte jetzt »Zellen« heißen. Im Juni 1967 schickte er einen »Manuskriptberg«[281] an den Rowohlt Verlag, ein Konvolut von Einzelszenen, jeweils auf einem

Blatt notiert. Eine lange Zeit des Wartens begann. Raddatz ließ das furchteinflößende Zuchthaus-Manuskript erst einmal liegen, aus Arbeitsüberlastung, wie er schrieb.

Kempowski leitete in dieser Zeit eine Arbeitsgemeinschaft für Aushilfslehrerinnen, verfaßte für den Schulrat Denkschriften über die Ostkunde, in denen er sich für einen »Abbau des Museums 1945«[282] aussprach, die »Abkehr vom Revanchedenken« forderte und das »Herausstellen des Gemeinsamen in Geschichte und Gegenwart« Deutschlands und seiner östlichen Nachbarn, lange vor der Diskussion um die sogenannten Ostverträge. Eine Bewerbung auf die Rektorenstelle im nahen Fischerhude wurde wegen fehlender Dienstjahre abgelehnt. Seine Bezüge waren immerhin auf 1300 Mark erhöht worden.

Im September 1967 hatte Raddatz zwei Drittel des Manuskripts gelesen, bis Seite 585: »Und ich will doch rasch berichten, daß ich einen generell positiven Eindruck habe und mir durchaus scheint, daß wir mit einer Publikation rechnen können.«[283] Aber erst im März des folgenden Jahres wurde er fertig. Kempowski hielt seinen Anruf im Tagebuch fest: »Es müsse noch eine Menge daran getan werden, die Nettigkeiten müßten noch raus. Kühle, Distanz noch konsequenter. Ironie. Er brauche nur noch mit Rowohlt zu reden, (...) mit einer Veröffentlichung sei dann im nächsten Frühjahr zu rechnen. Der Schluß sei ganz großartig gewesen. Aber zuviel Kirchenchor, das werde mit der Zeit langweilig. Ob nun fis oder gis, das sei dem Leser egal.«[284] Auch der Gutachter Jürgen Manthey riet zu abermaliger Überarbeitung, fürchtete aber: »Irgendwie kann man ihm, nach drei Fassungen, das Manuskript nicht noch einmal zur Überarbeitung zurückgeben, oder?«[285]

Doch Kempowski verbesserte noch einmal. Am 30. Mai 1968 fuhr er mit seiner Frau in seinem VW Standard zu Verhandlungen nach Reinbek: »Wir kamen etwas zu früh, Mensch in Trachtenanzug als Pförtner. (...) Spaziergang durch Park, arg verwildert. Herrliches Wetter. (Am Vormittag Arbeits-Gemeinschaft über Heimatkunde in Sittensen.) Ich sagte: ich möchte zu Dr. Rowohlt anstatt Raddatz. Halle gut für Empfänge, die sicher immer sehr albern verlaufen. Albernheiten gehören zum Haus R. (Findlinge auf dem Hof). Raddatz hat Wände voll Rowohlt-Erscheinungen, das ist unverständlich, will er sie denn dauernd durchlesen? Zwei Hampelmänner an der Wand. Auf dem Fußboden Zeitungen und Manuskripte. Französische Bücher auf dem Schreibtisch, der übrigens leer war, was immer Eindruck macht. Zimmer recht klein. Vorzimmer winzig.«[286]

Ende Juli 1968 erschien der Lektor Bernt Richter in Nartum, der mit Kempowski den Haftbericht noch einmal Satz für Satz durchging, sechs Tage lang: »Sehr anstrengend, da er mich in meinem Hause nicht nur hinsichtlich meines Textes belehrte, sondern mir auch noch Benimm beibringen wollte. Immerhin war er mein erster wirklicher Zuhörer, der mit dröhnender Stimme und in Lachkrämpfe übergehend einige Textstellen guthieß. Anderes wiederum ließ er nicht gelten, da war er stur. Einmal schrie er in die Gegend: ›Dett fehlte noch, dett Se sich hier als politischer Widerständler sehen!‹«[287] Ende August stimmte der Verleger Ledig-Rowohlt der Veröffentlichung zu. »Blöcke« lautete nun der aktuelle Titel, »Wassagrynn« war kommentarlos abgelehnt worden. Die Umschlaggestalter machten sich an die Arbeit. (Klaus Beck hatte Sandpapier vorgeschlagen.) Die Presseabteilung war entsetzt über das Foto, das Kempowski schickte: »Ich sähe aus, als sollte ich ein zweites Mal verhaftet werden.«[288] Das Buch erhielt nun den endgültigen Titel »Im Block. Ein Haftbericht«. Ende September 1968 lieferte Kempowski das überarbeitete Manuskript ab und forderte statt acht zwölf Prozent Honorar. Doch Raddatz lehnte ab. Kempowski mußte akzeptieren. »Ich bin ja ein Debütant, habe also die Schnauze zu halten.«[289] Vom Vorschuß, 1500 Mark, kaufte er sich einen Wintermantel und seiner Frau eine Handtasche. Der Rest kam auf die Bank. Im Januar 1969 sendete der NDR im Rundfunk einige Szenen aus dem Manuskript. Die »Frankfurter Rundschau« brachte einen Vorabdruck. Ein Journalist lobte den Text und fragte an, warum Kempowski das Buch erst zwölf Jahre nach der Entlassung geschrieben habe. Der notierte: »*Seit* 12 Jahren.«[290]

Anfang März 1969 erschien »Im Block«. Kempowski stand im Frühjahrsprogramm des Rowohlt Verlags neben Henry Miller, Simone de Beauvoir, Susan Sontag und Céline. Sein Lektor Bernt Richter brachte das erste Exemplar nach Nartum, dazu ein Viertel Jagdwurst auf die Faust (mit Knoblauch) und eine fotokopierte Landkarte, auf der die Stadt Antofagasta rot unterstrichen war, Anspielungen auf den Inhalt. »Ich trug das Buch zu meiner Mutter, die damals schon auf den Tod in einem Rotenburger Krankenhaus lag. Sie hat wohl nur noch darin geblättert. Immerhin beklagte sie, daß der Arzt sich offenbar mehr für meinen Erstling interessierte, der auf ihrem Nachttisch lag, als für ihre Krankheit.«[291] Wenige Tage danach starb sie.

Kempowski schickte Exemplare an ehemalige Mitgefangene, an Jochen Hafner, Hans Haustein, Klaus Beck, Wolfgang Natonek, auch an den Schriftsteller seiner Kindheit, Walter Görlitz. Der Zevener Buchhändler hatte nach einer Woche bereits fünf Bücher verkauft, eines an den Schulrat.

Die Kritiken waren überwiegend positiv. Auch die großen Feuilletons besprachen das Buch. Der Dichter Helmut Salzinger lobte in der »Frankfurter Rundschau« die »schriftstellerische Disziplin«, Kempowskis »Gelassenheit«, seine »ironische Distanz«, nirgends sei er der naheliegenden Gefahr erlegen, sich als Märtyrer zu sehen. Der autobiographische Bericht stehe im Range eines Kunstwerks und gehöre »zu den wenigen aufklärerischen Büchern, die der Notwendigkeit der gesellschaftlichen Veränderung das Wort reden, nicht indem sie sie predigen, sondern indem sie sie unmittelbar zeigen«.[292] Und Horst Bienek, der selbst vier Jahre Lagerhaft in Workuta verbracht hatte, schrieb im »Spiegel«, Kempowskis »nüchternprotokollarischer und gerade deshalb besonders erregender

Bericht« beschreibe eben nicht das Leiden, sondern mit eigentümlichem, seltsam anmutendem Humor Momentbilder der Haft, »die aneinandergereiht ein konkretes und recht objektives Bild von der Gemeinschaft politischer Häftlinge entwerfen«.[293]

Kempowski war jetzt vierzig Jahre alt. Ihm war ein beeindruckender Aufstieg gelungen, aus dem Nichts des Jahres 1956 zu einem beachteten Schriftsteller. Es schien, als bekäme er nun jene Anerkennung, die ihm mehr als zehn Jahre zuvor versagt worden war. Der NDR drehte einen kleinen Film über ihn, und im Februar 1971 erhielt er den Förderpreis des Lessings-Preises der Freien und Hansestadt Hamburg. Der Hauptpreis ging an Max Horkheimer. In der Begründung hieß es, mit »Im Block« werde »das Erstlingswerk eines hochbegabten, ästhetisch versierten Schriftstellers ausgezeichnet, der über vielerlei Kunstmittel verfügt«.[294]

Beim Publikum blieb der Erfolg des Buches jedoch mäßig. Kempowski absolvierte einige Lesungen, zuerst in Hamburg-Rahlstedt in einer Turnhalle. Eine »Beat-Band« spielte, zwanzig Zuhörer waren gekommen.

»Ich trat zusammen mit Uwe Herms auf, der ein Marmeladenglas seiner Großmutter mitgebracht hatte und versuchte, das Etikett im Scheinwerferlicht zu entziffern: Johannisbeere. Objektkunst nannte man das damals.«[295] Kempowski gab einem Jungen auf einer Garderobenmarke sein erstes Autogramm. Beim zweiten Auftritt, in der vornehmen Buchhandlung Weitbrecht & Marissal unweit des Jungfernstiegs, versprach sich der Buchhändler mehrmals, sagte »Kompewski« oder »Kampoffski«. Nach der Lesung wurde Kempowski überraschend von einem Zuhörer als Kalter Krieger beschimpft, als Gegner der Versöhnung mit dem Osten. In den Jahren nach 1968 war in der Literatur Engagement gefragt, kritische Stellungnahme, aber zu den sogenannten verkrusteten Verhältnissen in der Bundesrepublik. Ein Haftbericht aus der DDR, ein Wort gegen die Russen und den Sozialismus erschien nicht jedem angebracht.

Jedenfalls wurden bis Ende 1970 genau 1981 Bücher verkauft. Im zweiten Halbjahr 1970 waren von 72 ausgelieferten Exemplaren 68 remittiert worden, Reinverkauf 4 Bücher, Bruttohonorar 6,01 DM.[296]

Kempowskis persönlicher Erfolg, sein langsamer, arbeitsreicher Aufstieg, war gleichzeitig ein verlegerischer Mißerfolg. Fritz J. Raddatz beschrieb die Stimmung bei Rowohlt später so: daß der reaktionäre Vertriebschef, der einen deftigen Kriegsgefangenen-Roman erwartet hatte, vor Wut beinahe in Tränen ausbrach, daß der Finanzchef ihm vorwarf, mit Büchern dieser Art den Verlag zu ruinieren, daß Ledig-Rowohlt sich schweigend in den Rauch seiner Zigarre hüllte.[297]

Nachdem Raddatz den Verlag im Oktober 1969 verlassen hatte, waren die Bedingungen für Kempowski nicht günstig, als er seinen zweiten Text anbot: »Im Strom«, das spätere »Tadellöser & Wolff«. Bereits nach der Ablieferung des Haftberichts hatte er ihn begonnen und während des gesamten Jahres 1969 daran geschrieben. Ledig-Rowohlt antwortete ihm persönlich. Über eines der Hauptthemen der deutschen Nachkriegsliteratur noch etwas nachzutragen sei eine schwere Entscheidung. Außerdem müsse er leider das Verlagsprogramm straffen: »Und dabei sind meine Möglichkeiten, Ihr neues Buch (…) unterzubringen, äußerst gering. Vage Hoffnungen will ich Ihnen nicht machen. Und so bleibt mir nichts als die betrübliche Feststellung, daß wir uns die Veröffentlichung von ›Im Sturm‹ (sic) versagen müssen.«[298]

8. Schriftsteller

Die ganze Sache ist ein kurioses Wahnsinnsunternehmen gewesen.[299]

Mit »Tadellöser & Wolff« kam der Erfolg. Der Roman prägte, wie Manfred Dierks schrieb, Kempowskis »Markenzeichen«.[300] Er verband sich mit ihm auf eine ähnliche Weise wie die »Blechtrommel« mit Günter Grass und die »Deutschstunde« mit Siegfried Lenz, wurde verfilmt und ist mehr als 500 000 Mal verkauft worden. Kempowski hatte sich von der Absage nicht beirren lassen. In seinem Schreiben an Ledig-Rowohlt heißt es: »Vielen Dank für Ihren freundlichen und offnen Brief vom 17. Dezember. Da erübrigt sich wohl eine ausführliche Antwort. Eine vielleicht: Daß andere Leute über die Nazizeit geschrieben haben, ist für mich kein Grund, es zu lassen. Für meine Generation wird dieses Thema nie erledigt sein. Die jüngere politische Entwicklung in der Bundesrepublik zeigt außerdem, daß unsere Vergangenheit noch lange nicht ›bewältigt‹ ist.«[301]

Die Auseinandersetzung mit der Zeit des »Dritten Reiches« war ein bestimmendes Thema der deutschen Nachkriegsliteratur. Mit Beginn der sechziger Jahre wurde in der Öffentlichkeit zunehmend das Verhalten der Eliten und der bürgerlichen Schicht diskutiert. Die Studentenbewegung bezog einen Teil ihrer Protestenergie aus der Abrechnung mit der Vätergeneration. Kempowski bewegte das Thema aus persönlichen Gründen. Seit der Einzelzelle von Schwerin, dem Beginn des großen Erinnerungswerks, interessierte ihn auch das kollektive Versagen des Bürgertums, dem er entstammte. »Wo lagen die Ursachen, deren Folgen ich jetzt aushalten mußte«,[302] fragte er sich damals. »Man ahnte kriminelle Vorgänge ungeheuerlichen Ausmaßes und verzweifelte, nichts dagegen tun zu können. Am Ende – so wurde nachts geflüstert – würde die Familie selbst noch mit hineingezogen werden.«[303] Die Frage nach seiner Schuld und nach der Schuld einer ganzen sozialen Schicht hatte ihn nach Bautzen nie losgelassen. Sie wurde das bestimmende Thema seiner literarischen Arbeit von »Tadellöser & Wolff« bis hin zum »Echolot«.

Während er am »Block« schrieb und zur gleichen Zeit seine Verwandten für die »Familienchronik« befragte, setzten bereits Überlegungen zu einem neuen Roman ein. Der früheste Eintrag im Notizbuch stammt vom 15. November 1961: »Buchidee. Meine Familie, mit Sonde in die Vergangenheit«.[304] Sie war zugunsten des Haftberichts zurückgestellt worden. Aber als nach vielen Versuchen dessen Form feststand und nur noch erfüllt werden mußte, drängte sich der alte Plan wieder in den Vordergrund, Notizbuch vom November 1966: »Vielleicht Familiengeschichte hinterher.«[305]

Die Anfänge reichen noch weiter zurück. Schon einer der ersten Schreibversuche nach dem Krieg, »Wenn alles in Scherben fällt«, die Geschichte eines unangepaßten Hitlerjungen, ist als Vorform des »Tadellöser« zu verstehen. Und nach der Entlassung finden sich in den Tagebüchern oft seitenweise Einträge über seine Kindheit, in Absätze unterteilt, Textblöcke wie im Haftbericht.[306]

Kempowski schickte im Herbst 1969 ältere Manuskripte – Traumnotizen, Texte, die zu »Margot« gehörten – unter dem Titel »Zwischenbuch«[307] an andere Verlage. Auch wenn er sie bald wieder zurückzog, so kam er auf diese Weise in Verbindung mit dem Hanser Verlag in München, dem er dann auch »Im Strom« anbot. Der Lektor Michael Krüger legte ihm eine Zusammenarbeit nahe.[308]

Im Hintergrund hatten wohl Bernt Richter, inzwischen nicht mehr bei Rowohlt, und Horst Bienek vermittelt.

Bei der Arbeit an »Tadellöser & Wolff« in der Dachstube des Lehrerhauses, Nartum 1970

Kempowski setzte Krüger daraufhin in einem Brief vom 15. November 1969 seinen Gesamtplan auseinander, der vier Romane vorsah und die Zeit von den dreißiger Jahren bis 1960 umfaßte: »Im Grunde genommen ist die ganze Geschichte ein einziges, freilich überdimensioniertes Buch.« Wie die Familienchronik ein Werk von 45 Bänden wurde, so dachte er jetzt auch in der Literatur in größeren Dimensionen. Er wußte, daß er die gesamte Geschichte darstellen wollte, vom Versagen und Fall des Bürgertums bis zu seinem Wiederaufstieg. Als Rowohlt ablehnte, lag ein Teil des Manuskripts schon bei Hanser auf dem Tisch. Mitte Januar 1970 erfolgte die telefonische Zusage. Kempowski mußte nun den Roman nur noch fertigschreiben, was ihm im Gegensatz zur langwierigen und oft belastenden Arbeit am »Block« mit Leichtigkeit gelang. Neue Kapitel präsentierte er als erstes seiner Frau und seinen Kindern, nicht immer zu ihrer Freude – Tochter Renate: »Wir bekamen meistens nach dem Abendbrot etwas vorgelesen. Oft wurde er dabei nervös, wenn wir mit dem Stuhl wackelten oder meine Mutter gähnte.«[309]

Mit Krüger ging er das Manuskript in Nartum noch einmal durch: »Ich stand am Stehpult und las vor, und er lachte. Es waren lustige Tage! Ab und zu tauchten wir aus dem Text auf und überlegten, wie denn das Ganze heißen sollte. ›Im Strom‹, diesen Titel favorisierte ich zunächst. Auf einem nächtlichen Spaziergang durchs Dorf – wir gingen gerade an einer Kneipe vorbei – prüften wir ein paar Aussprüche meines Vaters, und bei ›Tadellöser & Wolff‹ blieb er stehen und rief: ›Das ist es!‹«[310]

Die Veröffentlichung mußte noch vom Verleger genehmigt werden. Kempowski reiste in grüner lederner Schriftstellerjakke nach München und saß bei Dr. Hanser und seiner Frau im Salon: »Daß ich Kaiser-Borax zum Weichmachen des Wassers erwähnt hatte, gab den Ausschlag, dem Verleger fiel ein, daß er das Zeug zeitweilig auch benutzt hatte, also mußte das Buch gut sein.«[311]

Kempowski fühlte sich im Hanser Verlag freundlich aufgenommen. Das Buch erschien im Februar 1971 und erhielt sofort gute Kritiken. Es war wie »Im Block« aus einer Zettelfassung entstanden, gestützt auf die Gespräche mit seiner Mutter, die Berichte des Bruders (»ein zweites Gedächtnis«[312]) und die Gedanken an seinen Vater. Kempowski hatte intensiv an der formalen Konstruktion des Romans gearbeitet und zur Übersicht große Grafiken hergestellt, immer noch von Enzensbergers Vorwurf der »Planlosigkeit« und Rühmkorfs Feststellung angestachelt, daß er die »kompositorische Ordnung« nicht bewältige. Der Untertitel »Ein bürgerlicher Roman« meinte eine Art traditionelle Gattungsbezeichnung und ironisches Zitat zugleich. Er bedeutete einerseits Anschluß an erzählerische Traditionen in einer Zeit, da ein sozialistischer »Werkkreis Literatur der Arbeitswelt« von sich reden machte und das »Kursbuch«, intellektuelles Leitorgan der Linken, gar den »Tod der Literatur«, der bürgerlichen Kunst überhaupt verkündete. Und er wies andererseits auf die Auseinandersetzung mit bürgerlicher Erzählform hin sowie mit der Schicht, die sie hervorgebracht hatte. Kempowski suchte einen eigenen Weg zwischen traditioneller Erzählweise, wie sie noch in der Gruppe 47 dominierte, und der neuen sozialistisch-revolutionären Agitprop-Kunst, die das »Kursbuch« propagierte. Er war weder écrivain engagé noch Revolutionär. Während sich die Literatur der Zeit politisierte, ja radikalisierte, hielt er an der künstlerischen Funktion von Literatur fest und verstand sie keinesfalls als Instrument im gesellschaftspolitischen Kampf. Er wollte Bewußtsein erzeugen, aber nicht erziehen. Kempowski sah sich als Beobachter, der mittels der Literatur eine historische Zeit abbildet, bestimmte Verhältnisse zeigt, Denken und Handeln des Bürgertums vorführt. Dem entsprach in besonderem Maße die Form der Collage, die seit Alfred Döblin und Karl Kraus fest in der deutschen Literatur verankert war und gerade um 1970 zur bestimmenden Technik eines »neuen Realismus« in der Literatur avancierte.

In »Tadellöser & Wolff« fügte Kempowski der Ebene subjektiven Erlebens des Ich-Erzählers durch autonome Textpartikel – Zitate aus Gedichten, Schlagern, Sprüchen, Parolen aus Werbung und Zeitung bis hin zu Briefmarkenaufdrucken – eine zweite, objektivierende Ebene hinzu, die unmittelbar in die dargestellte Zeit zurückwies und sie auf besondere Weise lebendig werden ließ. Kempowski schilderte zwar in fiktionalem Gewand gesellschaftliche Realität, aber nicht mehr als breites gesellschaftliches Panorama, wie man es seit dem 19. Jahrhundert tat, sondern in kurzen, pointiert zugespitzten Ausschnitten, den schon in »Im Block« charakteristischen Textblöcken – filmisch gesprochen in »short cuts«.

Vor dem Hintergrund objektiver Daten der »großen« Geschichte zwischen 1939 und 1945 verwendete Kempowski die

Stationen seiner eigenen Familie, ihren Ton, ihre Atmosphäre, um das Leben der Bürger im »Dritten Reich« darzustellen. »Alles frei erfunden!« steht als eine Art Motto vor dem Roman, und so verengte Kempowski nicht nur die Schilderung seiner Angehörigen auf das Typische, sondern fügte auch Personen, Sachverhalte, Begebenheiten hinzu, verband Fakten mit Fiktion zu »faction«, einer Mischung aus Autobiographie und Roman, in der die eigene Geschichte ins Allgemeingültige gehoben ist, das Individuelle ins Kollektive.

Kempowski ging es um eine kritische Betrachtung von Vergangenheit und Gegenwart: »Ich habe den bürgerlichen Alltag in einem autoritären Staat gezeigt und die Einsicht beim Leser erzielen wollen, daß zahlreiche charakteristische Züge jenes Bürgertums, das einst Nährboden des Nationalsozialismus war, noch immer bestehen.«[313]

So stellte er ausgehend von seinen Erfahrungen das Leben im »Dritten Reich« nicht schematisiert schwarz-weiß dar, sondern in facettenreichem Grau: das Gute neben dem Bösen, das Harmlose neben dem Schrecken, die Idylle neben dem Verbrecherischen.

Das eigentliche Thema ist die Konfrontation des Privaten mit dem Politischen, die Frage nach dem Verhalten des deutschen Bürgertums in der Nazizeit. Hinter all den Sonderlichkeiten, den Sprüchen und Harmlosigkeiten bürgerlicher Existenz scheint das Versagen einer ganzen sozialen Schicht auf. Obrigkeitsfromm politische Ansichten noch aus der Kaiserzeit beziehend, mit sinnstiftenden Begriffen wie »Kultur« und »Bildung« imprägniert, hatte sie der zivilisatorischen Bedrohung durch die Diktatur nichts entgegenzusetzen. Man arrangierte sich, wie Kempowski zeigt, und kompensierte Hilflosigkeit mit Distanzierung.

Kempowski dazu: »Diese Harmlosigkeit neben dem Grauenhaften ist ja viel schlimmer, als wenn ich jetzt nur Grauenhaftes beschreibe. Gerade die Idylle bringt den Leser ja dazu, nach dem Grauenhaften zu fragen.«[314] Dieses Prinzip legte Kempowski dann auch der Collage des »Echolot« zugrunde. Die Wiedergabe des Beobachteten, die sich scheinbar jeglicher Wertung enthält, kann beim Leser, der mit den Hintergründen vertraut ist, zwar Verständnis für die Personen wecken, sie kann aber auch zu Entsetzen und zu Kritik führen. So erscheint beispielsweise der Ausruf der Mutter am Schluß des Romans, »Den Krieg haben *wir* gewonnen! Die Kirche und die guten Kräfte!«, nur auf den ersten Blick als naiv. Angesichts von Zerstörung und Massenmorden erschüttert das Ausmaß bürgerlicher Selbstgewißheit den Leser.

Die Sprache und das Denken der Personen dienten ihrer Kennzeichnung, deren Entschlüsselung Kempowski dem Leser überließ. Auf diese Weise, sprachlich modern, war die Nazizeit in der deutschen Literatur noch nicht dargestellt worden.[315]

Die Kritik hob den Effekt des künstlerischen Verfahrens hervor. Kurt Lothar Tank schrieb in der »Welt am Sonntag«: »Die Banalität des Bösen enthüllt sich in der Sprache, in Sprachpartikeln, oft wiederholten Redensarten und Witzchen.«[316]

Die »Frankfurter Rundschau« meinte: »Realität ist bei Kempowski nur noch bruchstückhaft zusammengesetzt: Erinnerungstrümmer, auf Karteikarten festgehalten«, »minutiöser kann das Leben einer gutbürgerlichen Familie in den Jahren 1939 bis 1945 kaum wiedergegeben werden.«[317] Die »Frankfurter Allgemeine Zeitung« urteilte: »So genau hat das noch niemand beschrieben. Selbst Günter Grass nicht und auch nicht Siegfried Lenz (…) und die vielen anderen, die versucht haben, Familie und Jugend in Deutschlands großer Zeit darzustellen. An Detailtreue, Detailfreude, Detailbesessenheit übertrifft Kempowski alle.«[318]

Vergleiche wurden angestellt mit den Bühnenprotokollen Carl Sternheims, dem »Familien-Lexikon« Natalia Ginzburgs, den »Spots« Hubert Fichtes, dem bürgerlichen Panorama Fontanes, den »Buddenbrooks«. Kempowskis Bestandsaufnahme der Nazizeit, so hieß es, falle »wesentlich radikaler aus«[319] als etwa die Thomas Manns in »Dr. Faustus«.

Die Zustimmung reichte über alle politischen Lager. Der »Spiegel« lobte das »ironische Zitat«, die »listigen Konjunktive«.[320] Selbst in »Konkret« wurde Kempowskis Beobachtungsfähigkeit hervorgehoben, »sein Ohr für falsche Töne«, sein »sanfter, zäher Sarkasmus«, sein »instinktives Gefühl für gesellschaftliche Wertigkeit«, sein »fein verteilter, unwillkürlicher Materialismus. Denn eben dieser Materialismus ist es, der den kritischen Realismus dieses Romans erst konstituiert«.[321] Die politische Intention wurde durchaus erkannt. Die Kritiker schrieben von der »raffiniert unscheinbaren Chronik vom Leben und Sterben der Bürgerlichkeit«,[322] von einem »scheinbar radikal unpolitischen Buch«,[323] vom ideologischen Charakter des »Unideologischen«,[324] von der Bloßstellung des »deutschen Spießers«, seiner politischen Ideologie »mittels Sprachkritik«[325] und hoben die »Deutungsabstinenz«[326] positiv hervor.

Der Roman stand im Mai 1971, wenige Wochen nach Erscheinen, auf der Bestsellerliste des »Spiegel«. In den Sommer- und Herbstferien unternahm Kempowski eine ausgedehnte Lesereise durch zahlreiche deutsche Städte von Schleswig bis Freiburg im Breisgau. Auftritte in den Niederlanden begründeten dort ein großes Interesse an seinem Werk, das nie nachgelassen hat. Auch für seine Kinder begann eine ertragreiche Zeit. Tochter Renate: »Er las in allen möglichen Städten, deren Namen ich vorher noch nicht gehört hatte. Das war wichtig, weil wir zu unserem Taschengeld jeweils ein ›zehntel Prozent‹ von seinem Honorar bekamen. Das heißt, wenn er zweihundertfünfzig Mark kriegte, bekamen wir fünfundzwanzig Pfennig. Es machte ihm Spaß, uns die einzelnen Münzen hinzuzählen, ganz im Stil von ›iss dat noog?‹.«[327] Und Karl-Friedrich Kempowski ergänzt: »Ich weiß noch, wie ich mich beim ersten Literaturpreis freute, daß unser Anteil (sonst nach Lesungen im Groschenbereich) auf volle D-Mark stieg.«[328]

Ende Oktober wurde die zweite Auflage gedruckt. Kempowski hatte zahlreiche Auftritte in Rundfunk und Fernsehen, er war »in«. Seine »Clubtage«, die er seit Mitte der sechziger Jahre in Nartum veranstaltete, kulturelle, gesellige Runden, wurden erweitert. Neben Detlev Nahmmacher, Klaus Beck, Hartmut Stanke und Robert Kempowski kamen Journalisten, Lektoren, Autoren wie Eckart Kleßmann, Uwe Herms, Dieter E. Zimmer, Bernt Richter, Michael Krüger im Lehrerhaus zusammen. Helmut Salzinger, der den »Block« als einer der ersten besprochen hatte, entdeckte dabei die Vorzüge des Landlebens und suchte sich in Nartum ein Haus. Kempowski wurde auf Abendgesellschaften der Hamburger Medienprominenz eingeladen, auf Feiern nach Berlin, zu Schriftstellerkongressen, fand sich im Kreise längst berühmter Autoren wieder, lernte Günter Grass, Peter Rühmkorf, Siegfried Lenz, Martin Walser, Peter Handke kennen.

Der Landlehrer, der für Lesungen und Fernsehauftritte beim Schulrat schriftlich unbezahlten Sonderurlaub beantragen mußte, führte von nun an ein anregendes Doppelleben. »Kempowski ist da«, hieß es auf Partys, und auf der Straße erkannte man ihn. Da störte es kaum, wenn der Herausgeber des »Spiegel« ihn bei einer Feierlichkeit obenhin abfertigte: »Augstein mit abgewandtem Gesicht gab mir die Hand und sagte: Tadellöser und Wolff – dann ging er weg.«[329]

Am 29. April 1972 nahm Kempowski auf Einladung von Hans Werner Richter an einer kleinen, inoffiziellen Tagung der Gruppe 47 in Berlin teil, die in der ehemaligen Villa des Verlegers Samuel Fischer stattfand. »Ich hatte mich kaum gesetzt, da forderte mich Richter auf zu lesen, als erster. Ich las aus ›Uns geht's ja noch gold‹, an dem ich gerade arbeitete. Die Kritik war wohlwollend (Walter Höllerer, Alexander Kluge, Nicolas Born) bis spitz (Joachim Kaiser, Günter Grass). An den Abenden wurde natürlich tüchtig gefeiert. Johnson tanzte mit Peter Wapnewski eine Art Box-Tanz. Ich hatte ein gutes Gespräch mit Peter Weiss, der sehr sympathisch war, über seine Emigration.«[330] Er war dann auch einige Male auf Hans Werner Richters Ponyhof im ostfriesischen Norddeich, aber eine Einladung nach Saulgau 1977, dem letzten Treffen der Gruppe, blieb aus.

Es kam ohnehin kaum zu Verbindungen. Kempowski blieb ein Außenseiter in diesen linksliberalen Kreisen, die den Literaturbetrieb bestimmten. Er gehörte zu keiner Gruppe, keiner Clique. Der Dorfschullehrer war zu spät gekommen. Viele der Autoren kannten sich seit mehr als 20 Jahren oder standen im Kulturbetrieb der Metropolen in ständigem Kontakt. Kempowski hatte eine andere Biographie. Peter Rühmkorf beschrieb, wie er Kempowski einmal fragte, »was er in unser aller Goldenen Fünfziger getrieben habe, worauf er: ›Mensch, da hab ich doch in Bautzen gesessen!‹«[331] Kempowskis Zurückhaltung in den politisierten siebziger Jahren, in denen sich prominente Autoren für den Wahlkampf der SPD engagierten und junge Autoren in der DKP, ließ ihn nicht als Gesinnungsgenossen erscheinen. Im Gegenteil, denn die Segnungen des real existierenden Sozialismus hatte er am eigenen Leibe erfahren. In einem Artikel des »Zeit-Magazins« wurde er neben vorwiegend sozialistischen Schriftstellern als »Liberaler«[332] beschrieben, besuchte auch ein Autorentreffen der Konrad-Adenauer-Stiftung und sprach 1976 für das »Zeit-Magazin« mit Helmut Kohl, dem Kanzlerkandidaten der CDU, über dessen Lektürevorlieben.[333] Er blieb »bürgerlich«, immer noch ein Vertreter der Flakhelfer-Generation, grundsätzlich skeptisch gegenüber öffentlicher Einmischung auf der einen und staatlicher Autorität auf der anderen Seite. Er hielt auf Distanz. »In politischer Hinsicht bin ich ein Gallert, nicht links, nicht rechts, sehe überall nur Blödsinn. ›Sind alles Kinder‹, der Spruch meiner Mutter«,[334] schrieb er im Juni 1971 ins Tagebuch. Und dabei blieb es: »Man muß bremsen, wenn der Zug zu schnell, und Gas geben, wenn er zu langsam fährt.«[335]

Kempowski gehörte immer zu den Schriftstellern, die am Rand standen wie Arno Schmidt und Ernst Jünger. Er schloß über die Jahre nur wenige Autorenfreundschaften: mit Paul Ker-

Mit Uwe Johnson im Garten der ehemaligen S.-Fischer-Villa in Berlin, Treffen der Gruppe 47, 29.4.–1.5.1972

sten, Eckart Kleßmann, Sarah Kirsch, Peter Rühmkorf, Günter Kunert und Uwe Johnson.[336] Der Pommer aus Mecklenburg hatte ihm im Frühjahr 1969 nachts um 2 Uhr telefonisch mitgeteilt, daß »Im Block« im »Spiegel« besprochen werde. »Ich stand im Nachthemd auf dem eiskalten Korridor und rieb die Fußsohlen an meinen Waden. Es war kein launiges Gespräch, das ich mit ihm führte, es war eher so, als müßte ich Befehle entgegennehmen.«[337] Nach dem Erscheinen von »Tadellöser & Wolff« eröffnete Johnson dann mit Detailfragen zum Roman einen Briefwechsel, der bis zu seinem frühen Tod 1983 fortgeführt wurde. Die erste Begegnung fand Anfang Mai 1971 in Johnsons Berliner Wohnung statt: »Er kam abgehetzt und durchgeschwitzt an, trug dicke Maurerhosen. Wir redeten die ganze Nacht. Er trank Bier und Wein, bis er völlig duhn war.

Seine Frau las vor, was er an dem Tag geschrieben hatte. Dann mußte ich Rostocker Bücher durchsehen und ihm eine Filmrolle vorlesen, die er aus Gefälligkeit übernommen hatte. Luther!«[338]

In den folgenden Jahren kam es zu gelegentlichen Telefonaten und zu einigen Begegnungen. Im Mittelpunkt standen immer Mecklenburg und die schriftstellerischen Arbeiten. Sie saßen zur gleichen Zeit an ähnlichen Projekten, Kempowski an der »Deutschen Chronik«, Johnson an den »Jahrestagen«, beides literarische Darstellungen der deutschen Geschichte des 20. Jahrhunderts am Beispiel einer Familie, ähnlich gearbeitet auf der Grundlage von Recherchen, Befragungen, mit dokumentarischen Einsprengseln. »Manchmal hatte ich den Eindruck, daß er mich durch nächtliche Telefonate unter Kontrolle halten wollte, vielleicht wollte er sich vergewissern, daß ich ihm mit meinem norddeutschen Kolossalgemälde nicht in die Quere käme.«[339]

Kempowski hingegen sah Johnson nie als Konkurrenten, und er schrieb es ihm auch: »Wir laufen mit unserer ›Produktion‹ irgendwie nebeneinander her. Besonders erfreulich, daß ich Sie absolut nicht als ›Konkurrenten‹ empfinde. Das liegt vermutlich an dem unterschiedlichen Blickwinkel. In den Zeitungsausschnitten haben Sie ein Mittel gefunden, direkter auf den Leser einzuwirken, als ich es tue. Ich fühle mich durch Ihr Buch ausgesprochen bereichert und angeregt.«[340]

Kempowski schickte ihm ausführliche Kommentare zum ersten Band der »Jahrestage«, und Johnson lektorierte »Uns geht's ja noch gold« ausführlich, »das heißt, er strich etwa ein Drittel heraus. Und unten drunter schrieb er: ›Dieser Roman ist in der vorliegenden Form keinesfalls druckreif.‹[341] In zwei ausführlichen, wenig zimperlichen Gutachten monierte er auch den Titel und schlug stattdessen »Umzüge« vor. Johnson blieb, auch als sich die Verbindung lockerte, ein treuer Leser, kaufte die neuen Bücher oft schon, bevor Kempowski ihm ein Widmungsexemplar schicken konnte. Dessen Interesse an Johnsons

Werken hingegen ließ nach der Lektüre des zweiten »Jahrestage«-Bandes nach. Dennoch bestimmten Respekt und gegenseitige Anerkennung die Beziehung. »Graf Kempowski«, wie die Anrede in den Briefen zuweilen lautete, gehörte zu den wenigen Freunden und Bekannten des unbequemen Johnson, mit denen es nicht zu einem Bruch kam. Versuche, den auf seiner englischen Insel Vereinsamten Anfang der achtziger Jahre nach Nartum einzuladen, zu Literaturseminaren und Schriftstellertreffen, scheiterten ebenso wie eine eigene Reise nach Sheerness: »Weil zu dieser Zeit überhaupt nur wenige Literaturmenschen Kenntnis nahmen von ihm, faßte ich den Entschluß, ihn zu besuchen. Ich stellte mir vor, wie er da so mutterseelenallein in seiner kleinen Wohnung sitzt und ein Bier nach dem andern trinkt, diverse Schnäpse und womöglich noch Wein dazu, und draußen heult der Wind, Regen, Sturm und so weiter, und ich dann an seinem Tisch mit meinem kleinen Hellen? Leider habe ich es nicht getan, ich bin nicht zu ihm gefahren. Ich ließ die Stunde vorübergehen. Und dann war es eines Tages zu spät. Es war vorbei.«[342]

Im August 1972 erschien »Uns geht's ja noch gold«, die Fortsetzung der Familiengeschichte über die Jahre 1945 bis 1948, über die Nachkriegszeit mit Hunger und Kälte – und vor allem über die deutsche Schuld. »Grundfrage: Wie verhält sich das Bürgertum bei einer solchen Katastrophe?«,[343] notierte Kempowski zu Beginn der Arbeit im Februar 1972. Und so zeigte er, wie sich die Bürger allmählich wieder einrichten zwischen Ruinen und Schwarzmarkt – von den Berichten über Konzentrationslager nicht aus der Bahn geworfen. Die Vermittlung von »Bildung« wird in der Schule unverändert fortgesetzt. Enttäuschung über das Verhalten der Russen macht sich breit. Zuletzt kommt es zum »Fall«: Die in der Nazizeit ausgebliebene Zivilcourage (Sörensen, der dänische Schwager: Die Deutschen hätten einfach alle »nein« sagen sollen) wird nun nachgeholt. Ob das eigentlich jemand aufschreibt, was die Russen alles aus der besetzten Zone herausholen? fragt sich die Mutter. Der Sohn handelt – und reißt alles mit sich in den Abgrund.

Anfang September 1972, wenige Tage nach dem Attentat auf die Olympischen Spiele in München, bekam Kempowski für »Tadellöser & Wolff« den Wilhelm-Raabe-Preis der Stadt Braunschweig verliehen. Auch der Regierungspräsident in Stade gratulierte seinem Lehrer. Christa Wolf, ebenfalls ausgezeichnet, lehnte den Preis ab, vermutlich, weil ein gemeinsamer Auftritt mit dem ehemaligen politischen Häftling der DDR nicht opportun gewesen wäre. Kempowski reagierte gelassen: »Ich hätte mich besonders gefreut, weil Christa Wolf in Mecklenburg gewohnt hat. Nachdenken über Christa W. Schade.«[344]

Auch »Uns geht's ja noch gold« wurde gut besprochen. Peter Wapnewski schrieb in der »Zeit«, der Autor sei »vom ersten Satz an unverkennbar er selbst und also *fertig*«.[345] Der Verkauf entwickelte sich erfreulich. Robert Kempowski kommentierte: »Das ist ja das Prä, Walter, was du hast, die Leute wären ja Tölpel, wenn sie das neue Buch nicht auch kauften.«[346] Ende des Jahres waren 16 238 Exemplare verkauft, dazu 18 407 Bücher von »Tadellöser & Wolff« und 1045 von »Im Block« in der vom Hanser Verlag übernommenen Ausgabe.[347] Im folgenden Jahr nahm die Verbreitung seines Werks weiteren Aufschwung. Der Haftbericht erschien als Taschenbuch bei Fischer, »Tadellöser & Wolff« zusätzlich in der deutschen Buchgemeinschaft und im Deutschen Taschenbuch Verlag mit hohen Startauflagen, »Uns geht's ja noch gold« ebenfalls.

Dazu kam der Befragungsband »Haben Sie Hitler gesehen?«. Es handelte sich um 230 »Deutsche Antworten«. Kempowskis Plan einer Hitler-Biographie aus der Sicht der Bürger (Arbeiter, Bauern, Handwerker sind weniger vertreten) stammte aus dem Januar 1960.[348] Die erste Antwort hatte er im September 1960 erhalten, von einem Bauern in Breddorf, über den Gartenzaun hinweg: »In Bremen ging er ganz dicht an mir vorüber, zwei Meter vielleicht. Er hatte einen sehr beherrschenden Gang und ein sehr sicheres Auftreten. Er konnte ja auch die Menschen mitreißen. Gewiß, ich war jung, aber von seinen Reden ging etwas aus.«[349]

Die Frage hatte Kempowski in den folgenden Jahren sporadisch immer wieder gestellt, auf der Straße, in der Eisenbahn, nach Lesungen. Er forderte auch andere auf, für ihn zu fragen, setzte Beiträger ein, wie Richard Wossidlo es mit seinen volkskundlichen Feldstudien in Rostock getan hatte. Der Literaturkritiker Volker Hage schreibt über seinen ersten Besuch bei Kempowski, am 22. Januar 1972: »Ich war skeptisch, als Kempowski auch um meine Mitarbeit bat – doch schon die drei Stimmen, die ich aus meiner Familie zusammen- und beitrug, machten mir klar, daß diese schlichte Frage bei den Betroffenen Unglaubliches in Gang setzte.«[350]

Der Befragungsband ist Teil der »Deutschen Chronik«, als ein demoskopisches Element, eine kollektive Erweiterung der subjektiven Romanebene. Für Kempowski war die Wiedergabe der Erfahrungen auch ein demokratisches Prinzip. Er betrieb Oral history, freilich ohne die übliche wissenschaftliche Absicherung, noch bevor diese Methode sich in Deutschland durchsetzte.

Der Historiker Eberhard Jäckel urteilte: »Es ist das entwaffnendste, erfrischendste und vielleicht wahrste Erzeugnis einer angeblichen Hitler-Welle.«[351]

Das Buch war versehen mit einem Nachwort von Sebastian Haffner, in dem er die Hauptthesen seiner fünf Jahre später erschienenen »Anmerkungen zu Hitler« bereits vorwegnahm. Es wurde zu einem der größten Erfolge Kempowskis: Die englische Übersetzung erschien in einer Auflage von 100 000, die japanische mit 20 000 Exemplaren.

1974 folgte der Befragungsband »Immer so durchgemogelt«, der oft als vergnüglich-besinnliches Buch mißverstanden worden ist. In der »Deutschen Chronik« konnte dieser elementare Bereich früher Sozialisation nicht fehlen: die Schulen der Nation. Mit welchem Rüstzeug war die eigene Generation angetreten? Hatte die Schule sie vorbereitet auf das Leben, auf *dieses* Leben mit Diktatur, Krieg, Zerstörung und Wiederaufbau? Was hatte Erziehung geleistet im 20. Jahrhundert? Kempowski nahm hier verschiedene Fäden auf: Gedanken an seine freundlichen Lehrer Märtin und Gosselck, auch die schlimme Zeit der Paukschule; die eigene reformpädagogische Ausbildung, deren Ziel es war, freie Bürger in einem freien Gemeinwesen zu erziehen. Auf Kempowskis Frage »Wie haben Sie Ihre Schulzeit erlebt?« traten – albdruckartig – schlimme Bilder zutage. Das immer gleiche Abspulen bürgerlicher Bildungsprogramme, so lehrt »Immer so durchgemogelt«, hinterließ wenig in den Köpfen der Befragten, was zur kritischen Auseinandersetzung mit dem Nazireich getaugt hätte.

Der Band »Haben Sie davon gewußt?« (mit einem Nachwort von Eugen Kogon) setzte 1979 die »dokumentarische Ergänzung und chorische Begleitung«[352] der »Chronik« fort. In den Romanen war die Ermordung der europäischen Juden nur am Rande vorgekommen – im beschränkten Erlebnishorizont des Kindes und als Reflex bürgerlicher Verdrängungsmechanismen (»Konzertlager«!). Daß die Deutschen sehr wohl von den Verbrechen gewußt hatten, zumindest nicht ahnungslos gewesen waren, führte Kempowski nun in 300 Antworten vor. Im Bewußtsein untilgbarer deutscher Schuld war es seine erklärte Absicht, das Schicksal der Kempowskis, die eigene Zuchthauszeit »gebührend zu relativieren«, wie er im Vorwort schrieb. Als »Chronist« sah er zudem in der Gegenüberstellung der Romane mit den kollektiven Erinnerungen eine Möglichkeit, sich einem Verstehen des Unfaßbaren anzunähern. Die Anregung dazu hatte er schon im Zuchthaus erhalten: »Auslösendes Moment war damals, daß die Juden in Bautzen wissen wollten, was wir darüber gewußt und gedacht haben.«[353]

Das Befragungsprinzip nahm Kempowski in den 1975 veröffentlichten Roman »Ein Kapitel für sich« auf. In dieser umgearbeiteten Fassung von »Im Block« ließ er andere Beteiligte zu Wort kommen. Er hatte in den Jahren zuvor immer wieder ehemalige Bautzen-Häftlinge befragt. Nun stellte er den fünf Teilen des Buchs jeweils einige kurze Statements zu den Themen »Verhaftung«, »Transport«, »Politische Gespräche«, »Ausbruch«, »Entlassung« voran. Außerdem steigerte er die Collage und fügte kapitelweise literarisch bearbeitete Berichte seiner Mutter und seines Bruders aus der Vorchronik ein, deren Schicksal im »Block« weitgehend unberücksichtigt geblieben war, sowie – als Spiegel des »Draußen« – Briefe der Schwester aus Kopenhagen. In dem gleichen Maße, wie er der subjektiven Sicht mißtraute und deshalb die Befragungsbände in die »Deutsche Chronik« integrierte, wollte er auch seine Perspektive auf die Haftzeit erweitern. Er zielte auf eine Objektivität der Darstellung, soweit sie mit den Mitteln des Schriftstellers erreicht werden konnte.

In »Ein Kapitel für sich« zeigte Kempowski, daß sich die Bürger in der Ausnahmesituation der Aquarienwelt nicht viel anders verhalten als in Freiheit: Konventionen werden eingehalten, Zirkel gegründet, Bildung und Kultur hochgehalten, Politik aber bleibt weiterhin weitgehend tabu. Innerhalb der »Chronik« stellt dieser Roman mit der Schilderung der Einzelhaft im zweiten Kapitel den tiefsten Punkt der stetigen Abwärtsbewegung, des »Verfalls der Familie« dar. Von hier aus kann es allmählich wieder aufwärts gehen, durch Bildung unter den Bedingungen des Zuchthauses und durch Kulturausübung und Übernahme von Verantwortung im Kirchenchor.

Die Geschichte der Kempowskis wurde im selben Jahr einem noch größeren Publikum vorgeführt, durch den zweiteiligen Fernsehfilm »Tadellöser & Wolff«, der im Mai 1975 im ZDF lief.[354] Vier Jahre zuvor, wenige Monate nach Erscheinen des Romans, hatte sich Eberhard Fechner in Nartum angesagt. Fechner hatte eine Reihe von Filmen gedreht, die sich mit Menschen verschiedener Schichten und ihrem Schicksal in den Zeitläuften des 20. Jahrhunderts beschäftigten. Er hatte in Fernsehcollagen das Leben »normaler« Menschen als das exemplarische aufgefaßt und dargestellt. Ein gleichgerichtetes Interesse, eine ähnliche Arbeitsweise führten sie zusammen. Kempowski: »Ich kannte von ihm die ›Nachrede an Klara Heydebreck‹, einen Film, der damals ungewöhnlich war und meiner Neigung der Volksbefragung entsprach. Er kam in seinem Volvo und stand unter der Linde, als wir uns die Hand gaben. Dann strichen wir eine Weile um den heißen Brei herum, bis er plötzlich sagte: ›Ich möchte Ihren ›Tadellöser & Wolff‹ verfilmen.‹ Ich hatte nichts dagegen.«[355]

In den Sommerferien 1973 arbeiteten sie gemeinsam am Drehbuch. Fechner wohnte 33 Tage im Nartumer Lehrerhaus. »Ich saß während des Schreibens neben ihm, und keine Szene ging ohne meine Mitwirkung durch. Seine anfänglichen Versuche, mich auch als Tipper des Drehbuchs zu mißbrauchen, konnten abgewehrt werden. Meine Frau machte das Essen, und während der Mahlzeiten schrien wir uns gegenseitig Fortsetzungen des Manuskripts zu, wobei auch notiert wurde und viel gelacht.«[356]

Fechner hatte bisher in seinen Filmen authentische Personen als Zeitzeugen zu Wort kommen lassen oder reale Ereignisse nachgestellt. »Tadellöser & Wolff« war seine erste Romanverfilmung. Kempowskis Tagebuch vom 19. Juli 1973: »Zu meinem Erstaunen: er hält sich sehr eng ans Buch.« Kempowski schrieb einige Passagen für den Film, die im Buch so nicht enthalten waren, etwa Predigten und die Rede des Großvaters de Bonsac auf der Hochzeit von Ulla und Sörensen.

Fechner arbeitete unnachgiebig, geradezu pedantisch, und verlangte von Kempowski dasselbe, während draußen das schönste Ferienwetter herrschte. Robert Kempowski erlebte das während eines Besuchs: »Fechner verfolgte meinen Bruder ja bis ans Bett mit dem Drehbuch. Als es nicht mehr auszuhalten war, haben wir uns durch die Küchentür in den Garten geflüchtet und sind erst mal im Wald spazieren gegangen.«[357]

Das Ergebnis von Fechners und Kempowskis Zusammenarbeit war eine in weiten Teilen genaue Adaptierung des Buches. »Der ganze Vorgang der technischen Umsetzung war natürlich sehr interessant, die Umformung eines Buches in ein anderes Medium, die Aufteilung eines Drehbuchs in Einstellungen und Szenen, die Off-Spalte und anderes mehr. Auch die Umsetzung eines solchen Entwurfs ins Bild, die genaue Befolgung des Drehbuchs – Fechner gestattete sich selbst nicht die geringste Abweichung.«[358]

Die Dreharbeiten, die Kempowski wegen der Schule nur nachmittags verfolgen konnte, fanden im folgenden Jahr statt. Kempowski hatte auf Fechners Frage sofort die Hauptdarsteller vorgeschlagen. An Karl Lieffen war ihm schon 1948 in Wiesbaden und dann in Bautzen in Kinofilmen die Ähnlichkeit mit seinem Vater aufgefallen. »Ich sagte damals, 1952, zu meinem Bruder: Wenn überhaupt mal unser Schicksal verfilmt wird, dann muß der die Hauptrolle spielen.«[359] Auf Edda Seippel, die er aus einer Verfilmung von Fontanes »Mathilde Möring« kannte, hatte ihn seine Frau hingewiesen. Daß für den Großvater de Bonsac Ernst von Klippstein gewonnen wurde, besänftigte auch die Hamburger Verwandtschaft, die bis dahin seinem Schreiben etwas reserviert gegenübergestanden hatte. Der alte Streit, ob adelig oder nicht, de Collas oder Kohlhase, wurde auf anderem Gebiet entschieden.

Der Film wurde Anfang Mai 1975 ausgestrahlt, zum Jahrestag des Kriegsendes. Unmittelbar vorher am selben Tag sendete die ARD Kempowskis Film »Wer will unter die Soldaten?«, in dem Lineolsoldaten in Großaufnahme gezeigt wurden, um die Fragwürdigkeit und das Schreckliche des Kinderspielzeugs vergangener Zeiten vorzuführen.

Der »Tadellöser«-Film begründete den anhaltenden Erfolg des Romans und machte Kempowski auch bei Nichtlesern weithin bekannt. Eine »Tadellöser«-Mode setzte ein. Das »Hotten«, ja selbst die Kleidung mit Pullunder, Knickerbocker und weißem Schal wurde besonders von Schülern kopiert, die offensichtlich in den Rostocker Swingjugendlichen ein Vorbild der Verweigerung gegen die eigene Langhaar- und Jeanszeit fanden. Die Sprüche der Film-Kempowskis wurden aufgenommen: »Gutmannsdörfer«, »Ansage mir frisch«, »Klare Sache und damit hopp!«, »Wie isses nun bloß möglich?!«. Sie waren in manchen Familien noch lange Zeit lebendig, wie Kempowski in Briefen und Gesprächen immer wieder erfuhr, und führen nicht selten zu Erkennungsszenen unter Fremden. Fanclubs wurden gegründet, etwa in Helmstedt eine Mädchengruppe, deren Mitglieder sich »Tante Silbi« oder »Ulla« nannten,[360] oder eine »Tadellöser«-Gruppe in Friedrichsdorf bei Frankfurt am Main. Ein Beteiligter berichtet, wie man beschloß, einen Freund vom Bahnhof abzuholen, à la Kempowski gekleidet in Anzug, Krawatte, Trenchcoat, Schlapphut, Seidenschal – aus den Schränken der Väter und Großväter zusammengesucht – und mit dänischer Zeitung in der Tasche: »Wir empfingen den Freund am Bahnsteig, ›hottend‹, eine Kippe im Mundwinkel. Er war ziemlich erstaunt, fragte dann aber gleich: ›Haste mal ne Stabbel‹, und ob wir wüßten, daß Art Tatum blind sei und Chick Webb verkrüppelt?«[361]

Kempowski sah den Film damals mit gemischten Gefühlen: die Wiederbegegnung mit der eigenen Vergangenheit, die er schon in das Medium der Literatur transponiert hatte, nun noch einmal gebrochen durch eine weitere Übertragung in den Film. »Einige Szenen lagern ziemlich dicht auf dem Damals. So die Harzreise, die Hochzeit von Ulla und die Klavierstunde. Die Szenen bei Tante Anna, die Schulszenen und anderes halte ich für übertrieben. Hier hat Fechner das ohnehin schon grotesk Gesehene noch einmal überspitzt, und das behagt mir nicht.«[362] Im Ganzen erschien ihm der Film zu witzig geraten. Besonders die zuweilen alberne Darstellung seines Vaters durch Karl Lieffen und der Mutter als Naive durch Edda Seippel blieb unbefriedigend.

Stärker noch als der Roman »Tadellöser & Wolff« selbst beflügelte die unterhaltsame Verfilmung eine unter Kempowski-

Lesern weit verbreitete Reaktion, das vermeintliche Wiedererkennen, das »Genau so war es«.[363] Die ungeheure Breitenwirkung des Films beeinflußte die Kempowski-Rezeption nachhaltig auf eine Weise, die er selbst nie beabsichtigt hatte. Sie wirkte auf die Romane zurück, die nun stärker als zuvor als heiter-sentimentale Darstellung der Vergangenheit mißverstanden wurden – auch von den Kritikern. Für viele seiner Leser war er der »kleine Peterpump« aus der Rostocker Alexandrinenstraße geblieben. In Teilen der Literaturkritik und der Literaturwissenschaft jedoch setzte sich eine Deutung seiner Romane durch, die Kempowski verdächtigte, die Nazizeit zu verharmlosen.

Schon eine Besprechung von »Tadellöser & Wolff« in der »Süddeutschen Zeitung« hatte mit Bedauern auf eine Gefahr hingewiesen – daß sich nämlich der Stil gegen den Stoff und die Absicht des Autors durchsetze, ja diese umkehre: »Aus kritischer Beschwörung wird Erinnerungsseligkeit, ein Fest des gerührten Wiedererkennens.«[364] Bei »Uns geht's ja noch gold« schien Hartmut Scheible bereits eine Beschönigung der Nazizeit zu wittern. In der »Frankfurter Rundschau« behauptete er: »Wiederholung der Realität in der Vorstellung bereitet Lust: das ist das Prinzip der Kunst, ihr nur schwer tilgbares affirmatives Moment.« Kempowskis Roman könne »so etwas wie eine Landserstory für Zivilisten werden«.[365]

Über den »Tadellöser«-Film schrieb Walter Jens unter dem Pseudonym »Momos« in der »Zeit«, die fast perfekte Verfilmung von Kempowskis Roman zeige nur das sich mit dem »Dritten Reich« arrangierende Bürgertum, sie zeige aber nicht die Folgen dieser Verbindung. Von den Verbrechen der Nazis und von Konzentrationslagern und Millionen Toten sei nicht die Rede.[366]

Den moralischen Zeigefinger, die politisch korrekte Deutung fand man eher bei der Gruppe 47 oder in der DDR-Literatur, nicht aber bei Kempowski, der nur darstellte und es seinen Lesern selbst überließ, die richtigen Schlüsse zu ziehen.

In den Rezensionen und in der Sekundärliteratur zu Kempowskis Romanen läßt sich verfolgen, wie im Verlauf der siebziger Jahre das anfängliche Lob der Modernität und der Kritik an der Nazizeit überlagert wurde von dem Vorwurf der Beschönigung. Der Germanist Jörg Drews bemerkte als erster 1978 eine »leise Animosität gegen Kempowkis Literatur«, »benennbar mit den Stichworten ›Masche‹ und ›Harmlosigkeit‹.[367]

In Norbert Mecklenburgs Aufsatz aus dem Jahr 1977 wird deutlich, daß diese Animosität ideologisch-polemischen Bedürfnissen gehorchte.[368] Er folgte ausdrücklich der Fernsehkritik von Walter Jens und bezeichnete jetzt »Tadellöser & Wolff« als idyllisierend, ohne »kritischen Erkenntniswert«, bemängelte den »absoluten Reflexionsverzicht«,[369] das Fehlen einer »radikale(n), d.h. die mittelständische Lebensform in den Geschichtsprozeß stellende(n) Analyse«[370] und fällte dann das vernichtende Urteil über den Roman: »Vielleicht geht eine unmittelbar gesellschaftskritische Lektüre an seiner Intention vorbei, und vielleicht ist diejenige, die Kempowski als Mißbrauch hingestellt hat, gerade die einzig angemessene: die Lektüre als ›Witzbuch‹.«[371]

Damit erfüllte er nicht die Aufgabe, die Mecklenburg der Literatur eigentlich zuwies, nämlich dem »gegenwärtigen« Faschismus »den Spiegel vorzuhalten«.[372] Daß er sich bei dieser Art von Erkenntnisinteresse auf die »ausgezeichnete Studie« Kurt Batts bezog, die »bezeichnenderweise nicht aus der Bundesrepublik«[373] stamme (sondern aus der DDR!), ist nur allzu verständlich. Die Literaturwissenschaft interessierte sich fortan wenig für Kempowskis Werk, auch wenn Dietrich Weber im selben Jahr wie Mecklenburg detailliert nachgewiesen hatte, daß Kempowski vor allem Zeit- und Gesellschaftskritik übe.[374] Dieser begegnete den nun etablierten Vorwürfen jedenfalls bis Anfang der neunziger Jahre in Diskussionen an Volkshochschulen, Gymnasien und Universitäten. Seine Stellung im Literaturbetrieb einer Zeit, in der das »Kursbuch« eine Ausgabe der »Bourgeoisie« widmete,[375] beschreibt Karl Heinz Bittel,

Kempowskis späterer Lektor: »Es herrschte damals eine latente Feindseligkeit gegenüber Autoren und Büchern, die nicht explizit als links ausgewiesen waren. Was sollte man also mit einem Schriftsteller anfangen, der mit ›Tadellöser & Wolff‹ einen ›bürgerlichen Roman‹ veröffentlichte. Wo doch ›bürgerlich‹ das General-Schimpfwort war und jeder, der damit behängt wurde, als konterrevolutionär zu gelten hatte. Mit einem Autor, der mit einem ›Haftbericht‹ aus Bautzen debütierte, wo doch allenfalls Haftberichte aus der Nazizeit oder aus anderen faschistischen Gefängnissen interessant gewesen wären.«[376]

Der Publizist Michael Rutschky bestätigt die politischen Vorbehalte aus eigener Anschauung: »Seinerzeit, in den siebziger Jahren, habe ich Kempowski zu lesen vermieden. ›Ein bürgerlicher Roman‹ hieß ›Tadellöser & Wolff‹ damals noch im Untertitel, und mir schien das Buch die Nostalgie, eine grassierende Erinnerungsseligkeit betreffend das Dritte Reich zu bedienen mit seinen zahllosen Zitaten und Details.«[377] Die Einwände Hartmut Scheibles gegen »Uns geht's ja noch gold« in der »Frankfurter Rundschau« wirkten auf Rutschky: »Auch das erste der ›Befragungsbücher‹, die Kempowski unbedingt den Romanen zuordnet, den Band ›Haben Sie Hitler gesehen?‹ (1973), hielt ich eher für eine kaum verkappte Nostalgie-Maßnahme. Die Ideologiekritik – wie Hartmut Scheible sie prägnant vorführt – bildete ja jenen Zeitgeist, den man gar nicht als solchen wahrnimmt, während er herrscht. Außerdem hatte ich in Frankfurt studiert und war schon Ideologiekritiker, bevor es in Mode kam. Einfach irgendwelche Leute zu fragen, ob sie Hitler gesehen haben und das als ›Deutsche Antworten‹ zu veröffentlichen, das ist doch einfach zu wenig; das ist ›Positivismus der primitivsten Art‹, um noch eine kritische Formel der Zeit zu verwenden.«[378]

Der Lektor Rudi Deuble geht noch weiter: »Ich hatte ›Tadellöser & Wolff‹ als Schüler gelesen. Mich interessierte damals Literatur, die sich mit Alltagswirklichkeit auseinandersetzt, und wie Kempowski das machte, hatte ich so noch nirgends gelesen, die Montage aus Reklame, Sprüchen, Redewendungen, Schlagern, das war wirklich modern. Ich wartete auf ein neues Buch von Kempowski, ging dann aber nach Marburg zum Studieren, wo mir andere Sachen wichtiger wurden als Belletristik. Ich organisierte mich politisch. Als ›Ein Kapitel für sich‹ erschien, erfuhr ich erst, daß Kempowski in der DDR im Gefängnis gesessen hatte, daß er also gegen den Sozialismus gearbeitet hatte. Von da an erschien er mir als politischer Feind. Ich wußte zwar, daß er ein guter Autor ist, aber er hatte eben die falsche politische Linie, gehörte anscheinend nicht zu den ›Entspannungsliteraten‹. Selbst wenn es Genossen gab, die solche Literatur trotzdem lasen, weil sie wußten, daß gute Literatur auch von Andersdenkenden geschrieben wurde, war das eine weit verbreitete Haltung in den Kreisen, denen ich angehörte, von heute gesehen ein merkwürdiges Urteil, das mit Literatur nichts zu tun hatte.«[379]

Kempowski fuhr Mitte Mai 1975 für vier Tage nach Rostock, zum ersten Mal seit 27 Jahren.[380] An der Grenze beschlagnahmte man »Tadellöser & Wolff« mit der Begründung, dieses Buch sei in der DDR nicht veröffentlicht, und er brauche sein eigenes Buch ja wohl nicht noch einmal zu lesen. Er wohnte bei einem ehemaligen Schulkameraden, der Kontakt zu ihm aufgenommen hatte. Kempowski besuchte die Stätten seiner Kindheit, Augustenstraße 90, wo man ihm im Hauseingang die Haare abgeschnitten hatte, das Haus des Großvaters in der Stephanstraße, ging am Gefängnis in der John-Brinckman-Straße vorüber, besichtigte die Marienkirche, traf sich mit Schulfreunden. Einmal, ganz zu Anfang, schien er überwältigt, erschüttert zu sein. Aber er fing sich und ging durch Rostock wie durch ein Museum. Die »Errungenschaften« der DDR interessierten ihn nicht, er suchte Anschauung für die noch zu schreibenden Romane der »Deutschen Chronik«. Die Sicherheitsorgane hätten ihn nicht beobachtet, stellte er hinterher fast beleidigt fest.

Den Bericht seines Gastgebers an die Bezirksverwaltung für

Mitte Mai 1975 in Rostock, an der Stelle, wo das Geburtshaus stand

Staatssicherheit, Kreisdienststelle Rostock, der vom Tag seiner Abreise datiert, fand Kempowski erst zwanzig Jahre später zusammen mit Meldungen über seinen zweiten Rostock-Aufenthalt im August 1977 in der im übrigen harmlosen Stasi-Akte. Man hatte ziemlich bald Kempowskis »negative Einstellung« zur DDR »herausgearbeitet«. Er wurde als »Feind des Sozialismus« eingeschätzt, weil er in seinen Romanen – »antikommunistische Schmähschriften« – die Verhältnisse des Strafvollzugs der DDR verleumde und antisowjetische Hetze betreibe. Deshalb wurde er 1981 mit einer Einreisesperre belegt, die bis 1989 galt.[381]

Kempowski schrieb Mitte der siebziger Jahre wie ein Besessener. Nach der langen Vorbereitungszeit erschien nun jedes Jahr ein Buch, manchmal sogar zwei. Bis 1975 hatte er eine Gesamtauflage von 500 000 Büchern erreicht. Im Rundfunk wurden seine Hörspiele gesendet, eine seit den fünfziger Jahren von Schriftstellern gern genutzte Kunstform, auch aus finanziellen Gründen. Im NDR lief 1970 »Ausgeschlossen«, eine Collage über Bautzen, 1971 »Träumereien am elektrischen Kamin«, das den »Tadellöser & Wolff«-Stoff aufnahm, im Hessischen Rundfunk 1973 »Haben Sie Hitler gesehen?«, ein Hörbild des Buchs, und 1975 »Beethovens Fünfte«, in dem Kempowski die berühmte Symphonie aus Stimmen von Befragten rekonstruierte.

Die Arbeit an Hörspielen setzte Kempowski Anfang der achtziger Jahre mit »Moin Vaddr läbt« fort, wofür er den renommierten Hörspielpreis der Kriegsblinden erhielt: ein Klagegesang über den Verlust des Vaters, die erste ausführliche Auseinandersetzung mit diesem Thema, geschrieben in einer dem Jiddischen ähnlichen, künstlichen Sprache und entstanden in einer Nacht, in der das lange Verdrängte unwillkürlich wiederkehrte: »Im Zug zwischen Hamburg und München, im Winter 1979. Der Zug blieb auf freier Strecke stehen, weil die Oberleitungen vereist waren. Die Heizung fiel aus. Ich nahm mir Papier vor, um mir die Zeit zu vertreiben, und dann geriet ich ins Schreiben, wie betäubt, ich schrieb Seite um Seite, bis das Stück fertig war.«[382]

In »Führungen« (HR 1983) konstruierte er aus zahlreichen eigenen Tonaufnahmen in Burgen und Schlössern ein fiktives Denkmal, und in »Alles umsonst« (HR 1984), auch »Briefe an die Mutter« genannt, entstand eine Art Gegenstück zum Klagegesang um den Vater. Kempowskis Hörspiele ähneln in der Montage von Stimmen, von Interviewpassagen und O-Tönen den Docudramas Glenn Goulds (»The Solitude Trilogy«), mit denen dieser Mitte der sechziger Jahre das »kontrapunktische Radio« für sich entdeckt hatte. Und sie weisen voraus auf das künstlerische Verfahren des »Echolots«.

Kempowski hatte bis 1975 sein Werk in den Grundzügen ausgebreitet, innerhalb von nur sechs Jahren, nach langer Inkubationszeit, die schon in der unmittelbaren Nachkriegszeit mit der Geschichte des unangepaßten Hitlerjungen begonnen hatte. Die künstlerische Verfahrensweise war voll entwickelt: autobiographische Erzählweise, Collagetechnik, Erweiterung der fiktionalen Literatur durch Aufnahme von Fremderzählern.

Er stand inmitten einer literarischen Strömung, die sich in den siebziger Jahren in Deutschland mit der Hinwendung zum Individuum, zum Interesse an eigener und fremder Lebensgeschichte, an Tagebüchern und Memoiren durchsetzte und von Max Frisch über Wolfgang Koeppen, Thomas Bernhard, Peter Rühmkorf, Günter Grass, Peter Handke, Horst Bienek bis zu Franz Josef Degenhardt, Karin Struck und Christa Wolf reichte. »Jetzt schreiben sie alle Familienromane«,[383] notierte Kempowski 1975 im Tagebuch. Die »neue Subjektivität« ging auf die Ernüchterung zurück, die der allgemeinen Politisierung gefolgt war. Kempowskis Vorarbeiten hingegen reichten bis in die späten fünfziger Jahre. Ein großer Plan zeichnete sich in Grundzügen ab, die Architektur eines Werks, dessen einzelne Teile aufeinander bezogen waren und seinen Lebensleitlinien entsprachen: die Beschäftigung mit eigener und kollektiver Vergangenheit sowie mit Pädagogik und deren Wirksamkeit. Die Hauptebene des Plans bestand aus den Romanen und Befragungsbänden der »Chronik«, ergänzt durch die Hörspiele, durch die Verfilmung von »Tadellöser & Wolff« sowie durch den Film »Wer will unter die Soldaten?« und einen Fotoband gleichen Titels.

Die zweite, pädagogische Ebene eröffnete Kempowski mit einer Sammlung von kurzen Kindergeschichten, »Der Hahn im Nacken«, die 1973 bei Rowohlt erschien. Eine dritte Ebene fehlte, dessen war Kempowski sich bewußt, ohne jedoch ihr Thema bestimmen zu können: »Ich verfolgte von Anfang an einen Gesamtplan. Als Michael Krüger vom Hanser Verlag mich 1970 zum ersten Mal besuchte, zeichnete ich ihm die Abfolge der von mir ins Auge gefaßten Bücher und deren inneren Zusammenhang auf. Die Abfolge ›Tadellöser & Wolff‹, ›Uns geht's ja noch gold‹, ›Im Block‹ stand damals fest. An vierter Stelle erschien ein etwa doppelt so umfangreiches, nicht spezifiziertes Vorhaben unter dem Arbeitstitel ›Mega‹. Inzwischen weiß ich, daß ich damals schon eine Ahnung von ›Echolot‹ hatte.«[384]

Kempowski arbeitete noch immer hauptberuflich als Lehrer in diesen Jahren. Er schrieb nur abends, sonntags, in den Ferien, mußte morgens um acht Uhr unterrichten, auch wenn er spät nachts von einer Lesung aus Hannover oder Bielefeld zurückgekehrt war. Seine pädagogische Arbeit war ausgereift. Er praktizierte eine freie Pädagogik oft jenseits der offiziellen Richtlinien, lehrte Lesen nach der Ganzheitsmethode, wie es schon sein Volksschullehrer Hans Märtin getan hatte, erarbeitete eigene Fibeln[385] und ging reformpädagogisch »vom Kinde aus«. Er akzeptierte die Schüler als fertige Menschen, als »naiv« im Sinne von »unverbildet«, und ging nach der Maxime vor: »Der Lehrer soll die Kinder bestätigen in ihrem Sosein und immer wieder sagen: was du mir zu bieten hast, ist so unendlich viel reicher und geschlossener und harmonischer als das, was ich gezwungen bin, dir jetzt aufzupfropfen.«[386] Den Unterricht begann er für gewöhnlich mit einer Bestandsaufnahme: »In der Landschule hat es Tage gegeben im Winter, wo wir erst einmal um den

Der Lehrer, 1978

Ofen herumstanden und den ordentlich feuerten und so ein bißchen plauderten, weil man das Bedürfnis hatte zu erkunden: wo sind wir denn nun eigentlich.«[387] Die Erzählungen der Kinder bildeten die Keimzelle: der Geburtstag des Vaters, das neue Auto, Tod der Nachbarin, Besuch, Haustiere ... Er hörte zu, notierte sich Stichworte, die er dann aufnahm, um aus der Erlebnissituation den Unterricht des Tages zu entwickeln.

Als beobachtender Pädagoge, der sich jedem Kind individuell zuwendete, forderte er, ganz im Sinne von Berthold Otto und Hermann Lietz, aber auch von Heinrich Heise und seinem politischen Ziel der Schule: »Wir dürfen die Kinder nicht so lassen, wie sie sind. Wir müssen auch auf das achtgeben, was sie sein *können* in unserer Gesellschaft, sonst gehen wir und sie zugrunde. Das ist aber nicht ›Veränderung‹ von Menschen, sondern ihre Verwirklichung.«[388] Erziehung könne es eigentlich nicht geben, wohl aber Geburtshilfe, so Kempowskis pädagogisches Credo. Er unterrichtete offensichtlich mit einigem Erfolg, wie sich Tochter Renate erinnerte: »Er konnte sogar die wildesten Jungs zähmen. Alle Kinder liebten ihn. Wir hatten einen Jungen in der Schule, der nur Plattdeutsch sprach und immer ausgelacht wurde. Er bekam zu Hause anscheinend oft Schläge, denn als er einmal an der Tafel stand und nicht weiter wußte, kam mein Vater mit dem Zeigestock, um etwas an der Tafel zu zeigen. Der Junge fuhr zusammen und duckte sich, um die vermeintlichen Schläge abzuwehren. Mein Vater war erschüttert und zu Tränen gerührt. Er nahm den Jungen in den Arm, wiegte ihn und sagte immer wieder: ›Ist ja alles gut.‹ Wir Kinder waren wie versteinert.«[389]

Kempowski verband seine Tätigkeiten als Lehrer und Schriftsteller. Wie er bei den Romanen von der reformpädagogischen Maxime »Redet um Sachen« geleitet war, so auch im Unterricht: »Ich kam den Kindern nie mit Meinungen, ich dozierte nicht, sondern ich versuchte sachlich zu bleiben, mit ihnen die Gegenstände des Unterrichts zu umkreisen und zu erörtern.«[390] Er schrieb die Berichte der Kinder unauffällig mit, formulierte die Notizen aus und gab sie als Lesetext an der Tafel zurück. In den Büchern »Der Hahn im Nacken«, »Alle unter einem Hut« (1976) und »Haumiblau. 208 Pfenniggeschichten« (1986) veröffentlichte er eine Auswahl, die ein Pendant zu den Befragungsbänden der »Chronik« darstellt.

Die Schulreformen, die in den sechziger Jahren begonnen worden waren, standen Kempowskis pädagogischen Auffassungen entgegen. Sie hatten jetzt auch das Land erreicht. Die Dorfschulen wurden aufgelöst, die Kinder in Mittelpunktschulen größerer Orte erfaßt, in »Kasernenschulen«,[391] wie Kempowski meinte. Auch die Nartumer Schule wurde geschlossen und Kempowski mit Beginn des Schuljahrs 1974/75 nach Zeven versetzt. Der Landschullehrer hatte das Paradies der einklassigen Schule verloren. Weil er das Ende kommen sah, kaufte er 1973 am Rand des Dorfes einen Acker und ließ nach seinen Plänen ein Haus bauen, das nach einem benachbarten Flurstück »Kreienhoop« genannt wurde.[392]

Schon in Bautzen hatte er zusammen mit seinem Bruder Häuser geplant: Château des frères. Aus der Schule vertrieben, schuf er sich nun eine neue Fluchtburg, die freiwilliges Gefängnis und weltliches Kloster zugleich war, symbolische Verdichtung von Literatur und Pädagogik in Stein. Sie versammelt Requisiten der Romane und wurde in »Hundstage« (1990) selbst Gegenstand der Literatur. Das Haus wurde den Menschen gewidmet, den Lebenden wie den Toten, diente als Veranstaltungsort pädagogisch inspirierter Gespräche um die Literatur herum, bei Schriftstellertreffen und Literaturseminaren, und als Archiv biographischer Zeugnisse der vielen Unbekannten.

Kempowski verfolgte von Anfang an die Idee, das Haus als architektonisches Gegenstück seines literarischen Großplans wachsen zu lassen. Er machte es selbst zu einem Gesamtkunstwerk, wie Kurt Schwitters im Merzbau seiner Hannoveraner Wohnung lebte, Piet Mondrian in seinen dreidimensionalen Studios in New York und Paris oder Heinrich Vogeler auf sei-

Haus Kreienhoop

nem Barkenhoff in Worpswede, der von Rilke beschriebenen Synthese von Leben und Kunst.

Die weltliche Parallele zur Klosterarchitektur wuchs über die Jahre heran. Die langgestreckte Bibliothek wurde zum Kreuzgang, der große Veranstaltungsraum zum Kapitelsaal, der Turm zur Kapelle. Ein Rundweg im parkartigen Garten läßt an den Hofgang in Bautzen denken. Der Turm, das Allerheiligste, war viele Jahre lang der unerreichbaren Heimatstadt Rostock gewidmet, beherbergte Gemälde, Stiche, Skizzen, Bücher, in die Wand waren Steine aus der Stadtmauer und aus Kirchen einge-

Der Büchergang

lassen, in den Boden eine Flasche mit Rostocker Erde versenkt. Nach der Wiedervereinigung gestaltete Kempowski ihn zu einer Kapelle der Autobiographien um, mit Tagebüchern, Briefen und Abbildungen prominenter Tagebuchschreiber. Genau so kreiste das Programm der im Haus ausgestellten Porträts und Plastiken um den Mittelpunkt seines Werks: den Menschen in seinem Streben und Irren, Hoffen und Scheitern.

Kempowskis Interesse am Schulunterricht sank, je mehr die Re-Scholastisierung der Schule voranschritt und die Umsetzung eigener Auffassungen eingeschränkt wurde. Ab 1977 unterrichtete er nur noch mit halber Stundenzahl. Anders wären seine vielfältigen neuen Verpflichtungen auch nicht mehr zu erfüllen gewesen, seine Fernsehauftritte, Interviews, Reisen, Lesungen. In den Sommerferien 1977 war er gleichzeitig mit Peter Rühmkorf als Gastdozent an der Universität Essen tätig und hielt Seminare zum Thema »Wie lerne ich schreiben«. Die Herbstferien reichten gerade für eine ausgedehnte Lesereise durch die USA und Kanada. Er las in Universitäten und Goethe-Instituten. Im Winter 1976 hatte sich eine Verbindung zur Universität Oldenburg angebahnt, Germanistik-Studenten kamen mit ihrem Professor zu Arbeitsbesuchen nach Nartum. Für das Hörspiel »Beethovens Fünfte« erhielt er 1977 den Karl-Sczuka-Preis. Im März des Jahres war er beim Bundespräsidenten zu einer Lesung eingeladen, was der ehemalige Häftling als Auszeichnung und Höhepunkt seiner Arbeit empfand. »Scheel selbst hielt eine erstaunlich geistreiche Schlußbesprechung, in der er besser auf mein Buch einging als mancher Rezensent.«[393]

Kempowski konzentrierte sich jetzt ganz auf die Literatur – in seinen Tagebüchern traten Nachrichten aus dem Schulalltag fast völlig zurück – und arbeitete zwischen 1975 und 1979 an dem Teil der »Deutschen Chronik«, der von 1885 bis 1939 reichen und seine Großeltern, seine Eltern und die eigene frühe Kindheit schildern sollte. Der Arbeitstitel lautete »0-Buch«. Kempowski mußte mehr recherchieren als für die vorangegangenen Bücher, weil er den größten Teil der Zeit nicht aus eigener Anschauung kannte.

In dieser Zeit bekam er Schwierigkeiten mit seinem Verlag. »Im Hanser Verlag richtete sich die Stimmung anscheinend gegen mich. Nach dem Ausscheiden meines langjährigen Lektors Jürgen Kolbe im Mai 1975 war die freundschaftliche Zusammenarbeit vorbei. Der Ton änderte sich. Dem neuen Lektor, so hatte ich den Eindruck, sagte meine Arbeit nicht zu. Wie es schien, machte er Stimmung gegen mich, ohne daß ich direkt davon erfuhr. Mein neuer Roman wurde zwar nicht abgelehnt, aber es hieß: Das kann er nicht. In der Folge mußte ich zunehmende Gleichgültigkeit gegenüber meinen Arbeiten feststellen.«[394]

Auch politische Rücksichten scheinen eine Rolle gespielt zu haben. In einem Artikel der »Welt« wurde Kempowski als »Einzelgänger« vorgestellt, der seine schriftstellerische Arbeit als »positiven literarischen Beitrag für die bürgerliche Bevölkerung« verstehe, kein besonderes Interesse an Gesprächen mit Kollegen habe, eine politische Betätigung des Schriftstellers ablehne und sich als »Liberaler aus Überzeugung« bezeichne. Er äußerte sich zudem befremdet über die breite Diskussion der DDR-Literatur in Westdeutschland (»Immer wieder Christa Wolf, die bis zum Erbrechen oft zitiert wird«[395]) und sagte über seine Mitgliedschaft im PEN: »Ich gehe aber nie hin. Immer nur Unterschriften leisten für Gefangene, und dann immer Chilenen, da fragt man sich, was man da soll.« Diese verkürzt zitierte Aussage – im Gespräch war Kempowski fortgefahren: »... solange in der DDR unsere eigenen Leute im Gefängnis sitzen« – wurde ihm jahrelang als Ausdruck politischen Desinteresses vorgehalten. Der Verlag jedenfalls zeigte sich sofort »erschreckt« über diese Aussagen, die man nicht für »förderlich«[396] hielt, ja die ihm schaden, sich in manchen Köpfen festsetzen könnten. Man höre schon aus Redaktionen, »daß man mit Dir nicht sprechen möchte«.[397] Er möge sich ans Bücherschreiben halten, das sei seine Politik.

Kempowski fühlte sich nicht mehr zu Hause im Hanser Verlag, er fühlte sich nicht mehr gebührend vertreten und sah sich nach einem anderen Verlag um. Auch als er die Absicht bei Hanser bekannt machte, änderte sich nichts. Es schien, als wolle man ihn ziehen lassen. »Vielleicht ist der Verlag Kempowski-müde«,[398] notierte er. Kempowski verhandelte seit dem Frühjahr 1977 in verschiedene Richtungen. »Hanser-Leute immer verrückter. Merkwürdig. Wenn sie jetzt andersrum sich verhielten, würde es mir schwer, sie zu verlassen. – Als ob sie es drauf angelegt haben.«[399]

Im Oktober 1977 schloß er einen Vertrag mit Albrecht

Knaus. Der Verleger berichtet über die Zeit, als er noch Mitgesellschafter bei Hoffmann und Campe war und sich mit Überlegungen für einen eigenständigen Verlag unter dem Dach des Bertelsmann-Konzerns beschäftigte: »An einem Frühlingsnachmittag 1977 stand Walter Kempowski vor meiner Wohnungstür in Hamburg-Othmarschen, Parterre links. Verblüfft bat ich ihn herein und in mein Arbeitszimmer. Auf dem kurzen Weg dorthin schoß mir durch den Kopf: Wieso das? Vor einigen Jahren, 1971, hatte ich an der Jury des Hamburger Lessing-Preises erstmals teilgenommen, als dort leidenschaftlich um Horkheimer oder Hans Mayer als Kandidaten gerungen wurde. Für hoffnungsvolle Jungautoren gibt es ein Stipendium von DM 5000. Mein Vorschlag, Walter Kempowski, fand Zustimmung u.a. bei Dieter Meichsner, NDR, ebenso bei Raddatz, welcher 1969 sein erstes Buch herausgebracht hatte. Bei der Preisverleihung im Rathaus waren wir uns begegnet.

Ohne Umschweife sagte er, als wir uns nun in meinem Arbeitszimmer gegenübersaßen: ›Ich möchte gern von Ihnen verlegt werden!‹ Die Mischung von Gefühlen und Überlegungen dieses Augenblicks zu beschreiben, müßte ich Schriftsteller sein. Überraschung und Dank auszusprechen war das Nächstliegende, ihm aber gleichzeitig verständlich zu machen, warum seinen Wunsch zu erfüllen so einfach nicht sei, und seinerseits gut zu bedenken sei; schließlich müsse ich ihn um strikte Vertraulichkeit dessen bitten, was ich ihm nun mitzuteilen habe. Er sicherte mir das zu und hielt sich bis zum Tage X, an dem ich mit dem Vorhaben an die Öffentlichkeit treten würde, daran. Bald nach diesem Gespräch ließ er mich wissen, er habe sich für mich entschieden.«[400]

Kempowski hatte unterdessen den Roman, das 0-Buch, wegen seines großen Umfangs in ein 01- und ein 02-Buch geteilt. Er wollte diese unterschiedlichen Perioden deutscher Geschichte gesondert behandeln. In »01« holte er die Vorgeschichte von »Tadellöser & Wolff« vom Anfang her nach, den Aufbau der Firma

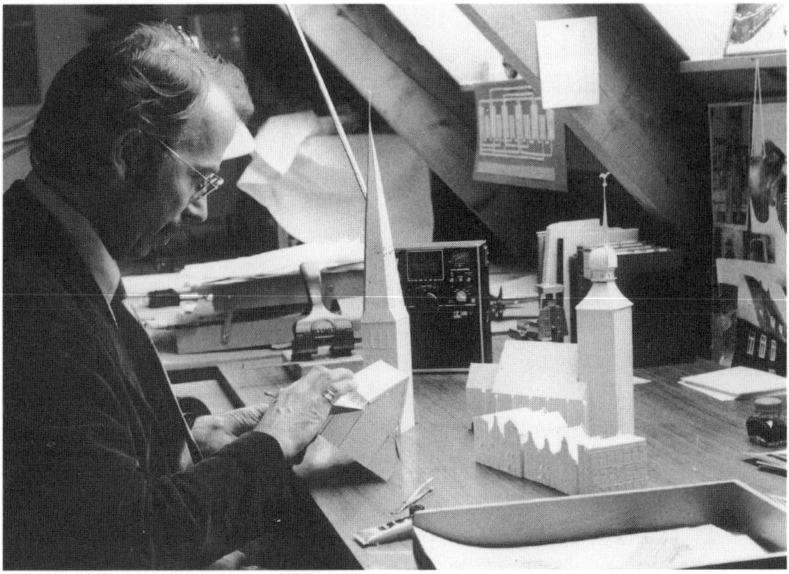

Unterm Gebälk des neuen Hauses: Rekonstruktion der zerstörten Stadt, 1976

und das bürgerliche Leben im Wohlstand der wilhelminischen Ära, gleichzeitig Kindheit und Jugend der Eltern bis hin zur Verlobung im letzten Jahr des Ersten Weltkrieges. Das in »Ein Kapitel für sich« verwendete Collageprinzip steigerte er zur Perfektion, Thomas Manns Diktum beherzigend: »Das objektiv Gegebene aufkleben und die Ränder sich verwischen lassen.« Waren in »Ein Kapitel für sich« nur enge Familienmitglieder zu Wort gekommen, fügte er nun in Form kurzer Kapitel Berichte von Freunden, Bekannten, Nachbarn und ehemaligen Angestellten seiner Großeltern ein. Er ergänzte so das eigene Erzählen durch die Geschichten der anderen. Innen- und Außensicht durchdrangen sich. Das Buch erschien im Oktober 1978 unter dem Titel »Aus großer Zeit«. Im Programm des neuen Albrecht Knaus Verlags standen daneben Manfred Bielers Roman »Der Kanal«, Jorge Semprúns »Federico Sánchez. Eine Autobiographie«, Erich

Böhme mit »Deutsch-deutsche Pressefreiheit. Vom Grundlagenvertrag bis zur Schließung des Spiegel-Büros« sowie Bücher über Helmut Schmidt und Willy Brandt.

Ende Dezember 1979 wurde der dreiteilige Film »Ein Kapitel für sich« im ZDF gezeigt, eine Verfilmung der Romane »Uns geht's ja noch gold« und »Ein Kapitel für sich«, für die Kempowski und Fechner im Frühjahr 1977 das Drehbuch geschrieben hatten. Kempowskis Urteil fiel wesentlich schärfer aus als über den ersten Film:

»Ich muß leider sagen, der Film ist mißglückt. Fechner hat meinen kalten, das Abstruse wahrnehmenden Blick mißverstanden. Ich hatte nicht die Möglichkeit, die Zuchthauszeit als Leidenszeit darzustellen und mich selbst als Leidenden. Ein Klagelied durfte nicht angestimmt werden über ein Schicksal, das als stellvertretende Buße aufgefaßt wurde: Das Kopfschütteln indessen war erlaubt. Fechner hat diesen Blickwinkel, diese Einstellung nicht verstanden. Er hat versucht, das Groteske noch weiterzutreiben ins Absurde, und dabei kam etwas heraus, das unglaubwürdig ist und der Realität nicht gerecht wird.«[401] Fechner hatte wohl noch die Absicht, »Aus großer Zeit« als Stummfilm zu inszenieren, aber zu einer weiteren Zusammenarbeit kam es nicht mehr.

Mit den Jahren hatte sich Kempowskis Überdruß in Sachen Schule gesteigert. Er beklagte die Ratlosigkeit der Pädagogen »nach all den verfehlten, widerwärtigen Reformen«.[402] Er sah Schule noch immer entscholastisiert, so wenig schulmäßig wie möglich also: »Kulturtechniken und Gesprächsrunden. Das ist die Lösung. Der Meister und seine Schüler. Der Lehrer als Meister. Reformen werden nun wirklich nichts mehr bringen.«[403] Er war noch immer für kleine Schulen, gegen den Trend zu »co-op-Läden der Erziehung«, und dachte jetzt auch daran, eine »Privatschule«[404] zu gründen: »An Freitagen bin ich in vier verschiedenen Klassen. Das sind 120 Kinder, und jedes will angesprochen sein.«[405]

Auch sein öffentliches Leben als bekannter Schriftsteller mit hohen Auflagen und Verfilmungen seiner Werke war mit dem des kleinen Volksschullehrers nicht mehr in Einklang zu bringen. Er besuchte weiterhin Abendgesellschaften, war beispielsweise bei Erich Böhme zu Gast, dem Chefredakteur des »Spiegel«. Auch dessen Herausgeber, der hier mit dem Bundeskanzler auf der Treppe saß, legte nun ein anderes Verhalten an den Tag als noch einige Jahre zuvor: »Augstein stoppte mich beim Weggehen und machte mir Komplimente.«[406] Und Christa Wolf äußerte sich über die Ablehnung des Raabe-Preises 1972: »Sie hat Hildegard [Kempowski] angesprochen und gesagt, daß das damals in Braunschweig ein Irrtum gewesen sei. Sie habe den Preis nicht abgelehnt, weil ich im Zuchthaus gesessen habe. – Nun, sie hat aber auch keinen andern Grund angegeben.«[407]

Außerdem versammelte Kempowski in seinem Haus Gesprächs- und Arbeitskreise zum Teil prominenter Künstler, Kritiker und Wissenschaftler, mit denen er das Projekt KKL verfolgte: »Kempowskis Kulturlexikon«,[408] eine Mischung aus Kalender und Nachschlagewerk, Anthologie und Zeitschrift, angereichert mit Beiträgen aus seiner biographischen Sammlung. Kempowskis Absicht war, eine Leerstelle im damaligen Kulturbetrieb auszufüllen und den diskreditierten Begriff des Bürgerlichen neu zu bestimmen. Den Beteiligten wollte er Seiten zur Verfügung stellen, die sie frei gestalten sollten. Er hatte wieder eine kleine Mannschaft um sich geschart, wie in Bautzen, Göttingen, bei den Clubtagen, um das gemeinsame Gespräch zu fördern, und wohl aus einem Bedürfnis nach Absicherung heraus. Zum KKL-Club gehörten u.a. Eckart Kleßmann, Jörg Drews, Arnulf Baring, Günther Patzig, Michael Ruetz, der ihn 1975 als Fotograf nach Rostock begleitet hatte, sein ehemaliger Hanser-Lektor Jürgen Kolbe, der Künstler Klaus Beck sowie der frühere Mithäftling Gosselck. Das Vorhaben wurde allerdings nach kurzer Zeit eingestellt, als sich abzeichnete, daß der Verlag es aus finanziellen Gründen nicht drucken würde. Einige Jahre später verwirklichte Bodo Harenberg mit seinem »Lexikon der Gegenwart« ein von der Form her ähnliches Projekt.

Gleichzeitig mußte Kempowski sich auf Visitationen der Schulrätin vorbereiten, sich mit intriganten Kollegen herumschlagen, die von seiner Literatur keine Notiz nahmen, und mit Schülern, die durch lange Schulwege in Schulbussen und in großen Klassen verstört waren. Außerdem war er gezwungen, Verdächtigungen auszuräumen, er vernachlässige wegen seines Doppellebens den Unterricht. Man habe ihm mitgeteilt, schrieb er der Schulrätin, »Sie hätten Anstoß daran genommen, daß ich am 7. Januar im Rundfunk gesprochen habe, anstatt zur Schule zu gehen und Unterricht zu halten. Der 7. Januar ist ein Montag gewesen und war als solcher – laut Stundenplan – für mich unterrichtsfrei. In diesem Zusammenhang möchte ich Sie darauf hinweisen, daß ich im letzten Jahr statt der mir großzügigerweise eingeräumten 12 Sonderurlaubstage nur sieben in Anspruch genommen habe. Ich bitte Sie, Vertrauen in die Korrektheit meiner Amtsführung zu setzen.«[409]

Auf Dauer war diese Situation unerträglich. Er war der Sache »überdrüssig«,[410] überlegte, »alles hinzuschmeißen«.[411] Seine reformpädagogischen Ansichten ließen sich nicht mit der offiziellen Schulpolitik vereinbaren: »Statt Gesamtunterricht, der immer fächerübergreifend war, setzte sich fachspezifischer Unterricht durch, statt ›vom Kinde aus‹ zu arbeiten, war Planmäßigkeit von oben angesagt. Das war nicht meine Welt. Ich war Lehrer geworden, um als Kindervater Jugend um mich zu sammeln und sie, ganz altmodisch, zu sich selbst zu führen. Diese Zeit war vorbei.«[412]

Da eröffnete sich über den Oldenburger Germanisten Manfred Dierks, der an einem Buch über »Tadellöser & Wolff«[413] arbeitete, die Möglichkeit einer Abordnung an die Universität, als Lehrbeauftragter für Fragen der Literaturproduktion. Kempowski ließ sich im Sommer 1980 zunächst für ein Jahr vom Schuldienst beurlauben, zum Wintersemester 1980/81 wurde er an die Universität Oldenburg abgeordnet. »Man schaffte Freiräume und ließ mich machen. Zehn Jahre lang, bis zu meiner Pensionierung 1991, konnte ich die Reformpädagogik propagieren, ohne daß mir einer dazwischengefunkt hätte.«[414]

Als sich seine Zeit als Lehrer dem Ende zuneigte, legte Kempowski einen Ertrag seiner Arbeit vor. Er schrieb nach der Ganzwortmethode »Kempowskis einfache Fibel«, die von Manfred Limmroth illustriert 1980 im Schulbuchverlag Westermann in Braunschweig erschien. Im Jahr zuvor hatte er bereits die Geschichte des Lehrers »Böckelmann« veröffentlicht, illustriert von Roswitha Quadflieg. In späteren Jahren erregte die Fibel zuweilen Aufsehen in Ausstellungen zur Geschichte des Schulbuchs und wurde von Kempowski-Lesern unter den Volksschullehrern antiquarisch gesucht. Damals konnte sie sich nicht durchsetzen, weil sie von offizieller Seite nicht als Lehrmittel anerkannt wurde. Kempowski: »Einmal trat nach einer Lesung in einer Heidelberger Schule eine Lehrerin an mein Pult und sagte: ›Diese Kinder haben alle nach Ihrer Fibel lesen gelernt…‹ – Sie sahen ganz normal aus.«[415]

Dafür hatte »Unser Herr Böckelmann«, die Geschichte eines älteren Lehrers, der trotz einiger Marotten als großer Kinderfreund den humanen Umgang mit den Schülern pflegt, sofort Erfolg, obwohl die Ansichten des alten Herrn und seine Methoden damals nicht mehr in Mode waren. Der Erziehungswissenschaftler Hartmut von Hentig, ein einflussreicher Vertreter der Reformpädagogik der sechziger und siebziger Jahre, bezeichnete das Buch in einem Aufsatz über Lehrerbildung als »geniale Dichtung«: »Ich kenne kein Buch, dem es so vollkommen gelungen ist, Erwachsene aus der Sicht von Kindern zu sehen«, ein »Glücksfall für die Lehrerbildung«.[416] In einem zweiten Band führte Kempowski dann 1983 die Tafelgeschichten aus, mit denen er gewöhnlich seine Schüler im Unterricht erfreut hatte.[417]

Im Jahr 1981 erschien das 02-Buch mit dem Titel »Schöne Aussicht«. Es handelt vom Leben der jungen Familie Kempowski in den zwanziger und dreißiger Jahren. Der kleine Robert erscheint hier als heimliche Hauptfigur, und die eigene frühe Kindheit erzählte Kempowski in der dritten Person. Alle anderen großen Themen sind wieder aufgegriffen: die Stadt, die Firma, das gesellschaftliche Leben, Erziehung, die Suche des Bürgertums nach einem Weg zwischen Politik und Kultur. Karl Georg Kempowski besucht über einen längeren Zeitraum hinweg Versammlungen von Parteien *aller* Couleur, landet schließlich in der Schwarzen Reichswehr und schwadroniert am Offiziersstammtisch von großen Zeiten. Weitaus größeres Engagement entfaltet er im Kulturellen, in den Gesprächsrunden und Konzertbesuchen des Jäger-Kreises. Der Autor liefert jetzt mögliche Ursachen für bürgerliches Stillhalten in der Nazizeit: der verlorene Weltkrieg, der Friedensvertrag von Versailles, die politische und wirtschaftliche Unruhe in der Weimarer Republik, die mangelnde Identifikation mit der jungen Demokratie, der Rückzug in die Innerlichkeit, auf einen apolitischen Umgang mit den hehren Werten deutscher Kultur. Es geht ja doch nach 1933 langsam wieder aufwärts, die Firma, während der Wirtschaftskrise arg gebeutelt, befrachtet ihre Schiffe jetzt in großem Umfang mit Kies (für den Westwall!). Und – auch wenn man Hitler für einen Proleten hält und längst nicht mit allem einverstanden ist – Ruhe und Ordnung, ja nationales Selbstgefühl sind jedenfalls wieder hergestellt. Soll man jetzt, wie Karl Georg im Fall der bedrohten Jüdin Rebekka, sein eigenes Leben aufs Spiel setzen, um Fremden beizustehen? Nein, er hält sich doch besser heraus und spielt Klavier. So zeichnet Kempowski am Beispiel seiner Familie nach, wie sich die Bürger mit den neuen Herren arrangierten und der Katastrophe den Weg bereiteten.

In der »FAZ« urteilte Franz Joseph Görtz, Kempowski sei »kein Erzähler«, »kein genuiner Epiker (…) und Romancier«: »Ein Buchhalter hat sich der Historie angenommen, ein Kleinigkeitskrämer macht den Chronisten.«[418] Acht Jahre zuvor hatte er Kempowski noch als vollkommenen Historiker gefeiert, der in seinen Romanen Erinnerungspartikel »zu einem maßstabsgerecht verkleinerten Abbild der gesellschaftlich-politischen Wirklichkeit«[419] gruppiere. Der Wind hatte sich gedreht in manchen Redaktionen.

Mit »Herzlich willkommen« schloß Walter Kempowski 1984 die »Deutsche Chronik« ab. Angstzustände und »nächtliches Hochschrecken«[420] begleiteten die letzten Tage der Fertigstellung im Frühjahr. Zweifel blieben, ob er die Geschichte der Kempowskis nicht doch bis in die Gegenwart schildern sollte: »Wahr ist, daß eigentlich noch ein siebter Band folgen müßte. Ich glaube jedoch nicht, daß ich noch ein solches Buch in dieser Blickrichtung schreiben könnte.« In drei Teilen, ohne Kurzstatements und Fremdtexte, beschrieb er die erste Zeit in Hamburg nach der Haftentlassung im Frühjahr 1956, das Studium in Göttingen und schließlich die Etablierung im Wirtschaftswunderland, mit Verlobung des Protagonisten und – als komischer Schluß – einer Familienfeier der Übriggebliebenen. Heinrich Heise, den Kempowski zuweilen bei Lesungen in Göttingen getroffen hatte, nahm das Buch nicht gut auf. »Ein Buchhändler hatte es ihm geschenkt. Nach einer Woche brachte Heise es zurück, er wollte es nicht behalten, weil ich ihn unter dem Namen ›Wunderlich‹ porträtiert hatte.«[421]

Auch die Literaturkritik meinte es nicht gut mit diesem Buch. Sicher erreichte der Roman nicht die sprachliche Verdichtung des »Tadellöser«, die Wirkung der Collagierung von »Ein Kapitel für sich«. Dennoch vermochte es Kempowski, die Atmosphäre der späten fünfziger Jahre im kalten Hamburg und im sonnigen Göttingen lebendig werden zu lassen, nicht ohne Ironie und Sarkasmus, und mit der Pastorenfrau-Episode gelang ihm eine zarte Liebesgeschichte.

Besprechungen, in denen sich Lob und Kritik die Waage hielten, standen einige Verrisse gegenüber. Kempowski könne »keine Gesichter beschreiben«,[422] »keine Charaktere darstellen«, er sei bloß Buchhalter »einer Konsumgemeinschaft«, der das »Gemütskonto des Kleinbürgers« führe, keinesfalls aber Chronist des Bürgertums, hieß es in der »FAZ«. Und Robert Gernhardt, der es sich im »Spiegel« als Verdienst anzurechnen schien, bisher noch kein Buch von Kempowski gelesen zu haben, urteilte über die Sprache: »Eine etwas verwaschene, reichlich geschwätzige Lakonie.«[423]

Während Kempowski für die »Zeit« eine umfangreiche Prominenten-Befragung zum 50. Jahrestag der Machtübernahme durchführte – auch eine Anerkennung seiner Arbeitsweise und seiner Stellung als Geschichtserzähler der Deutschen –, wurde in anderen Teilen des bundesdeutschen Feuilletons aus dem »Chronisten« ein »Buchhalter«, deutete man seine vormals hochgelobte Arbeitstechnik nun von »penibel« zu »pedantisch« um.

Der veröffentlichten Meinung stand jedoch ein Publikum gegenüber, das Kempowskis Bücher weiterhin zu schätzen wußte: Bis zum Januar 1985 las er von Flensburg bis Genf vor mehr als 10 000 Zuhörern insgesamt. Hark Bohms Film »Herzlich willkommen« allerdings, der erfolgreichste deutsche Spielfilm des Jahres 1989, wurde mit dem Roman irrtümlicherweise in Verbindung gebracht. Denn nach anfänglichen gemeinsamen Überlegungen hatte Bohm den Film allein und ohne inhaltlichen Bezug zur literarischen Vorlage fertiggestellt.

»Herzlich willkommen« ist auch ein Resumee der »Chronik«. Nach der Katastrophe folgt der erneute Aufstieg. Dem im »Westen« Angekommenen bieten sich nach Versagen und Schuld neue Perspektiven, ein Aufbruch steht bevor, nicht zufällig läßt Kempowski den Roman mit dem Osterfest beginnen. Der allgemeinen Ablehnung durch Familie und Gesellschaft folgt die relativierende Erkenntnis, daß auch die anderen vom Schicksal nicht verschont werden (Burg Hatzfeld: das Heim für schwererziehbare Jugendliche). Die Bürger, das ist das zweite Thema, haben sich eingerichtet, unpolitisch wie eh und je. Aber ihre große Zeit ist vorbei, untergegangen in den Kriegs- und Nachkriegsjahren. Man feiert wieder, aber Welten liegen zwischen dem in »Schöne Aussicht« geschilderten Familientreffen von 1936 (alle Herren im Frack) und der lächerlichen Veranstaltung in einem italienischen Restaurant im Jahre 1957. Es wird aufgezählt, was man einst besessen und was man alles verloren hat. Ein zittriger Onkel, ehedem Oberst im Führerhauptquartier, der gestützt werden muß, hat Tomatensoße auf der Krawatte. Eine erneute Zusammenkunft wird es nicht mehr geben. Der Held des Romans aber hat die Lektion gelernt, er wird einen anderen Weg gehen: als Lehrer aufs Land.

Ansichten von Pädagogik ziehen sich wie ein roter Faden durch die »Chronik«. In »Aus großer Zeit« erscheint sie in archaischer Unzulänglichkeit, in »Schöne Aussicht« wird sie diskutiert und der humane, reformpädagogische Ansatz der zwanziger Jahre vorgeführt. In »Tadellöser & Wolff« und »Uns geht's ja noch gold« steht die Paukschule im Vordergrund, und in »Ein Kapitel für sich« schildert Kempowski die gelebte Pädagogik in den Bildungskreisen des Zuchthauses und im Kirchenchor. In »Herzlich willkommen« zeigte er nun die Reste der humanen Pädagogik und die Versuche, an die zwanziger Jahre anzuknüpfen.

Erst 14 Jahre später beendete Kempowski einen Roman, den er 1976 als eigentlichen Abschluß der »Chronik« vorgesehen[424] und im Sommer 1977 in Essen zu schreiben begonnen hatte, das »6. Buch«, das dann »Heile Welt« (1998) genannt wurde. Er handelt nicht von den Kempowskis, schließt aber zeitlich wie thematisch an die »Deutsche Chronik« an. »Ein dritter Lebensstart war fällig«, heißt es über den jungen Lehrer Matthias Jänicke, nicht fortsetzen also die Tradierung des immergleichen Bürgerlichen, sondern ganz von vorn beginnen, als Dorfschullehrer bei den Anfangsgründen, bei ABC und kleinem Einmaleins.

In der »Deutschen Chronik« hatte Walter Kempowski ein

großes Tableau deutscher Zeit- und Sozialgeschichte von 1885 bis 1960 als Familiengeschichte, als Geschichte der eigenen Familie exemplarisch inszeniert – ein beispielloses Unternehmen in der deutschen Nachkriegsliteratur. In seinen Dimensionen nur den ausdrücklich als literarische Großprojekte konzipierten Romanserien Balzacs und Zolas vergleichbar oder den Panoramen Galsworthys und Fontanes. Kempowski hatte die Geschichte seiner Familie rekonstruiert – »auf dem Papier wieder aufgebaut« –, das eigene Versagen erklärt und auch das des Bürgertums geschildert. Er hatte seine Erfahrungen der Gesellschaft zurückgegeben. Die Gesamtauflage seines Bücher betrug weit mehr als eine Million Exemplare. Die Chronik war vollendet, Schuld, metaphysisch empfunden und stellvertretend auf sich genommen, nun eigentlich abgearbeitet. Aber das Projekt »Mega« stand noch immer im Hintergrund.

9. Erweiterungen

Ballett auf sechs Bühnen gleichzeitig.[424a]

In den achtziger Jahren erweiterte Kempowski sein Werk und sein pädagogisches Tätigkeitsfeld. Er hatte für seine Romane über viele Jahre Aufzeichnungen von Verwandten und Bekannten gesammelt, sie als Materialgrundlage benutzt und dabei die Aussagekraft der Selbstzeugnisse, ihren Wert als historische Quelle kennengelernt. Als sich abzeichnete, daß die »Chronik« bald vollendet sein würde, verselbständigte sich das Interesse für autobiographische Dokumente. Der Gedanke an ein Archiv stammt aus dem Jahr 1978: »Ungezählte Leute haben ihre Biographie geschrieben, die liegt in den Schränken herum. Man müßte diese auf Büchsen gezogene Erfahrung speichern und der Gesellschaft nutzbar machen. Ich stelle mir das so vor, daß man hier auf unserm Grundstück ein extra Gebäude dafür baut und dort die vielen, wahrscheinlich tausende Biographien archiviert. Man kann sie auswerten und Einzelveröffentlichungen starten... Mit Knaus habe ich die Sache schon durchgesprochen.«[425] Am Silvesterabend 1980 gründete er dann das »Archiv für unpublizierte Autobiographien«.[426]

Kempowski kaufte weiteres Material auf Flohmärkten, bei Trödlern, rief seine Leser zur Mithilfe auf und inserierte in Zeitungen: »Ich suche Biographien jeder Art, auch Tagebücher, Fotos und Fotoalben. Walter Kempowski, 2730 Nartum, Haus Kreienhoop.« Das Archiv wuchs innerhalb eines Jahres auf einige hundert Nummern an, hinter denen sich Lebensgeschichten von zumeist Unbekannten verbargen – erlebte Geschichte in Tausenden von Beispielen. »Tagebuch an Bord des Kieler Barkschiffes Wilhelm I.« (1880), »Handschriftlicher Bericht über den Einzug der Weißen Garden in München 1919 nach Niederwerfung der sogenannten Räterepublik«, »Meine Reise nach Brasilien« (1925), »Bericht einer Kriegsgefangenschaft 1945«, »Brief eines jungen Mannes, der 1948 aus der SBZ in den Westen geflohen ist«, so lauteten einige Titel der Dokumente. Das Bestandsverzeichnis führte unter der Nummer 1 auf: »1 Ordner mit Briefen (1921–1942), 1 Stammbaum, 2 Kartons voll ungeordneter Briefe, 1 Karton mit Notizbüchern«. In den folgenden 25 Jahren wurden mehr als 7000 Nummern verzeichnet, 220 laufende Meter Ordner und Kartons, Regale bis unter die Decke in einem eigens errichteten Anbau.

Kempowski sammelte auch solche persönlichen Dokumente, die Aufschluß geben über den Lauf menschlicher Existenz und den Alltag vergangener Zeiten: Notizbücher, Poesiealben, Geburtsurkunden, Ausweispapiere, Testamente, Schulhefte. Kein anderes Archiv in Deutschland verfügte über eine solche Fülle von personalen Quellen vom 18. Jahrhundert bis in die unmittelbare Gegenwart. Die Verfasser gehörten den unterschiedlichsten sozialen Schichten, Berufsgruppen und Altersstufen an. Der Umfang der Dokumente reichte von einer einzigen Briefseite bis zu mehrjährigen, dichten Briefwechseln, von kurzen Notizbüchern bis hin zu jenem Nachlaß, der eine ununterbrochene Folge von Tagebüchern aus den Jahren 1930 bis 1994 enthält, angereichert mit Briefen, Zeitungsausschnitten, Fotografien, Reiseberichten und ergänzt durch die Kindheitserlebnisse von 1917 bis 1930 – ein Leben durch beinahe ein Jahrhundert. Manches Material ist auch schon einmal buchstäblich vom Rande eines Altpapiercontainers zurückgerissen worden. Die Einsender sahen in Nartum einen Ort, an dem ihre Aufzeichnungen oder die der Vorfahren in den Zeitläuften überdauern sollten. Sie setzten großes Vertrauen in die Arbeit

Das Archiv für unpublizierte Autobiographien

Kempowskis, und zu vielen bestand jahrelang ein enger Kontakt. Eine Sammlung von mehr als 300 000 Fotografien dokumentierte zusätzlich Alltagsgeschichte vom 19. Jahrhundert bis in die Gegenwart. Kempowski ließ das Archiv von einer Mitarbeiterin betreuen, die mit Einsendern korrespondierte, den Bestand erfaßte, Anfragen beantwortete und Benutzer unterstützte.

Aus Quellen dieser Art lassen sich nicht nur Lebensläufe rekonstruieren, mit ihrer Hilfe Biographien schreiben, in ihnen wird in einem umfassenden Sinne Welterleben und -deutung sichtbar, erfährt die große Geschichtsschreibung und die Erforschung sozialer und politischer Systeme und Strukturen Erweiterung und Korrektur zugleich – eingedenk des Diktums, das eigentliche Studium der Menschheit sei der Mensch. Solche personalen Dokumente sind unverzichtbar für die Historiker, denen Kempowski auch immer wieder bereitwillig sein Archiv öffnete. Es wurde über die Jahre zu einem zentralen Ort des kollektiven Gedächtnisses der Deutschen, ja *das* Archiv der Deutschen, ihrer Geschichten und ihrer Geschichte. Und zuweilen fanden Forscher den Weg nach Nartum, arbeiteten sich, erstaunt wegen der Fülle der Dokumente, durch Frauentagebücher aus der Nachkriegszeit, Feldpostbriefe aus dem Stellungskrieg im Westen, Berichte von Wehrmachthelferinnen oder Tagebücher von bürgerlichen Mädchen im 19. Jahrhundert.[427]

Sein Ziel, die Geschichten der vielen Unbekannten zurückwirken zu lassen, versuchte Kempowski durch Veröffentlichungen aus dem Archiv umzusetzen, gab die Memoiren einer mecklenburgischen Bäuerin[428] heraus, den Bericht eines amerikanischen Bomberpiloten,[429] eines Soldaten über seine Kriegsgefangenschaft in der Sowjetunion.[430] Die auf zwölf Bücher angelegte Reihe wurde allerdings vom Verlag wegen der geringen Resonanz bald eingestellt.[431]

Innerhalb weniger Jahre war in Nartum ein Archiv ähnlich der volkskundlichen Sammlung Richard Wossidlos entstanden, und Kempowski wollte »wie die Grimms weitersammeln«[432] bis ans Ende seiner Tage. Manche schlaflose Nacht verbrachte er unter all den Toten, wie er sagte, blätterte in Tagebüchern und las in Briefen, betrachtete Fotos. Das Material lag nun da, Tausende von Berichten, Tausende von Stimmen. Es wartete auf Gestaltung.

Das Jahr 1980 brachte auch auf pädagogischem Gebiet Erweiterungen in Kempowskis Tätigkeit. Er begann in Oldenburg eine zusätzliche Laufbahn als Universitätsdozent, die bis zur Pensionierung im Frühjahr 1991 dauerte. Daneben hatte er in den Semesterferien 1980 einen kurzen Lehrauftrag an der Universität von San Diego, war im Winter 1983/84 Gastdozent der Universität Hamburg, fuhr im November 1985 zu Vorlesungen nach Mainz, war im folgenden Sommer an der Brigham-Young-University in Provo (1986), dann an der deutschen Sommerschule in Portland (1987) und an der Universität von Taos (1988).

In Oldenburg unterrichtete er anfangs im Fach Germanistik. Er sprach über die eigene literarische Produktion, über die Entstehungsgeschichte seiner Romane, über den Umgang mit Quellen, den Zusammenhang des großen Werkplans, über Pädagogik und Literatur, Autobiographien als Ergänzung der Geschichtsschreibung, behandelte das Thema Collage, die Verfilmung seiner Bücher, die Frage »Kann man das Schreiben lernen?« und gewährte bei Exkursionen »Einblick in die Werkstatt eines Autors«. Ab 1986 hielt er auch pädagogische Seminare, meistens über »Erstleseunterricht« und »Allgemeine Fragen des ersten Schuljahrs«.

Einsam ging Kempowski durch die bunt plakatierten Betongänge der Universität. Mit Kollegen gab es kaum Begegnungen. »Das Desinteresse der Hochschule an mir ist schon fast komisch. Neulich hat mich mal ein Germanist angesprochen, es wär doch eigentlich schade… – Aber das war's dann auch schon.«[433] Einige Jahre zuvor hatte Manfred Dierks berichtet, seine Kollegen hätten die Hände über dem Kopf zusammengeschlagen, als er sich mit dem Werk Kempowskis beschäftigen wollte. »Ich sei doch ein Reaktionär.«[434] Die Neugründung Oldenburg galt bis weit in die achtziger Jahre als eine Hochburg der Linken, kein leichtes Pflaster für den bürgerlichen Dichter, um den sich trotzdem bald ein kleiner Kreis von Jüngern scharte, der nach den Veranstaltungen in einem türkischen Restaurant zusammenkam: »Die wollen mich irgendwie beschützen«,[435] notierte Kempowski im Tagebuch.

Seine Abordnung an die Universität empfand Kempowski noch nach Jahren als eine »glückliche Fügung«.[436] Er hatte genügend Freiraum, um in Ruhe zu schreiben und öffentliche Auftritte zu absolvieren. Er gab seine Ansichten von Pädagogik weiter, gewann selbst neue Erkenntnisse hinzu, und aus den Sitzungsvorbereitungen entstand eine Reihe von rund 120 Vorträgen, die sein Werk erläuternd begleiteten.[437]

Seine pädagogische Tätigkeit vervielfachte sich ohnehin nach dem Ausscheiden aus dem Schuldienst. Er hielt Vorträge in Schulen und hatte Gruppen deutscher Studenten und amerikanischer Stipendiaten zu Gast. »Drei Tage lang 22 Volkshochschulleute. (…) Ich zeigte das Haus, so, als sei der Dichter, der hier mal gewohnt hat, längst verstorben. Ein Kanon von Erwähnungen. Den Schluß bildet immer das Archiv, oben. Ich schließe die Führung jedes Mal mit dem Aufruf, mir Tagebücher und Briefe zu besorgen.«[438]

Er wußte seine Interessen miteinander zu verbinden, Archiv, Pädagogik, Autorschaft, suchte alles gleichermaßen nutzbar zu machen, war unausgesetzt tätig in seiner Landeinsamkeit, in seinem Kloster Kreienhoop. Sein Paradisus claustralis war dabei weder weltfremd noch menschenfeindlich. Die Anlage des Hauses zeigt nicht ohne Grund die Umkehr des Kreuzganggedankens, die Öffnung des Klosters nach draußen, zur Welt. Kempowski: »Alle Fenster sind nach außen gewandt, wodurch das Klösterlich-Eingekehrte in ein Fliehendes verwandelt oder umgekehrt wird.«[439]

Er holte sich die Menschen nach Nartum. Beim Bau des Hauses hatte ihn auch die Vorstellung geleitet, zusammen mit seiner Frau eine private Volksschule zu betreiben, ein Landschulheim wie der Reformpädagoge Hermann Lietz. Leben und Lernen sollten in Haus Kreienhoop verbunden sein – ein Vorhaben, das sich aus finanziellen Gründen nicht realisieren ließ. Stattdessen setzte er die Tradition der Clubtage aus den sechziger Jahren fort, veranstaltete Konzerte und Lesungen, erstmals im März 1979 mit Paul Kersten, Schriftsteller und Literaturredakteur beim NDR.

In Zusammenarbeit mit Alfred Mensak, dem Leiter des dritten Fernsehprogramms von Radio Bremen, und Manfred Dierks bündelte er die gelegentlichen Veranstaltungen zur Schriftstellerwerkstatt »Literatur in Kreienhoop«. An einem Wochenende im September 1983 stellten arrivierte Autoren jeweils einen Debütanten vor, der aus seinem Werk las.

Kempowski bot jungen Autoren in seinem Haus eine Mög-

»Literatur in Kreienhoop«, September 1983, v.l.n.r.: Sarah Kirsch, Walter Kempowski, Hellmuth Karasek, Manfred Dierks, Gerhard Roth, Günter Kunert, Rolf Michaelis

lichkeit, öffentlich aufzutreten, und ein Forum der Kritik durch Fachleute. Mit dem Prinzip des Gesprächs- und Arbeitskreises setzte er frühere Unternehmungen fort, wie den Hörspielkreis in Göttingen, und er gab zurück, was er durch Jochen Hafner in Bautzen und Fritz J. Raddatz bei Rowohlt erfahren hatte: Anleitung und Unterstützung.

Uwe Johnson, den Kempowski für das erste Treffen als Mentor gewinnen wollte, weigerte sich, seine Insel zu verlassen, weil er sich nicht zu der Überzeugung bekennen mochte, »wonach es verdienstlich wäre, einen Menschen noch zu ermuntern in der Tätigkeit des Schriftstellers«.[440] Außerdem witterte er Ähnlichkeiten zur Gruppe 47, und es erschien ihm pietätlos, zu Lebzeiten Hans Werner Richters ein solches Treffen abzuhalten. Kempowski und Mensak, die die Idee auf einem langen

Spaziergang in Nartum entwickelt hatten, dachten jedoch nicht an eine Nachahmung. Kempowski: »Der grundsätzliche Unterschied zu ähnlichen Unternehmungen sollte sein, daß der vorlesende Autor nicht allein gelassen wird. Er sollte nicht vereinzelt auf dem ›elektrischen Stuhl‹ sitzen, ausgeliefert den Anklägern oder Begutachtern, sondern der, der ihn ausgewählt hat, sollte ihn einführen und notfalls verteidigen.«[441] Alfred Mensak setzte das Programm ausdrücklich von den Lesungen um den »Ingeborg-Bachmann-Preis« in Klagenfurt ab, wo junge Autoren »in Grund und Boden kritisiert«, und denen der Gruppe 47, wo sie »vernichtet«[442] würden.

An Stelle von Johnson kamen Günter Kunert, Hellmuth Karasek, Sarah Kirsch, Rolf Michaelis, Gerhard Roth und Peter Hamm zum ersten Treffen. Unter den Debütanten waren Wilhelm Hengstler, Norbert Hinterberger und Johanna Walser, die erfreut feststellte, daß die Kritiker »mehr als Begeisterer und Beschützer«[443] auftraten. Die »Zeit« hob den Charakter des gemeinsamen Gesprächs hervor und druckte einige Gedichte der jungen Autoren.[444] Kempowski notierte in seinem Tagebuch auch die Ausfälle der Jungautoren, die sich als Dichter und Dichterinnen stilisierten: »Meine wankte, offenbar mit Beruhigungsmitteln vollgestopft, wie ein Zombie durch die Gegend. (...) Der Nachwuchsautor Nöbel saß im Schneidersitz auf dem Sofa. Er kämpfte während des Lesens sonderbarerweise mit den Tränen. (...) Kunerts Schützling, Norbert Hinterberger, gab dem Treffen etwas Verruchtes. Er kam ganz in Schwarz und mit einem Schäferhund, der den armen Herrn Knaus in den Ellenbogen biß.«[445]

Ein Sammelband stellte die Autoren und ihre Texte vor.[446] Radio Bremen zeigte zunächst eine Zusammenfassung, berichtete einige Wochen danach in Gemeinschaft mit dem WDR in neun einstündigen Sendungen über das Treffen, und die Rundfunkprogramme der ARD brachten Mitschnitte der Lesungen. »Literatur in Kreienhoop« war eine erste erfolgreiche Medienveranstaltung zur Vermittlung von Gegenwartsliteratur und eine der umfangreichsten dazu – ein heute unvorstellbarer Akt von öffentlich-rechtlichem Mäzenatentum.

In den folgenden Jahren nahmen als Mentoren unter anderem Adolf Muschg, Erich Fried, Peter Turrini, Max von der Grün, Pavel Kohout, Dieter Wellershoff, Ludwig Harig, Milo Dor und Karin Struck teil. Nur wenige der Jungautoren ließen vom Schreiben ab, viele von ihnen konnten sich mit ihren Veröffentlichungen im Literaturbetrieb etablieren, etwa Jan Koneffke, Evelyn Schlag, Zafer Senoçak, Jutta Richter. Barbara Honigmann berichtete über die dritte Tagung im Herbst 1985: »Es begannen also die drei Arbeitstage, mancher würde vielleicht sagen, daß es anstrengend gewesen sei, aber ich habe mich irgendwo die ganze Zeit verwöhnt gefühlt, wie die Stunden da hinflossen mit Vorlesen und Lesen und Reden und Diskutieren und Essen und Sitzen und Quatschen und hinterher ganz spät am Abend noch durchs Dorf Gehen.(…) Und alle waren doch in (fast) allen Gesprächen und Diskussionen freundlich zueinander, beinahe, daß ich das Gefühl hatte, daß man dort wäre, um sich tatsächlich zuzuhören und vielleicht zu verstehen, fast war es zu harmonisch, wie man sagt, zu schön, um wahr zu sein.«[447] Die Veranstaltungsreihe wurde 1986 eingestellt, weil die Einschaltquote im besten Fall bei vier Prozent lag. Rund eine Million Zuschauer, für die Debütanten eine Sensation, war dem Sender auf Dauer anscheinend zu wenig.

Die Literaturseminare für Laien hingegen wurden zu einer regelmäßigen Einrichtung. Sie fanden zwischen 1980 und 1991 mehrmals im Jahr statt, später setzte Kempowski sie in lockerer Folge fort. Für einige Tage versammelten sich jeweils 30 bis 70 Menschen im Haus, um sich in von Fachleuten geleiteten Seminargruppen mit schriftstellerischen Fragen zu beschäftigen, eigene Versuche vorzutragen und beurteilen zu lassen. Sie übernachteten bei den Bauern oder in den Gasthöfen der Umgebung. Mehr als 2000 Menschen waren über die Jahre dabei, ein

Querschnitt aus allen Altersgruppen und zahlreichen Berufen versammelte sich in Nartum. Die Besucher genossen die spezielle Atmosphäre des Ortes, die Beschäftigung um die Literatur herum, den Austausch mit Gleichgesinnten, auch die langen Nächte – im Sommer zuweilen im nahen See badend, im Winter am Kamin sitzend. Nicht alle schrieben oder wollten das Schreiben lernen, und mancher kam wohl nur, um einmal im Domizil des Dichters den Büchergang hinauf und hinunter zu schreiten.

Abends lasen bekannte Autorinnen und Autoren und aus ihren Werken und mischten sich danach im Innenhof beim Wein unter die Teilnehmer, standen für Fragen und Gespräche zur Verfügung. Einige blieben tagelang im Haus. In Haus Kreienhoop lasen fast alle, die in der deutschen Literatur der vergangenen Jahrzehnte Rang und Namen hatten.

Kempowski selbst stand seinen Gästen für Gespräche zur Verfügung. Diskret neben seinem Tisch plazierte Lyrikbändchen beachtete er indes eher selten. Seine Frau wirkte mit Helferinnen aus dem Dorf im Hintergrund. Auch ihre Kinder kamen zu den Seminaren, Renate, die Anfang der achtziger Jahre an der Karlsruher Kunsthochschule studierte, und Karl-Friedrich, der sich zum Filmtonmeister ausbildete: »Ich habe gern mitgearbeitet. Die verschiedenen Macken und Angewohnheiten der ›Kollegen‹, die nach Nartum kamen, waren wirklich bemerkenswert.«[448]

Kempowski ließ sich jedes Mal etwas einfallen für seine Gäste, präsentierte Zauberer, Pianistinnen, Akkordeonspieler. Höhepunkt der Veranstaltung war immer die Lesung der Teilnehmer am letzten Tag. Wer wollte, konnte wie die großen Vorbilder im Saal lesen, für viele war es das erste Mal vor Publikum. Er öffnete sein »Kloster« und führte ein breites Publikum an seine Tätigkeit heran, machte mit Autoren, mit Literatur überhaupt bekannt. Berührungsängste mit dem Leservolk hatte Kempowski nie, im Gegenteil. Über den Zusammenhang von Haus, Kloster und Seminaren sagt er: »Die Neigung, das An-

Literaturseminar, 1983

derssein in dieser Gesellschaft ihr selbst wieder dienstbar zu machen, die Selbstverwirklichung dazu zu benutzen, die Umwelt zu befruchten, hat mich bei meinem Bauvorhaben geleitet.«[449] Kempowski sah sein Angebot in der Art des römischen Brunnens, dessen eine Schale ihr Wasser der nächsten spendet, die sich wiederum füllt und überfließt und sich in die nächste ergießt. Peter Rühmkorf hob in seinem Tagebuch »Tabu I« hervor, bei Kempowski sei der »stark entwickelte volkspädagogische Zug alles andere als bloß sentimentalische Willenserklärung«, und bezeichnete »das Kreienhoop-Projekt als musische Pflanzstätte u. zielstrebig auf das eigene Werk bezogenes Privatmuseum«.[450] Kempowski habe alles verwirklicht, was Rühmkorf und andere in ihren eigenen Kreisen nur diskutiert hätten, als »Lebensschule« etwa oder »SYMPATHEUM«.

Kempowski hatte auch immer wieder kleinere Gruppen zu

Gast, ausgewählte Laienautoren, mit denen er intensiv an ihren Texten feilte, und Schüler, die in den Ferien kamen. Im Juli 1983 schrieb er: »Ich möchte hier in Nartum wohl gern eine freie Schulgemeinde gründen, eine Sommerschule. Wer heute so etwas unternehmen wollte, müßte die Kinder erst mal vier Wochen gar nichts tun lassen, sie ent-schulen, so wie man Wäsche einweicht, um den größten Dreck herauszuspülen, damit das kleine Seelchen wieder frei atmen kann, und dann wie ein Homöopath vorgehen.«[451] Trotz dieser Bedenken setzte er das Vorhaben ein Jahr danach in die Tat um. Getreu seiner pädagogischen Leitlinie ließ er den Kindern völlige Freiheit in seinem Haus: »Pädagogik ist dort am wirksamsten, wo sie nicht stattfindet.«[452] Eine Teilnehmerin: »Wir konnten tun und lassen, was wir wollten. Es war eine herrliche Zeit. Wir streiften mit dem Pony Lumo durch Wald und Felder, holten in Blechkannen Milch vom Bauern, bastelten an der Kugelbahn, machten mit gesalzenem Popcorn und Marmorkuchen aus der Speisekammer ein Mitternachtspicknick – es war niemals langweilig! Geschlafen haben wir auf Luftmatratzen im Archiv. Wenn Kempowski zum Gute-Nacht-Sagen noch einmal hereinkam, testete er manchmal unsere Erinnerung mit Fragen wie ›Wieviele Schiffe hängen im Turm?‹.«[453]

Er versuchte auch hier, eine ähnlich absichtslose pädagogische Haltung einzunehmen, wie er es bei dem Studienrat Hafner in Bautzen als äußerst fruchtbar erlebt hatte: »Später verstand ich, daß man als älterer Mensch mit jüngeren zusammensein kann, daß man ihnen etwas gibt, ohne zu moralisieren, ohne erziehen zu wollen, allein durch Anwesenheit, Verständnis und behutsame Anleitung.«[454]

Diese Sommerclubs waren nicht nur eine pädagogische Veranstaltung, denn Kempowski benutzte seine Beobachtung der Jugend für einen Roman, an dem er seit Dezember 1983 schrieb, die Geschichte eines älteren Schriftstellers namens Alexander Sowtschick, dem während der Abwesenheit seiner Frau einige Mädchen das Haus führen.

Die Familie in der Allee, April 1986

Die Idee war aus einem Erlebnis des Sommers 1983 entstanden, als der Zufall vier Schülerinnen für einige Tage nach Nartum gebracht hatte. Er beabsichtigte nach der »Deutschen Chronik«, die kurz vor der Vollendung stand, eigentlich seine Zeit als Landlehrer Anfang der sechziger Jahre zu schildern. Auch seinen jungen Besucherinnen erzählte er im Sommer 1983 noch vom sogenannten Dorfroman, »der in einem Ort wie Fischerhude spielen wird, mit schwarzem Fluß, geheimnisvoller Villa und einem Schulmeisterlein, das an seiner Naivität scheitert«.[455] Aber schon kurz nach ihrer Abreise entwickelte er ein anderes Vorhaben: »Ein Schriftsteller, auf dem Land, kriegt es mit Mädchen zu tun. Sein Haus wird von ihnen bevölkert wie die Villa einer alten Millionärin von Katzen.«[456]

Er arbeitete vormittags an »Herzlich willkommen« und schrieb nachmittags an »Sozusagen Sowtschick«. Der Name war sprechend, »soft« und »schick«, Klavier spielend und ganz in Weiß gekleidet sollte er auftreten. Die Initialen lassen an Alexander Solschenizyn denken, der 1973 mit seiner Großcollage »Archipel Gulag« das sowjetische Lager- und Unterdrückungssystem beschrieben hatte wie Kempowski im »Block« die politische Haft in der DDR und der ein zurückgezogenes Emigrantendasein in Vermont führte. In erster Linie aber stand A.S. für Arno Schmidt, dem Kempowski sich besonders verbunden fühlte. Der große Kollege in der Südheide, dem er einmal eine Postkarte geschrieben hatte (»Wann hören wir wieder was von Ihnen? Ich habe nichts mehr zu lesen!«) und auf den er 1979 dann nur noch einen Nachruf verfassen konnte, voller Bewunderung für den »bedeutendsten Schriftsteller deutscher Sprache«.[457]

Wie seine Namensvorbilder lebt Alexander Sowtschick in dem Roman abgeschieden auf dem Lande, zwischen Hamburg und Bremen. Im Literaturbetrieb spielt er eine Außenseiterrolle, obwohl er ein berühmter und viel gelesener Autor ist. Kempowski, der sich auch von Nabokovs »Lolita« und Eric Rohmers Film »Pauline am Strand« anregen ließ, sagt über die autobiographischen Zusammenhänge: »Es heißt, ich hätte ein Selbstbildnis bezweckt. Natürlich habe ich vieles geschildert, das mich selbst bewegte, aber bei Alexander Sowtschick dachte ich mehr an die Statur eines Autors wie Manfred Bieler, im Film von Traugott Buhre darzustellen.«[458] So findet sich zwar vieles aus Kempowskis Umgebung im Roman wieder, der Büchergang mit den von der Decke herabhängenden Glöckchen (»Minutenlang geht man hier an Büchern vorüber«), die Allee, die Hunde, die »Fluchtburg« unterm Dach, der Innenhof mit einem plätschernden Brunnen, der sonderbare Orakel in die Gegend flüstert, die »Lotterecke«, in der sich der Dichter nach getaner Arbeit der Bilderflut des Fernsehers hingibt. Aber den Schwimmgang etwa – obwohl einmal für Haus Kreienhoop vorgesehen – gab es nicht, und auch den Mord, dessen Sowtschick verdächtigt wird, hatte Kempowski erfunden.

Bei Portland, Oregon, am Pazifik, Juli 1987

Der Roman, der 1988 unter dem Titel »Hundstage« erschien, handelt von Gegensätzen und von dem Versuch, sie zu überwinden, von Alter und Jugend, Provinz und Metropole, von Künstler und Landbevölkerung, vaterländisch und kosmopolitisch, Idylle und Grauen. Er ist eine Satire auf den westdeutschen Literaturbetrieb der achtziger Jahre. Mit der Zusammenkunft der Brockes-Preis-Jury etwa gelang Kempowski eine Szene von seltener Komik, in der kaum verhüllt ein berühmter Literaturkritiker erscheint, ein international renommierter Groß-Schriftsteller erwähnt wird, der sich gerade wieder einmal um die Zustände in Mittelamerika kümmert, und am Ende ein aus der DDR ausgereister Jungautor angefleht wird, den Preis doch ja anzunehmen. Fünfzehn Jahre später ließ Kempowski diesen Adolf Schätzing in dem Roman »Letzte Grüße« erneut auftreten.

Kempowski offenbarte sich mit »Hundstage« als ironischer Beobachter seiner Gegenwart mit Atomkraft- und Friedensbewegung, Aufrüstung, Arbeitslosigkeit, Umweltzerstörung und seines sich pausenlos selbst inszenierenden Dichters. Alexander Sowtschick schreibt im Sommer an einem Roman, in dem ein Schriftsteller vorkommt, der sich im Winter in den Bergen einen Sommerroman ausdenkt, indem eine Frau in sommerlicher Hitze am Meer ein Gedicht mit dem Titel »Frost« verfaßt – Kempowskis Spiel mit den Erzählebenen entspricht seinem Umgang mit Klischees, mit Vorurteilen und Wertigkeiten, die allesamt stets und ständig konterkariert werden. Er erwies sich mit »Hundstage« als Autor der Gegenwart, diese Zeitgenossenschaft wiederum unterlaufend, indem er Sowtschick alles andere als modern schilderte, nämlich als »alten konservativen Sack«. Wie die Erzählung in der Erzählung in immer tiefere Schichten hinabsteigt und Gegensätze vereint, Sommer und Winter, Hitze und Frost, Berge und Meer, Mann und Frau, Prosa und Lyrik, so besteht auch Sowtschicks Persönlichkeit aus unendlichen Gegensätzen. Er hat Vorbehalte gegen Ausländer und bemüht sich gleichzeitig um »Völkerverständigung«, ist von Weltekel angefallen und buhlt um Liebe, fühlt sich von der Jugend angezogen und wieder abgestoßen, genießt die Entfernung von seiner Frau und sehnt sie gleichzeitig herbei. Wie Kempowski in der »Deutschen Chronik« eine künstliche Realität aus Bildern, Sprachfetzen, Statements konstruierte, so gestaltete er hier im Kleinen Sowtschicks vielschichtige Persönlichkeit aus unendlichen Zerrissenheiten. Klaus Modick stellte in der »Zeit« fest, daß sich das »literarische Verwirr- und Vexierspiel« »zumindest kompositionstechnisch mühelos an Tendenzen anschließt, die man in unserer Gegenwartsliteratur – *cum grano salis* – als postmodern bezeichnen könnte«.[459] Daß »Hundstage« mit leichter Hand geschrieben ist, von Sprachwitz und einem schwarzen, angelsächsisch anmutenden Humor getragen wird, der in der deutschen Gegenwartsliteratur seinesgleichen sucht, macht das Buch zu einem der gelungensten Romane Kempowskis.

Zwei Jahre darauf, im Oktober 1990, veröffentlichte er sein Tagebuch des Jahres 1983 unter dem Titel »Sirius« (Hunds-

Karl-Friedrich, Robert und Walter Kempowski auf der Feier des 60. Geburtstags im Lübecker Rathaus

stern), in dem der Abschluß der »Deutschen Chronik« und der »Hundstage«-Sommer im Vordergrund stehen, ein literarisches Spiel mit Realität und Fiktion, Dichtung und Wahrheit. Kempowski benutzte die Gattung des Tagebuchs, um sich selbst und sein Werk zu erklären, indem er die Zeitleiste durch eine Rückschau aufbrach, Reflexionen, Fotos, Zeichnungen, auch Texte anderer Autoren einbezog. So wurde das Tagebuch zur Collage und durch die Ergänzungen zu einer Art Autobiographie aus Versatzstücken.

Kempowski offenbarte sein Leben und seine Ansichten, legte sein Innerstes bloß, beschrieb seine Arbeit, die künstlerischen Prozesse genauso wie seinen banalen Alltag, seine Macken, kommentierte das kulturelle und politische Leben der Bundesrepublik aus der Sicht des Außenseiters, der nicht mit dem Mainstream schwamm. Besonders durch seine Spitzen gegen die vermutete kulturpolitische Hegemonie der Linken setzte er sich Angriffen aus, die auch nicht auf sich warten ließen. Der Germanist Gert Mattenklott, selbst Anfang der siebziger Jahre einer der Protagonisten marxistischer Literaturwissenschaft,[460] bezeichnete »Sirius« als »Monument einer unproduktiven Enthemmung«, das den »Leser zum Komplizen einer Gesinnung« mache, »mit der ein Zukurzgekommener sich wenigstens in Worten schadlos zu halten versucht«. Kempowski zeige »banales Ressentiment«, »Miesepetrigkeit und Rechthaberei«.[461]

Aber Kempowski hatte ja auch recht behalten: Das Land war kürzlich wiedervereinigt worden. Der real existierende Sozialismus, gegen den er sich aus seinen Erfahrungen heraus immer verwahrt hatte, war nicht nur gescheitert, nach und nach traten auch der unmenschliche Charakter, die Verbrechen eines Systems zutage, das Sympathisanten in Westdeutschland gern für das bessere ausgegeben hatten.

Einen weitaus schwereren Angriff hatte Kempowski schon einige Monate zuvor überstanden, im Januar 1990: den Vorwurf des Plagiats. Verfasser des Artikels, der am 11. Januar 1990 im »Stern« erschien, war Harald Wieser, Mitte der siebziger Jahre Mitherausgeber des »Kursbuchs« und Verfasser von Büchern wie »Zum Klassenkampf 1973. Sozialistische Initiativen im kapitalistischen Deutschland«. Wieser brachte die nun für Kempowski schon üblichen Denunziationsvokabeln vor wie »schreibender Schulmeister«, »Deutschlands penibelster Dichter«, »Buchhalter des deutschen Gemüts, der sogar noch dem Leben unter der Hitlerei vor allem gemütliche Seiten abzugewinnen verstand«,[462] um dann den Vorwurf zu erheben, Kempowski habe für »Aus großer Zeit« aus der Autobiographie eines Autors namens Werner Tschirch, »Rostocker Leben. Im Rückblick auf 1900«, abgeschrieben, und er habe falsche Angaben zu seiner Biographie gemacht, eine Reederei sei die Firma seiner Eltern nicht gewesen.

Wieser sprach von dem größten Plagiatsfall in der Geschichte der modernen deutschen Literatur – ein völlig verfehlter Vorwurf. Denn Kempowski hatte nie ein Geheimnis daraus gemacht, daß er wie andere Autoren vor ihm mit Fundstücken, mit Fremdtexten arbeitete, ja daß die Collagetechnik dies geradezu erfordere. Dennoch: »Der Artikel platzte wie eine Bombe. Das Telefon stand nicht mehr still, ich gab mehr als 30 Interviews. Etliche Journalisten versicherten mir, daß sie den Artikel infam fänden. Aber erst als gegen Mittag Hellmuth Karasek anrief, den Wieser gleich mit angegriffen hatte, und seine Hilfe anbot, kam ich ein wenig zur Ruhe.«[463] Karasek schrieb, die Montage von Fundstücken sei in der Kunst des 20. Jahrhunderts eine der häufigsten Kunsttechniken, von Thomas Mann über Alfred Döblin zu Arno Schmidt, Joseph Roth, Karl Kraus, Peter Weiss. Er wies auch auf Andy Warhol, Roy Lichtenstein und Joseph Beuys hin und stellte fest, daß Kempowski selbst in Interviews und bei Vorlesungen über seine Methode bereitwillig Auskunft gegeben und immer auch das Tschirch-Buch als eine seiner Quellen genannt hatte. Außerdem offenbarte er, daß Wieser ihm den Artikel über den »Fälscher« Kempowski – ein Wort, das der »Stern« wegen der Hitler-Tagebücher dann nicht benutzte – zuerst für den »Spiegel« angeboten hatte, sich aber von Karaseks Warnungen vor Überbewertung nicht beirren ließ.[464]

Die vermeintliche Affäre geriet zur Medieninszenierung.[465] Volker Hage schrieb in der »Zeit«, der Fall Wieser sei eigentlich ein Fall jener Medien, »ohne die solche ungebremsten Auftritte nicht möglich wären«.[466] Sensation sei gefragt, der Skandal. »Und wie abwegig eine Behauptung auch sein mag, sie muß nur lautstark und selbstbewußt genug vorgetragen werden, um Wellen zu schlagen und zur Nachricht zu werden.« Da sie Nachricht geworden sei, müsse doch auch etwas dran sein, hängenbleiben werde auf jeden Fall etwas. Später wies Volker Ladenthin nach, daß Wieser auf Plagiatsvorwürfe spezialisiert war (Walter Jens, Botho Strauß, Gaston Salvatore) und absichtlich mit Halb- und Unwahrheiten operierte: »Es geht Wieser also nicht um Aufklärung, sondern um eine bestimmte Art der Vernichtung, eine nämlich, die sich nur das bereits Prominente auswählt, um es mit Häme zu destruieren.«[467] Hans Magnus Enzensberger, der einige Jahre vor Kempowski in Wiesers Visier geraten war, hatte mit Blick auf dessen Methode geschrieben, es mache sich eine neue Form der Polemik breit, der es nicht mehr darum gehe, Feinde zu widerlegen, sondern die ihre Aufgabe darin sehe, »Feinde zu liquidieren«.[468]

Das Jahr 1990 war auch jenseits dieser Querelen für Kempowski anstrengend. Er hielt noch immer Vorlesungen in Oldenburg, veranstaltete Sommerclubs und Literaturseminare in seinem Haus. Die Vorgänge im Herbst 1989 hatte er mit größter Anteilnahme beobachtet, die Maueröffnung am 9. November am Fernseher verfolgt und die ganze Nacht hindurch protokolliert.[469] Zwei Tage danach fuhr er nach Hamburg, zur Ankunft des ersten Zuges aus Rostock, dann weiter nach Lübeck zur Grenze, wo er 1947 in den Westen gegangen war. Während der nächsten Wochen beschäftigte ihn vor allem die Frage der Wiedervereinigung, die Hoffnung darauf hatte er nie aufgegeben. Die Probleme, die Chancen diskutierte er mit sich selbst, im Tagebuch. Er meldete sich nicht öffentlich zu Wort, aber man fragte ihn auch nicht.

Die erste Reise nach Rostock unternahm er Anfang Januar 1990 zusammen mit seinem Bruder Robert, der seit 1948 nicht wieder in der alten Heimat gewesen war. Es ist schwer zu ermessen, ob für ihn nun ein Traum in Erfüllung ging. Die Heimatstadt, die jahrelang unerreichbare, ihr Bild aufbewahrt in seinen Büchern, auch im Turm des Hauses Kreienhoop – nun konnte er ohne Visum einfach hinüberfahren. Kempowski notierte: »Wir parkten vor einem Hotel und gingen in die Innenstadt hinein. Robert sonderbar kühl, der wollte wohl Emotionen nicht aufkommen lassen, ich selbst unberührt, ja, gleichgültig. Die Menschen, behelfsmäßig angezogen mit Anoraks, obwohl doch kein Schnee lag, und Mützen. Robert mit seinem steifen Hut und dem britischen Schnurrbart erregte gelegent-

In seiner ehemaligen Dachkammer, Rostock, Augustenstraße 90, Januar 1990

lich Aufsehen.«[470] Robert Kempowski schrieb darüber: »Vertraute Winkel kaum auszumachen. Seit Kriegsende Verfall. Soll man ein Lokal nach seinem Lokus identifizieren? Etliches einfach verschwunden, so wie das Haus Alexandrinenstraße 81.

Heißt sie heute noch so? Das Haus, in dem ich geboren wurde.«[471] Sie wohnten vor den Toren der Stadt, wo ihre Gastgeber am zweiten Abend eine Zusammenkunft mit Bürgerrechtlern arrangierten, darunter der Pfarrer Joachim Gauck, der zu den Mitbegründern des Neuen Forums in Rostock gehörte. »Er hatte meine Bücher zu DDR-Zeiten gelesen, heimlich hineingeschmuggelte, rare Exemplare. Anfang der achtziger Jahre wollte er eine Lesung mit mir in Rostock organisieren. Aber da stand ich unter Einreisesperre, da war nichts zu machen, auch nicht über den PEN-Club.«[472] In der Enquete-Kommission des Bundestages »Aufarbeitung von Geschichte und Folgen der SED-Diktatur in Deutschland«, der Kempowski zeitweilig angehörte, trafen sie sich bald darauf wieder.

Die Rostocker kannten *ihren* Kempowski. Ein Leser erinnert sich: »Ich habe im Mai 1975 den ›Tadellöser‹-Film gesehen, da war ich zwölf Jahre alt. Richtig eingestiegen in die Lektüre bin ich aber erst viele Jahre später. ›Tadellöser & Wolf‹, ›Uns geht's ja noch gold‹ und ›Ein Kapitel für sich‹ habe ich in drei Nächten durchgelesen, in der Taschenbuchausgabe von dtv. Ein Freund hatte sie mir geliehen, der sie ebenfalls von einem Freund geliehen hatte. Man wußte, wer solche Literatur besaß, bei wem das im Bücherschrank in der zweiten Reihe stand. ›Wenn jemand fragt, das hast du nicht von mir‹, wurde gesagt. Natürlich war es der Reiz des Verbotenen, der mich lockte, aber auch die andere Sicht auf die Ereignisse und der Rostock-Bezug. Ich suchte die beschriebenen Plätze auf, etwa das Denkmal am Rosengarten mit Pingel und Topp.«[473] Eine andere Leserin kaufte »Tadellöser &Wolff« zwar erst Ende 1989 in Lübeck vom »Begrüßungsgeld«, kannte aber schon andere Kempowski-Romane: »Meine Mutter besaß ›Schöne Aussicht‹, eine Kusine aus Bayern hatte ihr das Buch geschickt. Und ›Aus großer Zeit‹ brachte sie von einer Westreise mit.«[474]

Für die ZDF-Dokumentation »Kempowski in Rostock« besuchte er Mitte Januar noch einmal die Stätten seiner Jugend, etwa die Wohnung in der Augustenstraße mit seiner Mansardenzelle: »Als ich in dem niedrigen, schrägen Raum stand, im Gegenlicht ein staubiger Tisch mit zwei halb ausgetrunkenen Bierflaschen – da griff's mich dann doch ans Herz. Mein Refugium, in das ich mich vor der Hitlerjugend, als Schulschwänzer und später mit meiner Weltangst hatte zurückziehen können, es war noch vorhanden. Dem Kameramann, der auftragsgemäß meine Reaktionen zu verfolgen hatte, war es zu danken, daß ich die Fassung nicht verlor.«[475]

Auch im ehemaligen Geschäftshaus am Hafen wurde gedreht. Simone Neteler, Kempowskis damalige Mitarbeiterin: »Wir mußten eine halbe Stunde auf das Kamerateam warten und sahen uns das Kontor von innen an: Es war alles kaputt, die Tür eingetreten, die Fensterhöhlen leer, der Fußboden aufgerissen. Die sichtbare Zerstörung der Familienexistenz berührte ihn sehr. Er balancierte auf Brettern, die man über die Löcher gelegt hatte, inmitten des Chaos, und fast wäre er gestürzt.«[476]

Am 30. Januar folgte eine große Lesung vor mehr als 200 Zuhörern in der Rostocker Kunsthalle. Seine Frau, Kinder, Bruder und Schwester saßen in der ersten Reihe, Albrecht Knaus war gekommen, und aus dem Publikum winkte ihm hier und da jemand zu. Der Empfang war herzlich, tosender Applaus brandete auf: »Also doch! dachte ich. Also doch! Sie haben dich nicht vergessen, so wie du sie auch nicht vergessen hast. Es ist zwar nicht alles beim Alten, aber es ist noch und kann was werden.«[477] Kempowski nahm eine halbe Valium, bevor er seine Rostock-Geschichten las.

Er war zurückgekommen, angekommen, das Thema war erledigt, seine Erinnerungen überflüssig geworden. Genugtuung, Erleichterung und Überdruß hielten sich anscheinend die Waage. Bald danach löste er die Rostocker Bildersammlung im Turm seines Hauses auf.

Ähnlich erging es ihm auch mit Bautzen, das er nach 34 Jahren im März 1990 wiedersah, für Dreharbeiten eines niederländischen Dokumentarfilms über seine Haft. »Bautzen im doppelten Sinne abgehakt«, notierte er am Ende des Aufenthalts im Tagebuch: »Im ganzen ließ mich der Besuch ziemlich kalt, ja fast uninteressiert. Zuviel war verändert worden, und zu lange habe ich darüber nachgedacht.«[478]

Er hatte sich längst ein anderes Thema vorgenommen, das ihn ganz beschäftigte: die kollektiven Erinnerungen der Deutschen im Zweiten Weltkrieg. Die Anfänge lassen sich nicht genau bestimmen. Es scheint, als hätte Kempowski schon immer danach gesucht, diesen Stoff zu gestalten: In Bautzen hatte er begonnen, »Stimmen« einzusammeln. Seit Anfang der sechziger Jahre hatte er nach Hitler und nach Konzentrationslagern gefragt und in der Familienchronik zwischen Briefe seiner Verwandten Passagen aus dem Kriegstagebuch der Wehrmacht, Goebbels-Reden und Zeitungsberichten montiert.

Die Romane ergänzte er durch Statements anderer Erzähler, auch seine Hörspiele konzipierte er als Collagen. Bereits im Werkplan von 1971 bezeichnete er die Ahnung eines weiteren großen Projekts als »Mega«. Doch erst die Materialfülle des Tagebucharchivs und die Entwicklung der Technik mußten zusammenkommen, um daraus ein konkretes Vorhaben entstehen zu lassen. Am 7. November 1986 schrieb Kempowski aus Provo/Utah an seine Frau: »Heute morgen habe ich mich auch mit dem Computer beschäftigt, mit Keele zusammen. Jeden Tag erklärt er mir alles, und immer vergesse ich es. Wenn man dann selbst mal drauf schreibt, ist alles viel einfacher. Hier steht in jedem Zimmer so ein Automat, ohne den geht es überhaupt nicht mehr. Ich werde mir von Knaus einen besorgen lassen.«[479]

Der Germanist Alan Keele erstellte eine Wortkonkordanz zur »Deutschen Chronik«[480] mit Hilfe eines Rechners, und sein Gastdozent war begeistert von der Möglichkeit, riesige Datenmengen zu verarbeiten.

Im Mai 1987 gab er bereits Archivtexte in einen Olivetti-Computer ein: ostpreußische Fluchtberichte. Zu Anfang wollte er den Stoff noch thematisch ordnen: »Aufbruch«, »Treck«,

März 1990 in Bautzen

»Königsberg«, »Flucht über See«, »Ankunft im Westen«. Aber die Ergebnisse entsprachen nicht der Vielschichtigkeit des Geschehens. Deshalb orientierte er sich im folgenden Jahr an Zeiträumen und experimentierte mit Tagebucheinträgen, die aus dem Januar 1945 datierten. Er setzte auf seinem grünen Bildschirm das Mädchen Ursula Ehlers neben den Offizier Arthur Mrongovius: »Es ergab sich sofort der faszinierende Eindruck der Gleichzeitigkeit, der mich nie mehr losgelassen hat.«[481]

Im August 1987 unternahm er selbst eine Reise ins ehemalige Ostpreußen, um für die Rallye eines Autokonzerns das kulturelle Rahmenprogramm abzustecken, sah verfallene Schlösser und verblaßte deutsche Inschriften, notierte: »Ich muß die ganze Zeit an die Flüchtlinge denken. Die schmalen Alleen, Chausseen, mit ihren Treckwagen. Kein Dorf hier in der Gegend, in dem die Russen nicht Leute ermordet hätten. Die ganze Gegend ist hier so unverwechselbar deutsch, in allen Dörfern noch die meist ziemlich bescheidenen Häuser von damals. Auch die Bäume noch von damals.«[482] Im Sommer des nächsten Jahres wandte er sich versuchsweise einer anderen Phase des Krieges zu: der Schlacht von Stalingrad. Im August stand dann das Konzept fest: Kempowski wollte die Jahre 1943 bis 1948 festhalten, Tag für Tag. »Mit dem Computer geht's jetzt sehr flink. Ohne ihn wäre das Projekt nicht durchzuführen«[483], notierte er, und: »Genug zu tun für die nächsten Jahre.«[484]

Es war in München, wo er sich im Oktober 1988 zu Gesprächen mit seinem Verlag aufhielt, als er unverhofft den Titel fand und mit Bleistift auf den Rand einer Zeitung schrieb: »Echolot«. Und wenige Tage später notierte er im Zug nach Nürnberg: »Echolot. Ein kollektives Tagebuch«.[485] Das Unternehmen nahm Formen an. Aus dem Archiv suchte er alle Texte heraus, die in den Zeitraum fielen, Unterschiede machte er nicht, denn er wollte den großen Chor darstellen. Dazu recherchierte er verstärkt nach Aufzeichnungen von Ausländern, um Einseitigkeit zu vermeiden, auch nach Tagebüchern und Briefen von Prominenten. Auf eigene, kommentierende Texte verzichtete er.

Die Dimensionen des Projekts, das da in Nartum heranwuchs, waren auch dem Knaus Verlag nicht klar, der im Februar 1989 einen zweiten Computer zur Verfügung stellte sowie Geld für Recherchen und Schreibarbeiten, die Oldenburger Studenten erledigten. Kempowski notierte am 12. März 1989 im Tagebuch: »Das ›Echolot‹ ist ein Faß ohne Boden, aber sehr interessant zu lesen. Gestern erste Proben, griff aufs Geratewohl einen Ordner und las mich sofort fest. Einen Sinn fürs Tickhafte haben, das ist es, ohne den deutschen Ernst. Das werden mir die deutschen Historiker übelnehmen, die Leser wird's jedoch erfreuen. Die Fotos sind sehr wichtig. Sie vermenschlichen alles.«[486] Und am 4. April 1989: »Es wird schwierig sein, im Echolot die rechte Balance zu halten. Am besten stückweise vornehmen, tageweise. Heute hab' ich errechnet, daß pro Jahr mindestens 1800 Eintragungen zu erwarten sind. Das sind sicher 1000 Seiten. Wie soll ich die unter Kontrolle bringen? Ich mach' erst mal weiter.«[487] Erste technische Schwierigkeiten stellten sich ein. Der Olivetti-Computer war im Grunde nur eine Schreibmaschine mit Speicherfunktion. Und die Sicherungsvorgänge dauerten wegen der bereits angesammelten Textmassen schon Minuten. Simone Neteler: »Ich drehte mir dann eine Zigarette, und Kempowski ging in den Garten.«[488]

Im Sommer 1989 arbeitete Kempowski an drei Vorhaben gleichzeitig, neben »Echolot« noch an »Sirius« und an einem Roman mit dem Titel »Mark und Bein«, dem die Eindrücke seiner Reise ins ehemalige Ostpreußen zugrunde lagen. Er ging von einem Schreibtisch zum andern, glitt von einem Projekt ins andere. »Ich arbeite wie ein Verrückter. Das Telefon haben wir abgeschaltet.«[489]

Im September 1989 stellte er das »Echolot« im Deutschen Historischen Museum in Berlin auf Einladung von dessen Direktor Christoph Stölzl erstmals der Öffentlichkeit vor, im Publikum Erich Kuby und Günter de Bruyn. In seinem Tagebuch läßt sich die Entwicklung der folgenden Monate ablesen, die Erweiterung des Konzepts, aber auch die Angst, der großen

Aufgabe nicht gewachsen zu sein: Er kaufte zahlreiche Tagebücher, in Hamburg deutsche, in London englische, in Apenrade dänische, entdeckte das Auschwitz-Kalendarium von Danuta Czech, konzentrierte sich jetzt auf das Jahr 1943, wurde unterstützt von seiner Frau, die Texte in den Computer eingab, beargwöhnt vom Verlag, wo der dritte Verleger innerhalb weniger Jahre mit dem Projekt vertraut gemacht werden mußte. Kempowski ließ sich Akten kommen aus dem Bundesarchiv in Koblenz und dem Militärarchiv in Freiburg. Er dachte jetzt daran, »Echolot« in Einzellieferungen herauszubringen, »Echolot I« auf Januar und Februar 1943 zu beschränken und damit einen Band zu füllen.

Bisher hatte er die Texte nur aneinandergereiht, was bei erneuter Lektüre wenig befriedigte. Deshalb entschloß er sich zu einer Collagierung nach Art seiner Hörspiele, ordnete das Material dialogisch oder verstärkte Eindrücke durch Häufung, ließ Themen abwechseln, wiederkehren, variierte sie. Eine Komposition entstand, deren ästhetische Wirkung in der Summe und der Anordnung ihrer Teile lag: Form als höchster Inhalt.

Das Unternehmen »Echolot« wuchs unaufhörlich. Literatur wurde systematisch ausgewertet, vor allem die Stimmen von Prominenten ergänzt. Material wurde besorgt aus anderen Archiven, unveröffentlichte Briefe von Alfred Döblin, Hermann Hesse, Hans Grimm, Wilhelm Lehmann aus Marbach, Tagebücher von Hans Friedrich Blunck aus Kiel, von Hans Fallada aus Feldberg, von Sven Hedin aus Stockholm, von Gerhart Hauptmann aus Berlin. Kempowski wurde bei seiner Arbeit nun von einer kleinen Mannschaft unterstützt, eine Handvoll Rechercheure, Abschreiber, Übersetzer war am Werk.

Im Januar 1991 schickte er eine erste Probe des Manuskripts an den Verlag nach München, im Juli eine zweite. Sein Lektor Karl Heinz Bittel war von dem Vorhaben »überzeugt«. Trotzdem vergingen noch mehr als zwei Jahre bis zum Erscheinen des »Echolot«, eine Zeit angestrengter Arbeit am Text und heftiger Diskussionen zwischen Verlag und Autor über die Art der

Publikation. Bittel beschreibt die Stimmung in München: »Eigentlich lief das Ganze unter der Überschrift: ›Augen zu und durch!‹« Einerseits hielt man im Verlag das Projekt für wahnwitzig, weil unkalkulierbar, andererseits wollte man sich mit Kempowski keinen (öffentlichen) Ärger einhandeln. Es wurde mit einer Auflage von allenfalls 3000 bis 5000 Exemplaren gerechnet (»für die Bibliotheken und die treuesten Kempowski-Fans«[490]).

Der damalige Verleger, Olaf Paeschke, wollte keine Sammelwerke oder Dokumentationen, sondern Romane. Den dachte Kempowski eigentlich parallel zu liefern, nämlich »Mark und Bein«. An der Universität unterrichtete er nun zwar nicht mehr, nachdem er mit Ablauf des Wintersemesters 1990/91 pensioniert worden war. Aber Literaturseminare gab es noch immer. Das »Echolot« lastete auf ihm, denn es zeichnete sich ab, daß der erste Teil auf 3000 Seiten anwachsen würde. Kempowski war in dieser Zeit äußerst angespannt, oft grundlos gereizt, wie seine Mitarbeiterin schildert: »Einmal hat er in den Schreibtisch getreten, einfach so, es lief doch eigentlich alles ganz gut. Auch erzählte er manchmal, daß er so Blitze im Auge sähe, ein gezacktes Horn.«[491]

Wenige Tage vor Weihnachten erlitt Kempowski einen Schlaganfall. »Morgens beim Frühstück sackte ich vom Stuhl, und meine Frau sagte: ›Machst du Witze?‹ Das hörte ich noch. Und dann hatte ich ein herrliches Gefühl, und ich dachte: Jetzt bist du alles los. Die ganzen Schwierigkeiten, die Arbeit – nun hast du endlich deine Ruhe. Das war ein seliges Gefühl.«[492]

Im Rotenburger Krankenhaus dämmerte er einige Tage vor sich hin. Die linke Körperhälfte war anfangs völlig taub. Simone Neteler: »Er rief mich zu sich und wollte etwas mit mir besprechen. Auf seinem Krankenbett waren überall Zettel verstreut. Wie es weitergehen sollte mit dem ›Echolot‹, wenn er nicht mehr arbeiten könnte, das war alles, was ihn beschäftigte. Auch wenn die Notizen nur schwer lesbar waren, so enthielten sie doch Planungen von absoluter Perfektion. Er wollte wohl das ›Echolot‹ in andere Hände legen, für den Fall der Fälle.«[493]

Nach drei Tagen war er auf dem Weg der Besserung, konnte die Uhr wieder lesen, und seine Sprache normalisierte sich allmählich. Im Tagebuch hieß es dann schon wieder: »Ich überlegte, wie Karajan sich wohl benommen hat im Krankenhaus, und ob der sich auch solchen Fraß hat bieten lassen.«[494] Einige Sätze darunter findet sich der Anfang eines neuen Romans, der »Kleine Liebe zu Trompeten« heißen und von einem jungen Mann handeln sollte, der zu ehemals deutschen Bunkeranlagen an der französischen Atlantikküste fährt. Mitte Januar wurde Kempowski entlassen. Er war noch geschwächt und mußte sich schonen, wollte sich wohl auch schonen und Aufgaben delegieren. »Aber er arbeitete ziemlich bald wieder«, so Simone Neteler, »er konnte gar nicht anders, dazu war – und ist – er viel zu sehr der Macher.«[495] Zwei Jahre später hatte er einen weiteren, weniger schweren Schlaganfall. Die Folgen behinderten ihn noch einige Jahre, die Arbeitskraft war eingeschränkt, zuweilen zeigte sich ein leichtes Stottern, und selbst einfache Begriffe oder Namen fielen ihm erst nach einigem Nachdenken ein.

Jedenfalls setzte er im Januar 1992 sein Testament auf und arbeitete weiter. Im Februar begann er, den »Echolot«-Text noch einmal von vorn durchzugehen, auszudünnen, aufzufüllen, neu zu collagieren.

Ende des Monats erschien »Mark und Bein«, die Geschichte des jungen Journalisten Jonathan Fabrizius, der im früheren Ostpreußen für einen Autokonzern eine Rallye vorbereitet. Kempowski war 1987 die gleiche Strecke gefahren, über Danzig und die Marienburg nach Masuren bis an die Grenze zur Sowjetunion. Er war an Succase vorbeigekommen, wo einst der Schneider Kempowski in seinem Vorlaubenhaus Kinder unterrichtete, und hatte am Strand der Frischen Nehrung das Grab seines Vaters gesucht.

Auch wenn er in den Erlebnissen des Jonathan Fabrizius, der bereits in »Hundstage« am Rande aufgetaucht war, vordergründig seine eigenen Beobachtungen verarbeitete, so hatte die »Episode« doch eine tiefere Schicht: die Suche nach der vergessenen und verdrängten Geschichte in den Weiten des Ostens, das Gedenken an Flucht und Vertreibung der Deutschen, die ihn zur gleichen Zeit im »Echolot« beschäftigten. Er setzte die literarische Auseinandersetzung mit dem Vater fort, Karl Georg Kempowski, die er in der Chronik ausgespart und erst im Hörspiel »Moin Vaddr läbt« begonnen hatte.

Die Grausamkeit stellt das Leitmotiv des Romans dar. Die erfrorenen Flüchtlinge im Straßengraben wie die Opfer des Konzentrationslagers Stutthof bei Danzig stehen stellvertretend für die »Qual der Kreatur, das an den Pfahl gehenkte Fleisch«, »den schlurfenden Zug der Menschen unter einem verdammenden Himmel«,[496] wie es im Buch etwas pathetisch heißt. Die Beschäftigung mit Schuld ist das eigentliche Thema, nicht die Schuld der Deutschen, Russen oder Polen, sondern die Schuld der Menschen – und eines Gottes, der es zuläßt, daß Menschen einander Leid zufügen. In der »Deutschen Chronik« ging es noch um das eigene und um das kollektive Versagen der Deutschen, jetzt erweiterte Kempowski das Thema ins Allgemeine. Darauf verweist das ständige Relativieren, dessen er sich als künstlerisches Mittel bediente, indem er fortwährend Sachverhalte aus unterschiedlichen Blickwinkeln beleuchtete, gegensätzliche Meinungen zitierte und mit den gängigen Klischees über Deutsche und Polen spielte.

Das Buch kam zur falschen Zeit. Es schilderte ein spätsozialistisches Land der achtziger Jahre, das es nach dem politischen Umbruch im Osten Europas so nicht mehr gab, und es war von einem Interesse für die Themen Flucht und Vertreibung geleitet, das damals noch nicht opportun war, geschweige denn die Deutlichkeit, mit der Kempowski auch von sowjetischen und polnischen Verbrechen sprach. So blieb es ohne großen Erfolg beim Publikum und ging in der Literaturkritik unter, die wohl eher von dem Bemühen um politisch korrektes Verhalten geleitet war als um sachliche Auseinandersetzung, wie sogar ein polnischer Interpret der Erzählung bemerkte.[497]

Mit »Mark und Bein« wurde eine Erweiterung des großen Gesamtwerkplans sichtbar. Nachdem die »Deutsche Chronik« beendet und die Ebene der pädagogischen Bücher ausgebaut worden war, hatte Kempowski mit »Hundstage«, »Sirius« und »Mark und Bein« eine dritte Schicht eingezogen: die »zweite Chronik«. Sie umkreist jenseits der Rostocker Familiengeschichte zwar ebenso persönliche, autobiographische Themen, benutzt diese aber vor allem als Ausgangspunkt zur Gestaltung übergeordneter, allgemeinerer Fragen.

In Nartum stapelten sich unterdessen die Ausdrucke verschiedener »Echolot«-Fassungen und bald auch in München. Bis Mai 1992 wurde das endgültige Manuskript so weit fertiggestellt, daß es dem Verlag eingereicht werden konnte. Es umfaßte die Monate Januar und Februar 1943. Noch war nicht sicher, wie das Werk überhaupt veröffentlicht werden konnte. Das 50 Zentimeter hohe Manuskript bestand aus mehr als 4000 Seiten. Würde es dafür Käufer, ja auch Leser geben? Zwischen Autor und Verlag kam es zu einigen teils hitzigen Diskussionen. Simone Neteler: »Einmal ist Kempowski mitten im Gespräch ausgeflippt, weil er das Gefühl hatte, die Leute vom Verlag zögen nicht mit. Er ging weg, beruhigte sich und kam dann wieder mit Übersichtszeichnungen und Plänen. Er hatte immer ganz konkrete Vorstellungen und war ausgesprochen hartnäckig. Oft fluchte und schimpfte er, aber er ließ nicht nach und suchte immer wieder das Gespräch mit dem Verlag. Am Ende bekam er dann alles, was er wollte, auch bei der Ausstattung: Leineneinband statt Broschur, handgemachter Schuber, geprägtes Signet.«[498] Karl Heinz Bittel: »Auch um die Zahl der Bände gab es ein ziemliches Gefeilsche: ein Band, zwei, drei oder vier Bände? Es war dann eine heikle Aufgabe, den Vierbänder durch die Fährnisse des Verlagsalltags zu steuern und dabei auf Kurs zu halten. Auf einer Programmsitzung im Verlag, auf der ich das Projekt zum wiederholten Male vorstellte, fragte mich der Vertriebschef recht verwundert und mit bedenklicher Miene: ›Das ist also gar kein richtiger Roman? Keine Zeile von Kempowski?‹ An ein Werk, das enorme Kosten verursachte und voraussichtlich nichts einbringen würde, wollte niemand glauben. Außer dem Autor und – vielleicht in abgeschwächter Form – dem Lektor.«[499]

Inzwischen hatte Kempowski sich bereit erklärt, auf einen Teil seines Honorars zu verzichten, indem er dem Verlag bei den Prozenten entgegenkam. Er hatte aber auch, auf Anraten seines alten Verlegers Albrecht Knaus, den Vorstandschef des Bertelsmann-Konzerns um Unterstützung gebeten, und der genehmigte einen Zuschuß zu den Gesamtkosten. Klaus Eck, der damals als Random-House-Verleger Kempowskis Bücher veröffentlichte: »Der Knaus Verlag allein wäre sicher nicht in der Lage gewesen, ein solches Unternehmen zu finanzieren; hier half der Verbund der Verlagsgruppe Bertelsmann. Auch auf lange Sicht keine Chance der Refinanzierung; aber ein Projekt, das dem Autor, seinem Verlag und der Gesellschaft einen wichtigen Punkt geistig-historischer Orientierung vermittelt.«[500]

Kempowski schrieb jedenfalls am 6. Mai 1993 ins Tagebuch. »So etwas hat es noch nie gegeben!, auf diesen Satz kapriziert sich Lektorat und Vertretergruppe.«[501] Erstes Anzeichen für das öffentliche Interesse war Anfang 1993 ein Abdruck von Texten aus dem Januar 1943 im »Spiegel«, zum 50. Jahrestag der Schlacht von Stalingrad. Und im Verlauf des Sommers meldeten sich die ersten Kritiker bei Kempowski, nachdem sie Vorabexemplare erhalten hatten: begeistert, sprachlos, bewegt.

Als Kempowskis Großcollage aus Tagebüchern, Briefen, Memoiren und Fotografien im Oktober 1993 erschien, wurde sie innerhalb kürzester Zeit zur Sensation. Der erste Leser des gesamten Werks meldete sich nach einer Woche, bis Jahresende waren 30 000 Exemplare verkauft. Die Rezensionen überschlugen sich. Die »FAZ« widmete ihm eine ganze Seite, die »Süddeutsche Zeitung« ebenfalls, die »Zeit« sogar zwei. Jörg Drews schrieb: »Das Wort, mit dem die Distanz und zugleich Bewegtheit zu bezeichnen wäre, die einen in ein depressives Verstummen treibt bei der Lektüre dieses Mosaiks von Bildfragmenten, heißt vielleicht: Pietät.«[502] Fritz J. Raddatz urteilte: »Das ist das schockierend Geniale von Kempowskis Collage: die totale Gleichzeitigkeit des Ungleichzeitigen; alles passiert *auf einmal*: Verbrechen und Schunkeln, Wohlleben und Sterben, Läppischkeit, Zynismus und Mord.«[503] Und Frank Schirrmacher übertraf sie noch mit dem oft zitierten Satz: »Wenn die Welt noch Augen hat zu sehen, wird sie, um es in einem Wort zu sagen, in diesem Werk eine der größten Leistungen der Literatur unseres Jahrhunderts erblicken.«[504]

Von Kempowski selbst stammte nur eine Seite: das Vorwort, in dem er seine Motive erläuterte, von den Stimmen der Mithäftlinge sprach, die er in Bautzen bei einem Hofgang gehört, von einem Haufen Fotos und Briefe, die er in Göttingen von der Straße aufgesammelt hatte, Hinterlassenschaft eines gefallenen Soldaten. Er wollte Erinnerungsarbeit leisten, Überlieferung bewahren. »Den Guten, die auch immer ein wenig böse sind, und den Bösen, die auch von einer Mutter geboren wurden, habe ich zugehört, und ich habe ihre Texte zu einem Dialog formiert.«[505] Er hörte allen zu, und er trat hinter sie zurück. Seine Aufgabe, seine Einwirkung als Autor lag in der Auswahl, der Collage, im Arrangieren, in der Komposition der Stimmen. Kempowski im Tagebuch, 22. November 1993: »Fechner über sich: Man sieht mich nicht, man hört mich nicht, ich bin der Schnitt. – So ähnlich ist meine Rolle im ›Echolot‹.«[506] Fritz J. Raddatz meinte: »Er ist der Uhrmacher dieses sich schaurig drehenden Gespensterkarussells. Er ist Ethnologe. Also Künstler.«[507]

Und Jörg Drews stellte fest, Kempowski, der zu Unrecht nicht zu den progressiven Schriftstellern gerechnet werde, erfülle das Vermächtnis Walter Benjamins, der sich – jedenfalls zeitweise – seine »Pariser Passagen« als pure Montage von Zitaten gedacht hatte, die so sprechend zu arrangieren seien, daß der Kommentar des Autors überflüssig werde.[508] Tatsächlich hatte sich Kempowski in seinen Äußerungen zum »Echolot« früh auf Benjamins Diktum gestützt: »Methode dieser Arbeit: literarische Montage. Ich habe nichts zu sagen. Nur zu zeigen.«

»Das Echolot« war das große Literaturereignis der neunziger Jahre in Deutschland. Es wurde in Amsterdam, Stockholm, Kopenhagen, Rom, London und New York besprochen wie selten ein Werk der deutschen Gegenwartsliteratur.[509] Und Anfang Mai 1994 verlieh die Konrad-Adenauer-Stiftung Kempowski in Weimar ihren Literaturpreis – die erste Auszeichnung seit zehn Jahren.

10. Erfüllung

Mit gekrümmtem Rücken unter dem Gewölbe den Schlußstein einpassen.[510]

Mit »Echolot« wandelte sich das Bild Kempowskis in der öffentlichen Wahrnehmung, auch wenn frühere Werturteile noch lange fortwirkten. Die Entwicklung verstärkte sich nach den weiteren »Echolot«-Lieferungen 1999 und 2002 noch einmal. Sie steht in Zusammenhang mit der politischen Entwicklung nach dem November 1989 und der Auflösung ideologischer und kultureller Selbstgewißheiten im wiedervereinigten Deutschland. In den »langen« achtziger Jahren war Kempowski von einem großen Teil der Literaturkritik abgetan worden als schreibender Dorfschullehrer, der die deutsche Geschichte deutungsabstinent und vergnüglich aufarbeite, also verharmlose. Frank Schirrmacher wies in seiner Besprechung des »Echolot« darauf hin, daß das »literarische Milieu« Kempowskis Suche nach Tagebüchern und Briefen »mit Lächeln und bald schon mit Spott quittiert«[511] habe: »Viele glaubten und sagten es auch, sofern sie nicht gerade mit der Formulierung der großen Menschheitsfragen beschäftigt waren, daß Kempowski eben doch nur ein in die Literatur verirrter Archivar geblieben sei.« Und gleichsam vorbeugend habe man sich daran gemacht, »durch öffentliche Plagiats- und Abschreibevorwürfe seinen Ruf zu zerstören«.

Gemeint war jene »nebulöse Medienlinke«,[512] die, wie Hans Magnus Enzensberger schrieb, in den Jahren nach 1968 allmählich »in die journalistischen und kulturellen Schaltstellen der Bundesrepublik« einrückte und sich »als politischer Sittenrichter« aufspielte, als »Türhüter der Bewußtseinsindustrie«.

Wer etwa eine andere Auffassung von Literatur vertrat, wurde »öffentlich isoliert«,[513] wie Schirrmacher feststellte, er bekam, mit den Worten Ulrich Greiners, »kein Bein auf den Boden.«[514] Das galt insbesondere für vorgeblich »unpolitische« Dichter wie Hermann Lenz und für Schriftsteller, die Sonderwege gegangen waren wie Arno Schmidt oder Ernst Jünger. Das betraf auch Kempowski.

Der Literaturkritiker Martin Ebel wies zuletzt noch einmal darauf hin, daß man »Kempowski selbst Naivität oder, schlimmer, Beschönigung der Vergangenheit« vorgeworfen »und ihn kurzerhand, so war das in den siebziger Jahren, in die rechte Ecke« gestellt habe, »natürlich auch, weil er auf die DDR schon mit Fingern zeigte, als das in friedensbewegten und progressiven Kreisen noch nicht opportun war.«[515] Karl Heinz Bittel erzählt: »Anläßlich der Präsentation eines Buches von Hans Mayer in der Frankfurter Lindenstraße lernte ich einen altgedienten Suhrkamp-Lektor kennen, Urgestein dieses Verlags. Als ich ihm von meiner gerade zurückliegenden Arbeit an ›Echolot‹ erzählen wollte, meinte er: ›Ach, Sie sind auch noch stolz darauf?‹ Das klang zynisch in meinen Ohren, und so war es wohl auch gemeint.«[516]

Zwar hatte Kempowski immer »sein« Publikum gehabt, war ihm auch ein Teil des Feuilletons gewogen geblieben. Aber er wurde vielerorts nicht so gewürdigt, wie es Umfang und Bedeutung seines Werkes entsprochen hätte. Die großen Literaturpreise des Landes hatte er nicht bekommen, außer der Freien Akademie in Hamburg hatte ihn keine Institution dieser Art zu ihrem Mitglied gewählt. In bestimmte Talkshows wurde er nicht eingeladen, bei Zeitungsumfragen unter Schriftstellern nicht berücksichtigt, von Goethe-Instituten, Autorenbuchhandlungen, Literaturhäusern, christlichen Akademien gar nicht oder nur äußerst selten eingeladen. In manchen Kultursendungen kam er schlicht nicht vor. Als Kempowski um die Jahrtausendwende ein bestimmtes Fernsehmagazin benannte, das noch nie über ihn berichtet habe, schrieb ihm der verantwortliche Redakteur allen Ernstes: Doch, natürlich, Anfang der siebziger Jahre habe es mal eine Sendung gegeben…

Der Verstoß gegen den »Gruppen-Komment«[517] (Chaim Noll) bewirkte auch, daß sich nach der Diskreditierung von »Tadellöser & Wolff« als »Witzbuch« die Literaturwissenschaft kaum für ihn interessierte. Dagegen zählen die Arbeiten zu herausragenden Protagonisten der Gruppe 47, aber auch zu Lichtgestalten der DDR-Literatur nach Hunderten.[518] Mehr als die Hälfte aller Arbeiten über Kempowski entstanden nach 1994. Zu seinen Lebzeiten wurden ganze drei Dissertationen geschrieben, in Ägypten, Tasmanien und den USA. In Gesamtdarstellungen zur Gegenwartsliteratur kam er gewöhnlich nur am Rande vor, in der Aufzählung von Autoren, die vor Wolf Biermann die DDR verlassen haben. Zuweilen wurde er auch vergessen.[519] In der umfangreichen Anthologie »Inventur. Deutsches Lesebuch 1945–2003«, erschienen ausgerechnet im Hanser Verlag, der 1971 »Tadellöser & Wolff« veröffentlichte, ist Kempowski mit keiner Zeile erwähnt. Der Germanist Eckehard Czucka sprach im Jahr 2000 davon, daß »die akademische Abteilung für Gegenwartsliteratur die Rezeptionsverweigerung, die sie dem Autor Kempowski und seinem Werk angedeihen läßt, fast schon perfekt systematisiert hat«.[520]

Kempowski wußte, daß er kein Einzelfall war. Er dachte auch an die Situation tonaler Komponisten und gegenständlicher Maler nach 1945. Trotzdem setzte ihm zu, daß Teile des Kulturbetriebs die kritische Intention der »Deutschen Chronik« leugneten und seine eigene Verweigerung gegenüber den Nazis verschwiegen. Sie wiederholten das Stigma des Bautzen-Erlebnisses und erneuerten die amtliche Ablehnung nach der Haft fortlaufend.

Daß er sich in seiner Arbeit selbst immer wieder übertraf, ist sicher auch als ein Ringen um Anerkennung zu verstehen: 3100 Seiten der »Deutschen Chronik« durch 7000 Seiten »Echolot«, die kurzen Hörspiele durch einen ganzen Radiotag, die 45 Materialbände zu seiner Familiengeschichte durch 7000 Konvolute des Kempowski-Archivs.

Den »Nachwirkungen der politischen Mißliebigkeit Kempowskis«[521] steht seit dem »Echolot« von 1993 eine neue Rezeption entgegen, die sich um das Jahr 2000 allgemein durchzusetzen begann. Zwar hatte es in den achtziger Jahren vereinzelte Rufer in der Wüste gegeben, die auf den künstlerischen Wert von Kempowskis Werken hinwiesen. Volker Hage schrieb 1982 gegen den Vorwurf, die Nazizeit zu beschönigen: »So einfach ist es nicht. Wer genau liest, findet auch die Schatten, neben denen bürgerliche Behaglichkeit unbekümmert blüht und die sie manchmal selbst wirft.«[522] Und Jörg Drews machte 1989 darauf aufmerksam, »daß man Kempowski viel abgründiger und böser lesen muß, als dies meist geschieht, daß das Banale wie das Niedliche bei ihm immer hoch ambivalent auftauchen und gar nicht so harmlos dastehen, sondern eher grauenhaft wirken, und dies oft durch die täuschende Harmlosigkeit des Tons«.[523]

Aber erst Schirrmachers »Echolot«-Rezension leitete die Wende ein. Unterstützung kam auch aus einer anderen, unerwarteten Richtung. Gerhard Henschel beschrieb in einem ausführlichen Kempowski-Porträt im Satiremagazin »Titanic«, daß auch er weiter nichts von Kempowski wußte »als das nach dem Prinzip der Stillen Post von einer Redaktion zur nächsten weitergereichte Vorurteil, daß er ein konservativer Übelmann sei«, bevor er 1984 zum ersten Mal ein Literaturseminar in Nartum besuchte.[524] Inzwischen aber halte er Kempowski für einen »ameisenfleißigen Autor großartiger und komischer Romane«, der nie Partei ergreife: »Und das hebt Kempowskis Romane überaus vorteilhaft ab von den sauren, aufdringlich moralisierenden Werken seiner ungeliebten Kollegen Grass und Härtling.«[525] Er widersprach dem weitverbreiteten Ruf Kempowskis, daß er »das Barbarische verniedliche«, und wies darauf hin, daß in seinen Romanen mehr Abgründe klafften, »als das bis vor kurzem noch gängige Klischee der Kritiker glauben machen möchte«.

Henschel hob besonders den anderen Kempowski hervor, der durch »Hundstage« und »Sirius« »seine angestammte, über die erwähnten Abgründe möglicherweise allzu eilfertig hinweglesende Gemeinde wohlwollender Senioren verprellte«.[526]

Henschels neues Kempowski-Verständnis wurde von anderen Autoren und Zeichnern aus dem Umfeld der »Titanic« geteilt.[527] Max Goldt, Eugen Egner und Tex Rubinowitz, der eine kleine Rolle in der »Tadellöser & Wolff«-Verfilmung gespielt hatte, lasen ihn mit Gewinn. Eugen Egner schreibt: »Was mir von Anfang an gefallen hat, ist Kempowskis Sinn fürs Absurde und Groteske, seine Komik, die dem Schrecklichen entspringt. Da besteht vielleicht eine gewisse Verwandtschaft zu meinen Arbeiten. Besonders imponiert hat mir stets, daß er sowohl auf literarische als auch politische Moden gepfiffen und konsequent getan hat, was er persönlich für richtig hält.«[528] Gerhard Henschel selbst beschrieb in seinem Roman »Die Liebenden« (2002) anhand von Briefen eines späteren Ehepaares Zeitgeschichte um 1950 aus der Perspektive des privaten Lebens, was die Literaturkritik in die Tradition von Kempowskis Collage-Verfahren stellte. Henschel sagt über dessen Einfluß: »Briefe gesammelt und archiviert habe ich schon immer gerne, aber ohne Kempowskis ›Echolot‹ wäre ich vielleicht nie auf die Idee gekommen, aus dem Briefnachlaß meiner Eltern und Großeltern einen Roman zu gestalten. Noch lieber als der vorbildliche Sammler und Archivar ist mir allerdings der Erzähler Kempowski mit seinem Sinn fürs Dingliche und Körperliche.«[529]

In dem Maße, wie sich in den neunziger Jahren die ideologischen Nebel lichteten, wurde der Blick wieder frei für die künstlerische Qualität von Kempowskis Werken. In der »Frankfurter Rundschau« räumte Wolfram Schütte »nachhaltige Wahrnehmungsdefizite«[530] ein: »Es sieht so aus, als sei Walter Kempowski (...) bislang mißverstanden worden.« So entdeckten auch manche, die ihn früher aus politischen Gründen gemieden hatten, Kempowski neu. Der Publizist Michael Rutschky schildert – in der dritten Person –, wie er auf »Echolot« stieß: »Längst war er von seiner Kempowski-Aversion aus den Siebzigern genesen und mit dem Romanwerk vertraut; verläßliche Informanten wie Max Goldt und Gerhard Henschel klärten ihn darüber auf, daß Walter Kempowski zu lesen sei, nachdem die auf Max Frisch oder Heinrich Böll oder Günter Grass gerichteten Erwartungen abstarben.«[531] Rutschky lieh sich zwei Bände »Echolot« aus und beabsichtigte, ein wenig darin zu blättern. Aber er las sich fest, las sie durch und kaufte dann doch das gesamte Werk, fortan im Bann der Stimmen, die Kempowski versammelt hatte.

Auch der Lektor Rudi Deuble kam in den neunziger Jahren zu Kempowski zurück. Die Polyphonie der Stimmen im »Echolot« überzeugte ihn sofort. Als er 1997 Kempowski im Fernsehen für die Collage »Bloomsday« zappen und freche Kommentare geben sah, merkte er, »daß das tatsächlich ein interessanter Autor ist. Auf der Buchmesse 2001 bekam ich ›Alkor‹ in die Finger. Es war faszinierend, wie er den eigenen Alltag literarisierte, auch wie er sich selbst völlig preisgab. Ich las das Buch in der Nacht gleich zur Hälfte durch, ich saß sozusagen aufrecht im Bett. Dann besorgte ich mir alles andere.«[532]

Politisch könnte er sich mit Kempowski immer noch über vieles streiten, meinte Deuble später. Aber er verstand nur allzu gut, daß Kempowski wie in »Alkor« schimpfe und wütend sei. »Es gibt ja eine schreckliche linke Ignoranz, und zwar durchgängig, auch bei Linksliberalen, eine furchtbare Resistenz gegen alle rationalen Einwände.«[533] Kempowski sah er nach dreißig Jahren wieder als einen wirklich modernen Schriftsteller: »Die Gedanken, die er im Tagebuch über ›Echolot‹ entwickelt, über die Collage von Stimmen und über das, was er ›Plankton‹ nennt, die Erinnerungskristalle der Menschen, etwa daß man ein bestimmtes Ereignis von 10 000 Leuten erzählen lassen und diese Berichte nebeneinanderstellen müßte, und dann wäre es immer noch nicht wahr, das ist der Kern des fortgeschrittensten Literaturbegriffs.«[534]

Und selbst Hartmut Scheible, der 1972 geschrieben hatte, »Uns geht's ja noch gold« könne so etwas wie eine »Landserstory für Zivilisten« sein, und der inzwischen längst Professor an der Universität Frankfurt geworden war, hielt nun in den späten neunziger Jahren auch Kempowski-Seminare ab.

In Kempowskis Gesamtwerkarchitektur zog mit »Echolot« eine vierte Ebene ein, das objektivierende Pendant zur subjektiven Sicht in der »Deutschen Chronik«. Er betrieb Geschichte von unten, wollte zeigen, wie die historischen Geschehnisse jenseits ideologischer Verkürzungen von den Betroffenen selbst erlebt und beurteilt wurden. Daß die Absicht erkannt und angenommen wurde von denen, die Kempowski meinte, zeigen die zahlreichen Lesungen des »Echolot« und seiner Folgelieferungen in verschiedenen Städten, in Theatern, Kirchen, oft von Bürgern für Bürger veranstaltet wie zum Beispiel in Marburg, wo 2001, 2002 und 2003 Hunderte von Freiwilligen ununterbrochen eine ganze Woche lang Tag und Nacht vorlasen.[535]

Das erste »Echolot« beeinflußte auch den öffentlichen Umgang mit der Vergangenheit. Es gibt seitdem kaum eine Fernsehdokumentation über das »Dritte Reich« oder den Zweiten Weltkrieg, die ohne Statements von Zeitzeugen auskäme, kaum einen Gedenktag wie etwa das Kriegsende 1945, der nicht in lokalen Zeitungen mit Erlebnisberichten beschrieben worden wäre.

Mit der Zeit öffnete sich anstelle der Germanistik die Geschichtswissenschaft für Kempowskis Verfahrensweise und seine Leistung, die weder die Alltags- noch die Mikrohistoriker erbracht hatten. Ulrich Herbert konstatierte: »Es entsteht ein Bild des Krieges, wie es keine andere Darstellung, Quellensammlung oder belletristische Arbeit so präzise, plastisch und differenziert bisher gezeichnet hat.«[536] Peter Fritzsche: »Kempowskis Methode, verschiedene Stimmen nebeneinander- und gegenüberzustellen, zeigt das Potential eines stärker selbstreflektierenden und kritischen Nutzens zeitgenössischer Geschichte.«[537] »Das Echolot« wurde auf Symposien behandelt und Kempowski zu Vorträgen eingeladen. Der Begriff des »kollektiven Gedächtnisses« kam in diesen Jahren in Mode. Kempowski arbeitete daran schon seit den sechziger Jahren.

Er hatte eine neue Art gefunden, Geschichte zu erzählen, das Erleben der Menschen, besonders des Krieges, anschaulich werden zu lassen. Das brachte ihm auch eine unerwartete Verbindung ein. Im November 1993 erfuhr er, daß sich Heiner Müller für das kollektive Tagebuch interessierte.[538] Tatsächlich steht »Das Echolot« in seiner Nachlaßbibliothek, außerdem fanden sich in seiner Hinterlassenschaft Notizzettel aus den Jahren 1993 und 1994 mit Hinweisen.[539] Die Idee, es am Berliner Ensemble lesen zu lassen, stammte aber offensichtlich von Elisabeth Plessen und Peter Zadek.[540] Müller, der sich wie Kempowski einer kompilatorischen Arbeitsweise bediente, hatte bereits 1983 im Zusammenhang mit Stalingrad selbst an »gigantomane Pläne«[541] gedacht, wie er in einem Interview mit Alexander Kluge sagte. Was er damals über die Aufgabe der Literatur in der Gegenwart ausführte, hätte auch von Kempowski stammen können: »Die einzige Funktion von Literatur und Kunst oder Theater wäre der Kampf gegen das Vergessen, gegen das Verdrängen.«[542]

Ende Mai 1994 kam es als Veranstaltung des Berliner »Podewil« zu einer Mammutlesung in der Parochialkirche, die an zwei Tagen jeweils 10 Stunden dauerte und an der neben Kempowski u.a. Mario Adorf, Katja Lange-Müller, Jutta Hoffmann, Dieter Mann, Otto Sander und Martin Wuttke teilnahmen. Eine ehemalige Mitarbeiterin Heiner Müllers hatte die Textauswahl besorgt. Zu weiteren Begegnungen kam es allerdings nicht mehr. Im Herbst 1994 sollte Müllers Stück »Die Umsiedlerin« am Berliner Ensemble inszeniert werden und Kempowski vor der Premiere aus »Echolot« lesen.[543] Wegen einer Operation, der Müller sich unterziehen mußte, entfiel die Inszenierung. Im November 1995 nahm Kempowski in der Gedenkstätte Karlshorst an einer Podiumsdiskussion über Darstellbarkeit des Krieges teil. Im historischen Saal der Kapitulation saß er auf dem Platz des Generals Schukow. Heiner Müller hatte abgesagt, weil er sich in München einer Chemotherapie unterzog.[544] Noch Anfang Dezember 1995 richtete er über das Berliner Ensemble eine Anfrage an das Kempowski-Archiv wegen Tagebuchaufzeichnungen aus der Zeit des »Dritten Reiches«, die er vermutlich in seinem Stück »Germania 3« verwenden wollte oder in einem der neuen Projekte, mit denen er sich wenige Wochen vor seinem Tod noch beschäftigte.[545]

Kempowski blieb dem »letzten kommunistischen Intellektuellen«[546] gegenüber reserviert. 1986 hatte er ihn auf einer PEN-Party bei Fritz J. Raddatz als freundlichen Menschen kennengelernt, der ihm in sein Prominentenpoesiealbum ein Selbstporträt mit Zigarre zeichnete. Er schätzte zwar dessen öffentliches Eintreten für Ernst Jünger und nahm Anfang 1997 gern zur Kenntnis, daß Müller »Das Echolot« für den einzigen Weg gehalten hatte, mit Literatur weiterzukommen.[547] Aber Müllers Einlassungen mit der Stasi, die 1993 bekannt wurden, sah er kritisch.

Er zog beim »Echolot« eher Parallelen zu Alexander Kluge und dessen Art, Geschichte mit Hilfe von Protokollen, Collagen, Dokumentation von Lebensläufen, Filmen und Interviews zu erschließen. Daß »Echolot« und Kluges »Schlachtbeschreibung« im Begleitband der umstrittenen Wehrmachtsausstellung 1995 »als Beispiele der Geschichtsverharmlosung entlarvt«[548] wurden, gefiel ihm jedenfalls sehr.

Kempowski hatte die Arbeit am kollektiven Tagebuch längst fortgesetzt, trotz seines Schlaganfalls rastlos, unermüdlich. Er stand nun im siebten Lebensjahrzehnt, schrieb wieder einmal am Dorfroman, den er zwanzig Jahre zuvor als Abschluß der »Deutschen Chronik« vorgesehen hatte, an seinem Tagebuch des Jahres 1989 und an kleinen Prosatexten – immer noch alles gleichzeitig, von einem Schreibtisch zum andern wechselnd, vormittags dies und nachmittags das. Sein Werk begann sich zu runden, er erfüllte den 1971 aufgestellten und immer wieder erweiterten Gesamtplan.

1994 veröffentlichte er das moderne Märchen »Der arme König von Opplawur«, das die pädagogische Ebene des Gesamtwerks fortsetzte. Die Illustrationen stammen von seiner Tochter Renate. Der arme König, dessen verschwenderischer Bruder wie Harald Juhnke aussieht, lebt abgeschieden auf seinem Schloß Opplawur, das drei Meilen hinter der Tagesschau liegt, und zählt die letzten Pfennige, bevor er feststellt, daß seine Flüche Zauberkraft besitzen. Sie führen ihn zu neuem Reichtum und in die Show von Thomas Gottschalk. Kempowski schrieb dieses kleine Werk für sich selbst, um sich zu erholen: »Die Geschichte von König Opplawur entstand aus einer Sonntagslaune heraus. Ich hatte von Realistik und Recherchieren genug und wollte einmal frei improvisieren. Das Buch ist mir lieb und wert. Wenn ich nachts alle meine Publikationen herzähle, dann vergesse ich es gewöhnlich: das ist ein gutes Zeichen. Übrigens habe ich schon längst ein zweites Märchen geschrieben, aber das ist dann wohl eine posthume Sache, mit der ich mich aus dem Jenseits empfehlen kann.«[549]

Im folgenden Jahr erschien »Weltschmerz. Kinderszenen fast zu ernst«, kleine Prosastücke, Bilder aus der eigenen Kindheit, aufgestiegen aus dem Unbewußten. Sie gehören zwar zur Werkebene der »zweiten Chronik«, sind aber auf die »Deutsche Chronik« bezogen, wie bereits der Untertitel andeutet, geht doch der junge Walter in »Tadellöser & Wolff« mit Schumanns »Kinderszenen« unter dem Arm zur Klavierstunde. Kempowski: »Mit dem Buch vergewisserte ich mich des Vergangenen und gewöhnte mich langsam an die Arbeit, die mir noch bevorstand, die Romane, die mir noch fehlten in meinem Werk, und vor allem die folgenden ›Echolot‹-Komplexe.«[550] Es ging ihm nicht nur darum, wie Alexander Sowtschick in ›Hundstage‹, »Bilder ins Wort zu erlösen«, sondern auch um das Mosaik einer exemplarischen Kindheit, wie Walter Benjamin sie in seiner »Berliner Kindheit um 1900« dargestellt hatte. Kempowski reicherte das Buch deshalb mit Beschreibungen von Kinderspielen an, um den allgemeingültigen Charakter anzudeuten. Der Weltschmerz, den Kempowski meinte und der sich in den Geschichten offenbarte, bestand in der Trauer über die Vergeblichkeit allen menschlichen Tuns, im Kleinen wie im Großen. Aber sein Versuch, metaphysische Ideen in kleinen, alltäglichen Geschichten zu konzentrieren, geriet vielleicht etwas zu hermetisch. Den Kritikern fiel es jedenfalls einigermaßen schwer, beispielsweise von dem Jungen, dem ein wohlmeinendes älteres Ehepaar Heidelbeertörtchen spendiert, auf die Menschheit zu schließen, die sich der Zuwendung des Schriftstellers immer wieder verweigert, nur weil der Junge den Kuchen zurückweist.

Nachdem Kempowski die Olivetti-Maschine durch mehrere leistungsfähigere Apple-Macintosh-Rechner ersetzt hatte, wurde der Computer zu seinem bevorzugten Arbeitsmittel. Zwar hatte er noch immer ständig Zettel zur Hand, aber die Notizen wurden bald auf die Festplatte gebracht, den neuen großen Zettelkasten. Die berühmten Holzkästen hatten ausgedient. Seine Romane schrieb er jedoch noch immer mit der Hand, mit Bleistift oder Kugelschreiber auf weißes Papier. Bevorzugte Arbeitsplätze waren dafür der Saal mit der Arno-Schmidt-Aussicht auf norddeutsche Wiesen oder das zellenartige Arbeitskabinett unter dem Dach.

Die Würdigung seiner Arbeit erhielt seit 1994 durch die Ehrenbürgerschaft der Hansestadt Rostock weiteren Aufschwung, 1995 durch den Uwe-Johnson-Preis der Stadt Neubrandenburg, den er für »Das Echolot« erhielt. In dasselbe Jahr fiel eine der aufwendigsten Hörspielproduktionen in der Geschichte des deutschen Rundfunks: »Der Krieg geht zu Ende«. Sie wurde von Walter Kempowski aus seinem Archiv mit Texten versorgt und von Walter Adler für den Hessischen Rundfunk eingerichtet.[551] Am 8. Mai 1995, zum 50. Jahrestag des Endes des Zweiten Weltkriegs, wurde sie in fast allen Sendern der ARD ausgestrahlt: Von acht Uhr morgens bis Mitternacht, sechzehn Stunden lang, lasen 220 Schauspielerinnen und

Schauspieler Texte aus dem Kempowski-Archiv, die von Januar bis Mai 1945 reichten.

Diese Produktion war ein Vorgriff auf »Echolot II«. Kempowski hatte einmal mit Texten aus dem Jahr 1945 begonnen, nun kam er darauf zurück. Der Berichtszeitraum sollte von Dezember 1944 bis Mai 1945 reichen, vom Krieg der Alliierten im Pazifik, einem in Deutschland wenig bekannten Kapitel, über die Flucht aus den Ostgebieten, die Bombardierung deutscher Städte, aber auch die Befreiung der Konzentrationslager bis hin zum Ende im Bunker der Reichskanzlei. Kempowski umgab sich erneut mit einem Team von Mitarbeitern, Historikern und Germanisten zumeist – eine Mischung aus Warholscher »Factory« und Heinrich Heises reformpädagogisch inspiriertem, »arbeitsteiligem Projekt«. Auf dem Höhepunkt der Arbeit bestand es aus zwölf Personen, wurde vom Knaus Verlag bezahlt und agierte nach den Vorgaben des Autors in Nartum und europaweit.

Kempowski beabsichtigte, die deutsche Perspektive der Stimmen im Verhältnis zu »Echolot I« wesentlich zu ergänzen. Deshalb besorgten Rechercheure auf ausgedehnten Reisen auch Dokumente aus Archiven in England, Frankreich, den USA. In Moskau konnte ein Historiker gewonnen werden, der per Kurier Material von Rotarmisten sandte. Mehrere Mitarbeiter waren mit dem Transkribieren der Handschriften befaßt, Übersetzer nahmen sich der fremdsprachigen Texte an, zu denen auch dänische, niederländische und italienische gehörten. In Nartum flossen die Textmassen zusammen und wurden im Computer versammelt, bereits chronologisch nach Tagen sortiert.

Kempowski beschäftigte sich intensiv mit formalen Fragen, dachte immer noch an die Enzensberger- und Rühmkorf-Gutachten aus den frühen sechziger Jahren. Zeitweilig überlegte er, die Texte durch Aufzeichnungen aus den Jahren 1895 und 1995 begleiten zu lassen, als eine Art historischen Kommentar. Dann wieder beschränkte er sich auf eine rechte Spalte, die den Haupttext ergänzte: Hitler- und Stalin-Schilderungen, Suchanzeigen des Roten Kreuzes, Artikel aus dem Wissenschaftsteil von Zeitungen, aktuelle Debatten mit Vergangenheitsbezug wie die Diskussion um das Holocaust-Denkmal in Berlin, Fotos von im Krieg zerstörten Gebäuden und Gemälden. Auch eine »Sprechspur« probierte er als gegenwartsbezogenen Komplementärtext aus, am Fernseher aufgenommene Ergebnisse seines ständigen Kanalwechsels. Er wollte unbedingt den Collagecharakter des Werks verstärken, auch eine Reaktion auf Kritiker, die seine Autorschaft am ersten »Echolot« in Zweifel gezogen hatten. Darüber sprach er immer wieder mit seinem Lektor Karl Heinz Bittel in München und dem Germanisten Jörg Drews in Bielefeld.

Manchmal schlugen die Wogen über Kempowski zusammen, Fragen der Konzeption, die nach »Echolot I« eine Steigerung sichtbar machen sollte, die ständige Lektüre der zumeist grauenvollen Berichte, die zunehmende Menge der Texte, dazu anstrengende Diskussionen mit dem Verlag über die Möglichkeiten der Publikation. Auf einer Zusammenkunft in München wurde seine Forderung nach zwölf Bänden mit Lachen quittiert.

In Nartum ging er dann im Garten spazieren, drehte Runde um Runde oder spielte Bach-Choräle auf dem Klavier, improvisierte Jazz. Die Abende versüßte er sich mit Inspektor »Columbo«, mit Fellini- und Truffaut-Filmen. Er bewunderte Mike Leighs filmische Porträts einfacher Menschen, sah in John Hustons »The dead« seine Beschäftigung mit den toten Seelen gespiegelt ebenso wie die Idee der Gleichzeitigkeit in Robert Altmans »Short Cuts«. Manchmal setzte er sich wie Alexander Sowtschick auch schon vormittags vor den Fernseher, um das Gehirn durchzuspülen, wie er es ausdrückte, kopfschüttelnd und zappend – Unrast auch hier.

Als der Umfang von »Echolot II« auf 12 000 Druckseiten geschätzt wurde, konnte Kempowski die ursprüngliche Planung nicht mehr halten und entschloß sich, den Schauplatz Ostasien entfallen zu lassen und in einem ersten Teil nur Januar und Fe-

16. Juni 1997, Bloomsday

bruar 1945 zu behandeln. Das Kriegsende wurde einer späteren Veröffentlichung vorbehalten.

Die Recherche wurde nun noch einmal konzentriert, bisher nicht ausreichend dokumentierte Bereiche ergänzt, Tagebücher von Marinesoldaten etwa oder Berichte von Häftlingen der Konzentrationslager. Kempowski verzichtete auf die Mehrspaltigkeit und verlagerte die Collage noch stärker in den Text, ließ Grundrisse von Kirchen besorgen, Suchanzeigen überlebender Juden nach ihren Angehörigen.

Daneben beschäftigte ihn die »Sprechspur« intensiver. In der Dachkammer des Nartumer Schulhauses hatte er viele Jahre zuvor zwei Fernseher gleichzeitig laufen lassen und schon damals Sendungen mitgeschrieben. Bei einem Aufenthalt als Gastdozent in den USA im Jahr 1987 setzte er, konfrontiert mit dem ungewohnt umfangreichen Programmangebot, das Protokollieren fort. Am 9. November 1989 notierte er, von den Vorgängen in Berlin überwältigt, stundenlang seine Eindrücke der Fernsehberichterstattung.[552] Die zeitweilig für das »Echolot« geplante »Sprechspur« animierte ihn jetzt zu einem eigenständigen Projekt. In Gesprächen mit dem Verlag entstand die Absicht, ein großes Zapping-Protokoll herzustellen und als Buch zu drucken.

Am 16. Juni des Jahres 1997, dem »Bloomsday«, saß Kempowski von 8 Uhr morgens bis 3 Uhr in der Nacht des folgenden Tages vor dem Fernseher, 19 Stunden lang, und wechselte fortlaufend per Fernbedienung über 37 Kanäle, etwa alle 15 bis 20 Sekunden – auf den Tag genau 93 Jahre nach Leopold Blooms Dubliner Erlebnissen in James Joyces »Ulysses«, 75 Jahre nach Erscheinen des Romans. Das Ergebnis wurde per Videorecorder protokolliert, die Tonspur zusätzlich auf Audiokassetten festgehalten. Während der Dichter in der Fernsehecke saß, einen Strohhut auf dem Kopf gegen blendenden Lichteinfall, Bonbons und Mineralwasser griffbereit sowie die Fliegenklatsche, fanden rund um den Erdball andere Veranstaltungen der internationalen James-Joyce-Fangemeinde statt, etwa Partys, Autorennen.

Der gigantische Selbstversuch wurde unterstützt von einer achtköpfigen Crew, die Video- und Kassettenrecorder bediente, Kempowski zuweilen an der Fernbedienung vertrat, stündlich den Straßenzustandsbericht und die Wetterlage aus dem Deutschlandfunk aufnahm, dazu fortlaufend deutsche Schlager aus dem Radio, und umschichtig schlief, trank, aß, im Garten in der Sonne saß. Ein Spezialist suchte das Internet nach anderen Bloomsday-Aktivitäten ab. Ein Arzt hielt sich im Nachbardorf für alle Fälle bereit. Der örtliche Grieche lieferte Gyros und Zaziki.

Das Projekt wurde begleitet von zwei Filmteams, die mit einer Stand- und einer Handkamera das Geschehen dokumentierten. Am Vormittag des 17. Juni, als Kempowski seinem Lektor Karl Heinz Bittel die erfolgreiche Durchführung meldete, gab der Knaus Verlag in München eine Pressemeldung heraus.

Noch am selben Tag begann die Arbeit am Manuskript des Buches. Die Kassetten wurden abgeschrieben, Textübergänge geglättet, fremdsprachige Texte überprüft, Namen und Schreibweisen verifiziert.

Der Verlag verschickte eine zwanzigminütige Videodokumentation[553] an 150 Redaktionen und produzierte eine sechzehnseitige Broschüre, die Auszüge aus Kempowskis Tagebuch um den 16. Juni wiedergab.[554] Zur Buchmesse im Oktober erschien »Bloomsday '97«: 396 Seiten in bester Ausstattung aus wertvollem Karton und feinem italienischen Papier, Prägedruck auf dem Einband – »als eine Art ironischer Kontrast zum Inhalt«, wie Karl Heinz Bittel formulierte.[555]

Das Buch gab das Tonbandprotokoll wieder – von 8 Uhr morgens bis 3 Uhr nachts. Das Personen- und Sachregister ist aufschlußreich: »Ehevertrag; Enthaarungsprodukte; EU-Gipfel; Frauen, schreibende; Gärtnern, ökologisch korrektes« usw. Nachrichten über Euro und Konvergenzkriterien stehen neben Unsinnsdialogen aus Zeichentrickserien, Sportübertragungen (»Michael Schumacher hat die Pole-Position ergattert«) neben Berichten von rechtsradikalen Übergriffen und Talkshowgeschwätz zum Thema Übergewicht. Dicht darauf folgen Informationen über Unterwassergeburtsverfahren zu Hause, Schlagzeug spielende Jugendliche und Isoliereigenschaften des Baustoffs Holz. Themen dieser Art dominieren Vormittag und Nachmittag. Dazwischen Nachrichten, Reklame, Kochshows, spätabends dann die eindeutige Aufforderung: »Ruf – mich – an!« Und immer wieder Teleshoppingangebote, bei denen die detaillierte Beschreibung der Porzellanpuppe »Jenna« Kempowski es besonders angetan hatte. Ereignis des Tages war der angebliche Selbstmordversuch des Topmodels Naomi Campbell, über den auch die englischen und französischen Programme unterrichteten. Der Abschied vom verstorbenen Schauspieler Helmut Fischer (»Monaco Franze«) fiel hingegen vergleichsweise zurückhaltend aus.

Kempowski notierte über das Ergebnis im Tagebuch: »Alles

scheint sich aufeinander zu beziehen. Ob Soap-Opera, Talkshow, Werbung, Volksliedersingen, alles antwortet aufeinander, es ist ein endloser Dialog zwischen Irrsinnigen.«[556] Er hatte bei seinem Unternehmen einen medienkritischen Aspekt mitgedacht, im Vorfeld des Bloomsday schrieb er: »Ein Medium, das sich selbst verschlingt. Es bleibt eine allgemeine Suppe übrig, und die wollen wir ›eindicken‹ und irgendwie vorzeigen. Die Videobänder, die dadurch entstehen, müßten den Programmdirektoren zugestellt werden, als Quittung: ›Angekommen!‹ – Das wäre dann auch eine Publikumsreaktion, und das ergäbe auch eine Quote.«[557]

Auch die Fotografien, mit denen das Buch illustriert ist, Kinderporträts aus dem Jahre 1904, die Kempowski seinem Archiv entnahm, deuten auf den kulturkritischen Ansatz: die Konfrontation des kindlichen Ernstes mit der Infantilität am Ende des 20. Jahrhunderts. Kempowski wollte den »Welt-Alltag einer Epoche«, wie Hermann Broch den 16. Juni 1904 im »Ulysses« bezeichnete, für die Gegenwart fixieren, in der künstlichen Zusammenschau von Weltausschnitten, hergestellt durch Zapping. Das Ergebnis war ein Extremfall der Collagetechnik, als umfangreiches Solozitat,[558] ohne ein Wort des Kommentars.

Die Aufnahme von »Bloomsday ’97« war gespalten. Das Fernsehen nahm sich Kempowskis wohlwollend an, begierig, sich selbst bespiegelt zu sehen. Das literarische Feuilleton reagierte verstört bis ablehnend. Kopfschüttelnd nahm man zur Kenntnis, was »der verrückte Kempowski« sich nun schon wieder ausgedacht hat, wie es Volker Hage im Vorfeld des Unternehmens prophezeit hatte.[559] Kempowski war in die Domäne der Fernsehkritiker eingebrochen – deren Kritik und Verriß überwogen: »Kempowski hat keine Ahnung vom Zappen«;[560] »Was soll der Schmarrn?«[561] und: »Das Ergebnis ist ein Absturz«,[562] lauteten die Urteile.[563] Er hätte die protokollierten Texte ästhetisch gestalten sollen, sie kommentieren und inszenieren, hieß es,[564] während Jörg Drews gerade den Verzicht darauf als Verdienst hervorhob: »Beschränkung auf Sprache – das ist eigentlich das Erstaunlichste, Radikalste, ja das speziell Sprachkünstlerische an Kempowskis Idee, mit dem Fernseher umzugehen.«[565]

Kempowski, der sein Nartumer Happening in der Nähe von Duchamps Readymades, Warhols »Tatsachenforschung« und Beuys' erweitertem Kunstbegriff sah, handelte als Autor in einem modernen Sinne, wie Drews ausdrücklich hervorhob, als Konstrukteur, Ideenlieferant, Realisationsüberwacher:[566] »Vielleicht ist dies das Verblüffendste und Überzeugendste an Kempowskis Buch, daß hier einer seltsam stur und mechanisch einmal das Porträt eines Fernseh-Tages hergestellt und als Text uns präsentiert hat, ohne zu wissen oder zu sagen, was dies eigentlich *bedeuten* soll.«[567]

Kempowski selbst spielte noch einmal auf Eberhard Fechner an: »Ich bin der Schnitt. Das ist es. Wer wählt aus? Ich wähle aus, ich bestimme, wann ich weiterzappe. Und das ist das Eigentliche. Und die Idee natürlich.«[568] Damit rückte »Bloomsday '97« in die Nähe von »Echolot«, die Wiedergabe von Stimmen, die Bestandsaufnahme eines bestimmten historischen Moments, war ebenso wie das kollektive Tagebuch das Produkt eines Arrangeurs und eigentlich der Schlußstein des ganzen Projekts. Kempowski wollte auch hier »nur zeigen« und hatte sich noch einmal in gesteigerter Form als experimentierfreudig erwiesen.

Eine der wenigen positiven Besprechungen erschien in der Szenezeitung »Jungle World«,[569] die die Modernität des Verfahrens lobte. Kempowski fand mit seinem Fernsehprotokoll gerade bei jungen Lesern große Resonanz. Im Vorfeld hatte er noch Bedenken geäußert: »Ich möchte mich mit VALIUM oder GELONIDA betäuben, wie das andere Leute tun, mal ganz wegtreten. Aber das ist nicht meine Sache. Der Betäubungsschlaf. Meine Leser wollen nicht, daß ich Valium nehme. Die wollen, daß ich einen Tadellöser nach dem anderen schreibe. Die werden schön gucken, wenn der Bloomsday auf dem Tisch liegt.«[570] Aber zu seiner Verwunderung wurde ihm von Lesern berichtet, die das Buch tatsächlich als zusammenhängenden

Text verstanden, als Zeitbild, in dem sie sich wiederfanden wie in einem Roman.

Nach »Bloomsday '97« wendete sich Kempowski endlich intensiv dem Dorfroman zu: »Ich stand vor der Frage, welchem Projekt ich nun neben der Arbeit am ›Echolot‹ den Vorzug geben sollte. Im Krankenhaus hatte ich 1991 einen Roman begonnen, der den Titel ›Kleine Liebe zu Trompeten‹ tragen sollte. In meinem Schreibtisch fand sich aber noch ein sehr umfangreiches Zettelkonvolut über das Leben eines Dorfschulmeisters sowie einige Romankapitel dazu. Die Anfänge reichten bis in den heißen Sommer 1977 zurück, als ich in Essen Poetik-Vorlesungen hielt. Im Hotel, bei zugezogenen Gardinen, schrieb ich sie.«[571]

Er ordnete zunächst die Notizen und stellte eine Zettelfassung her. Dann schrieb er zügig Kapitel um Kapitel. Der Roman erschien 1998 unter dem Titel »Heile Welt«. Er schildert, wie ein junger Lehrer 1961 in einem norddeutschen Dorf seine erste Stelle in einer einklassigen Schule antritt, nach den Prinzipien der Reformpädagogik »vom Kinde her« unterrichtet, den Bauern für wenig Geld alte Truhen abkauft, Posaune bläst und sich mit der Dorfgemeinschaft arrangiert, die unter der Oberfläche von unausgetragenen Konflikten beherrscht wird und alles andere ist als eine heile Welt.

»Nur der Schluß machte mir zu schaffen. Ich wollte den jungen Mann eigentlich davonfahren lassen auf Nimmerwiedersehen. Im letzten Moment änderte ich das, vielleicht aus Furcht, einen Fortsetzungsroman liefern zu müssen.«[572]

Er war in dieser Hinsicht den Ratschlägen seiner Mitarbeiter gefolgt, was er später ebenso sehr bereute, wie den von ihm favorisierten, moderneren Titel »Mäusegerste – Ultraschall« auf Drängen des Verlags aufgegeben zu haben.

Unschwer ist Kempowskis eigene Geschichte auszumachen, das »6. Buch« also, das er einmal als Abschluß der »Deutschen Chronik« konzipiert und dann verworfen hatte. In der fiktiven

Am 29. April 1999

Gestalt des Matthias Jänicke hatte er nun ganz andere Möglichkeiten der Gestaltung. Er konnte ihn unverheiratet nach jungen Bäuerinnen Ausschau halten, über Kollegen spotten lassen und die Bewohner eines Dorfes, oder besser zweier Dörfer, deren wirkliche Namen er nicht nennen mußte, lächerlich machen, ohne den Zorn der Nachbarschaft befürchten zu müssen.

»Heile Welt« gehört zur »zweiten Chronik«. Kempowski rekonstruierte ein Zeitbild der frühen sechziger Jahre aus der Sicht eines distanzierten Beobachters. Er führte auch noch einmal ausführlich seine pädagogischen Überzeugungen vor, das Lob der Dorfschule vor den Reformen, die Chancen eines menschenfreundlichen Unterrichts jenseits von Lehrplänen und Erkenntnissen der Erziehungswissenschaften – eine Welt, die Kempowski tatsächlich als heil erlebt hatte.

Karl Heinz Kramberg bezeichnete das Buch in der »Süddeutschen Zeitung« zwar als Kempowskis bisher »wohl schönstes, traurigstes Buch«.[573] Aber damit stand er ziemlich allein. Kempowskis erster Roman seit zehn Jahren wurde jenseits literarästhetischer Erörterungen als belanglos und »langweilig«,[574] als »angestrengtes Epigonentum«[575] bezeichnet und in der »Zeit« unter »Kritik in Kürze« abgefertigt. »Das hätte die Redaktion weder Walser noch Grass noch Handke gegenüber gewagt«,[576] urteilte Gerhard Henschel.

Trotz des »Echolot« und neuerer Ansätze in der Kempowski-Rezeption waren alte Ressentiments noch immer lebendig, ja es schien geradezu, als sei nach dem großen Erfolg des kollektiven Tagebuchs eine Korrektur nötig. Denn die Verrisse griffen erneut auf das Etikett »buchhalterisch« zurück, das bereits 1981 für »Schöne Aussicht« angewendet und auch beim Plagiatsvorwurf nicht ausgelassen worden war. Kontinuitäten wollten auch in der Nachwendezeit zuweilen bestätigt werden. Der Schriftsteller Peter Kurzeck bemerkte dazu: »Es ist schon erstaunlich, wie borniert die Leute der Studentenbewegung waren. Sogar jetzt noch, wenn ich mit Buchhändlern spreche oder Rezensenten und von meiner begeisterten Kempowski-Lektüre berichte, treffe ich auf Vorurteile. Sie zucken mit den Schultern und wenden sich ab. Dabei haben sie Kempowski nie wirklich gelesen. Sie glauben nur, ihn zu kennen.«[577]

»Echolot II« wurde kurz nach dem Erscheinen von »Heile Welt« beendet, im Januar 1999 dem Verlag eingereicht und nach intensiver Zusammenarbeit zwischen der Nartumer »E Factory« und München im Oktober veröffentlicht: »Das Echolot. Fuga furiosa. Ein kollektives Tagebuch. Winter 1945«. Die vier Bände umfassen den Zeitraum von der Offensive der Roten Armee in Ostpreußen am 12. Januar bis zur Zerstörung Dresdens am 13./14. Februar 1945.

Weitere wichtige Daten bilden die Konferenz von Jalta, die Versenkung des ehemaligen KdF-Dampfers »Wilhelm Gust-

Zustandsfassungen von »Echolot. Fuga furiosa«, Frühjahr 1999

loff« durch ein sowjetisches U-Boot am 30. Januar sowie die Befreiung des Konzentrationslagers Auschwitz drei Tage zuvor. Durch zahlreiche ausländische Berichte hatte Kempowski die deutsche Perspektive erweitert, um die europäische Dimension der Vorgänge zu verdeutlichen. Das bestimmende Thema aber ist die Flucht aus den östlichen Provinzen des Landes, die überfüllten Züge und Schiffe, die endlosen Trecks, die brennenden Dörfer, die vergewaltigten Frauen.

Kempowski war nicht der erste Schriftsteller, der sich dieses Themas annahm. Seit den fünfziger Jahren war es immer wieder erwähnt oder beschrieben worden. Aber in einer solchen Breite und einer solchen Deutlichkeit hatte es noch niemand getan.

Um so erstaunlicher, daß die Literaturkritik diese Leistung weder außerordentlich vermerkte noch gar würdigte,[578] und um so verständlicher Kempowskis Irritation, als Günter Grass zwei

Jahre später als angeblicher Überwinder eines langen Schweigens reüssierte.[579] Denn dessen Novelle »Im Krebsgang« handelt weniger von der Flucht selbst als von den Schwierigkeiten eines auf der »Wilhelm Gustloff« geborenen Altachtundsechzigers, sich der eigenen Vergangenheit und dem Schicksal seiner ostpreußischen Landsleute zu stellen.

In einem Interview machte Kempowski seinem Unmut Luft: »Es ist allerdings eine große Unverschämtheit, wenn er (Grass) über Flucht und Vertreibung nach 1945 schreibt: ›Niemals hätte man das gemiedene Thema den Rechtsgestrickten überlassen dürfen.‹ Was habe ich denn mit den Rechten zu tun? Meine ganze Arbeit zielt darauf ab, unsere Schuld aufzuzeigen. Mich verblüfft auch das kurze Gedächtnis der Journalisten, die behaupten, Grass habe ein Tor aufgestoßen. Mein ›Echolot‹ beschäftigt sich auf 3000 Seiten mit Flucht und Vertreibung. Allein der Abschnitt über die ›Wilhelm Gustloff‹ umfaßt mehr als 100 Seiten. Daß sich Grass dennoch als kühner Tabubrecher feiern lässt, finde ich ungehörig.«[580]

Kempowski erhielt Unterstützung.[581] Die »Süddeutsche Zeitung« schrieb: »Wenn man will, ist Walter Kempowski das beste Beispiel für Günter Grass' Behauptung, das linke ›juste milieu‹ der alten Bundesrepublik habe das Thema Flucht und Vertreibung tabuisiert. Denn seine Romane und zeitgeschichtlichen Dokumentationen sind immer misstrauisch beäugt worden. (...) Sein Werk (...) hat das geleistet, was Grass jetzt als das verdrängte Unbewusste der deutschen Gedächtniskultur anmahnt: die große Erzählung von Flucht und Vertreibung.«[582] Und Freya Klier, die 1993 selbst einen Dokumentarfilm über Massenflucht, Deportationen und Vergewaltigungen im ehemaligen deutschen Osten gedreht hatte,[583] forderte Gerechtigkeit: »Wäre es nicht an der Zeit, endlich jene Autoren zu würdigen, die – wie Walter Kempowski und Arno Surminski – während einer jahrzehntelangen Verdrängung den Mut zur Wahrheit aufbrachten und dafür an den publizistischen Rand gedrängt wurden? Das hieße wohl, den ersten wirklichen Tabubruch im noch immer politisch korrekten Mediengeschäft zu riskieren, hieße die überfällige Entschuldigung gegenüber jenen, denen genüßlich Verletzungen zugefügt wurden, weil sie es wagten, nicht im deutschen Mainstream mitzuschwimmen.«[584] Eine neue, von politisch-ideologischen Bedürfnissen freie Beurteilung seiner Arbeit schien nach dem zweiten »Echolot« endlich möglich.

Kempowski schilderte in »Echolot II« auch den Luftkrieg. Dresdener Zeitzeugen berichteten über die Vernichtung ihrer Stadt im Februar 1945, aber auch Engländer über die Angriffe auf London mit V-2-Raketen. Es ging Kempowski also nicht um die »Opferrolle« der Deutschen, sondern um die Darstellung menschlichen Leidens und Sterbens mit Mitteln der Literatur. Mit Dresden wurde nicht nur eine deutsche Stadt, sondern auch eine europäische Kulturmetropole zerstört, so Kempowski. Deshalb teilte er auch nicht die Hysterie, die die Medien bei Jörg Friedrichs Bucherfolg »Der Brand. Deutschland im Bombenkrieg 1940–1945« ergriff.

In einem Interview bezeichnete Kempowski das enorme öffentliche Echo als folgenlose »Medienblase« und verwies jenseits der »deutschen« Perspektive, die Friedrich von Kritikern vorgeworfen wurde, auf den Zusammenhang von Ursache und Wirkung: »Das versuche ich in den Bänden des ›Echolot‹, indem ich Tagebücher von ganz normalen Deutschen neben Aufzeichnungen von KZ-Häftlingen und Flüchtlingen stelle.« Für ihn war nicht die angeblich bis dahin ausgebliebene Beschäftigung mit dem Leid der Deutschen das Entscheidende. Er sah ein anderes Defizit im öffentlichen Gedenken: »Was bislang wirklich fehlt, ist ein Moment der Trauer vor dieser mitteleuropäischen Katastrophe. Es ist ja nicht Deutschland, was im Zweiten Weltkrieg kaputt ging – es ist ja eigentlich fast ganz Europa.«[585]

Diese Perspektive verfolgte Kempowski in dem einbändigen »Echolot Barbarossa 41«, das im Frühjahr 2002 erschien. Es behandelt den Überfall der Wehrmacht auf die Sowjetunion und seine Folgen. Voraussetzung für das Buch war die Korrektur seines Rußland-Bildes, das aus seinen Nachkriegs- und Bautzen-Erfahrungen resultierte, bei einem Aufenthalt in Moskau Ende der neunziger Jahre. Anläßlich deutscher Kulturwochen las Kempowski vor russischen Studenten, und der Historiker, der ihn bei den Recherchen für »Echolot II« unterstützt hatte, führte ihn durch die Stadt. Die Armut der Menschen, die er in Moskau sah, führte ihm vor Augen, daß *sie* eigentlich die Verlierer des Krieges waren.

Die auf vielfältige Weise verwobene gemeinsame Geschichte beschäftigte Kempowski auch nach seiner Rückkehr weiterhin. Die Bekanntschaft mit einem ehemaligen Offizier der russischen Armee, Anatoli Platitsyn, brachte ihn darauf, die Stimmen der selbst im eigenen Land Vergessenen zu Gehör zu bringen: in einem kollektiven Tagebuch, das den beiden schon erschienenen Teilen des »Echolot« aus den Jahren 1943 und 1945 vorangestellt werden konnte. Es beginnt im Juni 1941 mit dem Überfall und endet im Dezember desselben Jahres mit dem erfolglosen Vorstoß auf Moskau, der Einkesselung Leningrads und dem Sterben seiner Einwohner. Kempowski: »Die Parallelen zu Napoleons Unternehmung machten die Sache zusätzlich interessant. Im Verlauf der Arbeit strich ich jedoch alle Texte von 1812, die ich ursprünglich hineincollagiert hatte, weil sie von der Tragik der eigentlichen Ereignisse des Jahres 1941 ablenkten.«[586]

Das Buch besteht zur Hälfte aus russischen Texten, die Platitsyn bei Veteranen, ihren Nachfahren und in Archiven besorgte und per E-Mail nach Nartum schickte. Dadurch bekam es gegenüber anderen Darstellungen des sogenannten Rußlandfeldzuges einen ganz neuen Aspekt, den Blick hinter die Linien des Gegners. Stimmen dieser Art waren in Deutschland bis dahin kaum veröffentlicht worden. Kempowski widmete Platitsyn das »Echolot Barbarossa '41«, und der übersetzte erstmals ein Buch Kempowskis ins Russische: »Im Block«.

Hildegard Kempowski, 1986

Kempowski zog sich in diesen Jahren zurück. Auf ausgedehnte Lesereisen mit 90 Stationen wie noch in den achtziger Jahren ging er nicht mehr. Zu öffentlichen Begebenheiten äußerte er sich selten, dann aber engagiert, wie etwa zur Rechtschreibreform, die er vehement ablehnte, weil sie einerseits ungerechtfertigt mit Sprachkonventionen brach und er sich andererseits eine konsequentere Durchführung, etwa mit moderater Kleinschreibung, hätte vorstellen können.[587]

Weitgehend frei von äußeren Einflüssen führte er in Nartum umgeben von Hunden, Hühnern und Schafen das Dasein eines Mönchs in Arbeitsaskese. Möglich war dieses Leben nur, weil seine Frau Hildegard den Haushalt versorgte, den Garten pflegte, Termine organisierte, Korrespondenzen erledigte.

Sein Tagesablauf war noch immer streng geregelt wie zu Lehrerzeiten. Am frühen Morgen schrieb er ausführlich Tagebuch, dann folgte nach einem kurzen Frühstück – Tee und Marmeladenbrot – zumeist ein Gespräch mit seinen Echolot- und Archiv-Mitarbeitern, bevor er sich in seine Arbeitszelle unter dem Dach an den Computer zurückzog. Der Mittagsschlaf blieb ein unantastbares Heiligtum, das schon in den siebziger Jahren der Briefbogen vermerkte: Tel. ab 15.30 Uhr, später die

Internetseite: »Bitte beachten Sie die Mittagsruhe!« Nach der Teestunde, im Sommer auf der Terrasse, im Winter im Turm, umgeben von Tagebüchern und Porträts lebender und toter Kollegen, folgte Arbeit bis zum Abendbrot. Sie vertrug keine Störungen. Anrufer wurden zumeist abgewiesen (»Herr Kempowski geht gerade spazieren«), angekündigte Besucher nach einer Stunde verabschiedet. Kempowski zeigte ihnen noch das Haus, dann das Archiv und beendete den Rundgang stets an der Haustür. Auch zu den Bewohnern des Dorfes hatte er wenig Kontakt, der seiner Frau überlassen blieb. Wenn er gelegentlich nach Zeven zum Haarschneider fuhr, winkte er ihnen freundlich zu, viele hatten bei ihm lesen und schreiben gelernt. Aber Zeit war für ihn das höchste Gut, Arbeitszeit. Gelegentlich traf er sich zwar in Hamburg mit Fritz J. Raddatz im Hotel Vierjahreszeiten zum Essen oder fuhr gemeinsam mit seiner Frau nach Berlin, wo er eine Wohnung besaß. Doch während Hildegard Kempowski nach der ersten Hälfte eines Symphoniekonzerts die Philharmonie verließ. um anderswo noch die zweite Hälfte eines Kammerkonzerts zu hören, systematisch Museen und Kunstsammlungen besuchte, ließ er sich einen Computer installieren, um auch während der Abwesenheit von Nartum weiterarbeiten zu können, bevor er den Aufenthalt dann doch vorzeitig abbrach. Im Tagebuch hielt er am 31. Dezember 1989 fest: »Die leere Zeit in Bautzen, das Warten und Herumlungern erzeugt heute in mir eine schwer zu ertragende Unrast. Wenn ich lese, dann schaue ich zwischendurch immer wieder auf die Uhr: Wie lange ich schon lese; jede Reise beende ich vorzeitig, und wenn ich fernsehe, schalte ich aus, sobald ich jemanden kommen höre. Sie sollen nicht denken, was ich weiß: daß ich Zeit verschwende, die nicht mir gehört.«[588]

Gehetzt von innerer Unruhe neigte er gelegentlich zu unmotivierten Verstimmungen, zu grundloser Reizbarkeit. In Talkshows sah man ihn zuweilen laut werden, nach Lesungen monologisieren, in Interviews aggressiv formulieren, einmal setzte er

Mit dem Lektor wegen der Tantiemen telefonierend

eine Fotografin vor die Tür, weil sie zu spät gekommen war und ihn beim Mittagessen gestört hatte. »Kempowski gilt als schwierig«, war eine besonders in Medienkreisen gängige Einschätzung. Aber das Bautzen-Trauma stand noch immer im Hintergrund und das beinahe verzweifelte Streben nach Anerkennung.

In das Bemühen, verlorene Zeit aufzuholen, mischte sich mit zunehmendem Alter auch die Sorge, wichtige Werke nicht mehr vollenden und den Gesamtplan nicht mehr erfüllen zu können: »Ich rase wie angestochen durchs Leben, weil dieses Gefühl immer schlimmer wird, vor Toresschluß noch ein Pensum abarbeiten zu müssen. Nachts sehe ich die Arbeit, die mich bedrängt, und morgens würde ich am liebsten gleichzeitig pinkeln, Zähne putzen und Haare kämmen. Ich bin getrieben von der Vorstellung, ich müßte irgendwas wiedergutmachen.«[589]

Nachdem das zweite große »Echolot« veröffentlicht worden war und Kempowskis Gesundheit sich nach den Schlaganfällen etwas stabilisiert hatte, ließ er nach neun Jahren Pause die Literaturseminare wieder aufleben, um das Haus noch einmal mit Leben zu füllen. Martin Walser, Siegfried Lenz, Peter Rühmkorf und Paul Kersten kamen zu Lesungen. Eva Demski sprach über Tagebücher, Jörg Drews über die Collage, Karl Heinz Bittel über die Tätigkeit des Lektors, Heimo Schwilk über Reportagen, Klaus Modick über das Entstehen eines Romans, Fritz J. Raddatz las aus seinen unveröffentlichten Memoiren, Joachim Kersten und Bernd Rauschenbach trugen aus Werken Arno Schmidts vor. Kempowski knüpfte auch an die »Literatur in Kreienhoop«-Tradition an und lud junge Autoren wie Falko Hennig und Malin Schwerdtfeger ein.

Im Jahr 2001 veröffentlichte er seine Aufzeichnungen aus dem Jahr des Mauerfalls: »Alkor. Tagebuch 1989«. Der Titel stellt nicht nur eine Verbindung zu »Sirius« her, sondern auch zu den Romanen der »Deutschen Chronik«. Denn in »Ein Kapitel für sich« wird das Reiterlein, ein Stern im Großen Wagen, bereits zitiert. Kempowski: »Es ist immer schön, einen alten Gedanken

Im Arbeitskabinett 1999

wieder aufzunehmen und mit Sinn zu erfüllen, in diesem Fall darauf hinzuweisen, daß Kleinigkeiten oft wesentlich größer dimensioniert sind als das, was vor aller Augen zutage liegt.«[590]

»Alkor« ist ein literarisches Tagebuch, durchgearbeitet und komponiert, an manchen Stellen sprachlich geglättet und ergänzt, zuweilen um Indiskretionen gekürzt. Die Tage werden eingeleitet durch Schlagzeilen aus »Neues Deutschland« und »Bild«. In dem scheinbaren Durcheinander von Alltagsbeschreibungen, Gedanken zur eigenen Arbeit, zur großen Politik liegt Methode. Wie Kempowski die große Geschichte anhand der kleinen Geschichten vieler Unbekannter im »Echolot« erzählt, so spiegelt er hier die epochalen Vorfälle des Jahres 1989 in der Unmittelbarkeit seines Alltags. Ursprünglich wollte er seine eigenen Notate noch zusätzlich mit Tagebucheinträgen auflokkern, die er von Kollegen erbat. Aber wegen des Umfangs verwahrte er sie dann doch lieber für ein späteres Projekt in der Schublade.

Mit Peter Rühmkorf und Teilnehmern des 40. Literaturseminars im Garten von Haus Kreienhoop, 4.9.1999

Vielleicht liegt der Grund für den Erfolg von »Alkor«, der sich in Verkaufszahlen und Leserreaktionen ausdrückte, in dem Reiz, ähnlich wie bei den Literaturseminaren einmal hinter die Kulissen zu schauen, zumal Tagebücher von Gegenwartsautoren auf dem Buchmarkt eine Seltenheit darstellen. Denn Kempowski trieb die Offenheit erneut bis an die Grenze, sprach seine Ängste aus, ärgerte sich über den Kulturbetrieb und über die Politik, besonders was Fragen der Wiedervereinigung anging. Selbst die Literaturkritik, die »Sirius« noch als miesepetrige Rechthaberei abgestraft hatte, ließ ihm seine Ausfälle immerhin als lustige Paranoia durchgehen.[591]

Nach »Bloomsday '97« und »Alkor« wuchsen Kempowski neue, jüngere Leser zu, die oftmals weder die Romane der »Chronik« noch deren Verfilmungen kannten und in der Schule oder an der Universität nichts über ihn gehört hatten. Nun suchten sie sogar das inzwischen vergriffene »Sirius« via Inter-

Walter Kempowski geht mit seinem Lektor Karl Heinz Bittel das Manuskript von »Alkor« durch, 3. Mai 2001

net im »Zentralen Verzeichnis antiquarischer Bücher« oder ersteigerten es bei Ebay.

So vertiefte etwa »Alkor« auch die Verbindung zu Benjamin von Stuckrad-Barre, der Kempowski wegen »Bloomsday '97« für die »taz« telefonisch interviewt[592] und später inkognito ein Literaturseminar beobachtet hatte. Er besprach das Tagebuch für den »Spiegel« und bezeichnete es als eines »der gehaltvollsten Geschichts- und Geschichtenbücher über dieses bewegte deutsche Jahr«.[593]

Stuckrad-Barre gehörte zu einer damals aktuellen Strömung, die mit dem unscharfen Begriff »Popliteratur« bezeichnet wurde und jenseits von ideologischen Vorgaben und geschult an amerikanischen Vorbildern versuchte, die Lebenswirklichkeit ihrer Generation zu beschreiben.[594] Bildhafte Wiedergabe von Realitätseindrücken, Zitate aus Musik und Werbung, ein Charakterisieren von Personen durch typische Attribute, Denk- und

Verhaltensweisen – das alles hatte Kempowski seit Jahren vorexerziert. Er wurde in die »Position eines heimlichen Klassikers und Gründungsvaters«[595] gerückt, obwohl er selbst nur die Arbeiten eines anderen »Vorvaters« kannte: das live veröffentlichte Internettagebuch »Abfall für alle« von Rainald Goetz – dem »Kempowski des Pop«,[596] wie die »Zeit« schrieb. Eine Einladung zum Literaturseminar blieb zu Kempowskis Bedauern allerdings ohne Erfolg.

Auch in »Imloop«, dem ehemaligen Gästebuch des popkulturellen Internet-Literaturforums »Ampool« und später eine offene, selbständige Plattform von Autoren und allgemein an »Netz-Literatur« Interessierten, spielte Kempowski plötzlich eine Rolle. »Echolot« lese sich »wie ein Mantra«,[597] hieß es. Er erschien in einer Reihe mit »Dichterlegenden« wie Hans Henny Jahnn, Jack Kerouac, Allen Ginsberg, Henry Miller, Virginia Woolf und Franz Kafka,[598] verblüfft wurde überlegt, »wie ein so unmoderner Mensch wie Kempowski so moderne Ideen« haben können,[599] und gefragt: »Liest Walter Kempowski den Loop? Müßte ihm eigentlich gefallen. Ein weißes Rauschen im Internet.«[600]

Das Jugendmagazin der Süddeutschen Zeitung, »jetzt«, veröffentlichte Anthologien von Tagebuchnotizen junger Autoren, Musiker, Schauspieler, Schüler und Studenten, um ein Bild der Welt zusammenzusetzen »aus all den Geschichten, die nie gedruckt, nie gesendet, nie veröffentlicht werden«,[601] wie der Herausgeber in deutlicher Nähe zur »Echolot«-Intention formulierte. Und im »Merkur«, der »Zeitschrift für europäisches Denken«, fand sich in ein und derselben Ausgabe eine Würdigung der Popliteratur neben der Darstellung von Kempowskis Arbeit und Leistung.[602]

Stuckrad-Barre schreibt über seine Annäherung an Kempowski, die 2001 auch zu einer Mitarbeit des alten Lehrers als Literaturratgeber an der MTV-Sendereihe »Lesezirkel« führte: »Zunächst zufällig, dann immer häufiger und intensiver waren die Kontakte zwischen uns – methodisch, stilistisch, geschmacklich und in den Koordinaten dessen, in dem es dann gilt, sich

Benjamin von Stuckrad-Barre liest Kempowskis Tagebuchaufzeichnungen vom 11. September 2001, aufgenommen am 12. September 2001

und das Bishergewusste gezielt zu verlieren. In all dem ist er Vorbild, Ratgeber, Mutmacher und hoch verehrter Vorkämpfer. Faction, dachte ich irgendwann, faction scheint zu sein, was ich aufs Blatt bringen möchte – doch auch diesen Begriff hatte Kempowski schon ge- oder erfunden. Macht ja nichts, umso schöner sogar. Allein ist man ohnehin, und allein geht gerade dies natürlich sowieso nicht; und alles ist ja schon da. Je mehr mittun beim Zusammentragen und Freilegen, um so besser und wahrheitsnäher wird der Text, dieser niemals fertige Text: Archäologie als Soziologie, das ist es, Archive anlegen, Geschichten sammeln, nichts über mich sagen, nur zur Verfügung stellen. Es geht um das Nebeneinander der Einzelfälle, um das Verstehen dieser eigentlich unfaßbaren Koexistenzen im kollektiven Erinnern.«[603]

Frank Schirrmacher hatte 1990 in der »FAZ« über den Literaturbetrieb der alten Bundesrepublik geschrieben: »In ihren

Büchern aber haben die wichtigen jungen Autoren die Repräsentanten des literarischen Lebens in Deutschland längst verlassen. Weder Grass noch Härtling, weder Christa Wolf noch Stefan Heym haben irgendeinen Einfluß auf die jüngere deutsche Literatur.«[604] Aber Kempowski hatte ihn, auch jenseits des popkulturellen Diskurses. Falko Hennig, 1969 in Ost-Berlin geborener Kolumnist, Entertainer, Romanautor und Mitbegründer der Charles-Bukowski-Gesellschaft: »Meine eigene Tagebuchschreiberei geht auf die Lektüre von ›Sirius‹ zurück, und ich habe das Gefühl, daß mein Roman ›Trabanten‹ durch viele Zitate und, wenigstens angedeutete, Collagierung dem Kempowskischen Oeuvre viel verdankt. Erfreulich empfinde ich seinen Umgang mit der Computertechnik, auch wenn bestimmte seiner Visionen der Zeit zu weit voraus sind.«[605]

Besonders Kempowskis spezifische Beschäftigung mit der deutschen Vergangenheit bot Anknüpfungspunkte, etwa für Tanja Dückers, die im Frühjahr 2003 ihren Roman »Himmelskörper« veröffentlichte, der u.a. von der Flucht aus Ostpreußen und dem Untergang der »Wilhelm Gustloff« handelt: »Ich habe Kempowskis ›Echolot‹ als Recherche für meinen letzten Roman mit ziemlicher Begeisterung gelesen, fand das viel besser als Grass' Gustloff-Novelle. Insofern hat Kempowski mich vielleicht nicht inspiriert, weil ich die Inspiration eher aus Familienzusammenhängen gewonnen habe, aber auf jeden Fall beeinflußt und beeindruckt.«[606] Auch Karen Duve, die 1999 mit »Regenroman« einen großen Erfolg feierte, äußerte in einem »Spiegel«-Interview Bewunderung für Kempowski, weil er sich in seinen Werken intensiv mit der deutschen Vergangenheit beschäftige und dennoch eingängig erzähle.[607] Und Malin Schwerdtfeger (»Café Saratoga«) las Kempowski mit Gewinn: »Was er mit all meinen literarischen Vorbildern gemein hat (die außer ihm alle nicht aus dem deutschen Sprachraum kommen), ist seine Art, das einfache, mündliche Erzählen zu einer literarischen Form zu machen und damit präziser und uneitler zu sein als Schriftsteller, die eine sehr literarisierte Sprache wählen. Außerdem ist

Kempowski der einzige große deutsche Schriftsteller seiner Generation, der Humor hat. Mir fällt jedenfalls sonst keiner ein. Besonders sympathisch ist mir sein Außenseitertum. Denn bleiben wird immer das ästhetisch Einzigartige und somit Sonderbare. Von Kempowski würde ich erben wollen: die Sonderbarkeit.«[608]

Kempowski atmete auf, nach all den Jahren: »Ich habe den Kontakt zur 68er-Generation nie gefunden. Die Überflutung der Schulen durch Böll und andere Graumänner war mir immer unverständlich. Zu meinem großen Erstaunen gibt es jetzt ein Gespräch mit der nächsten Generation. Das war für mich ein neues Erlebnis, dass das Politische gar keine Rolle spielt.«[609]

Im Herbst 2003 veröffentlichte er den Roman »Letzte Grüße«: Alexander Sowtschick bricht im Herbst 1989 zu einer Lesereise in die USA auf, absolviert etliche Stationen und sammelt Eindrücke, die zwischen Abscheu und Bewunderung schwanken. Der junge Lyriker Adolf Schätzing, Brockes-Preisträger aus »Hundstage«, reist ihm voraus und wird überall gefeiert. Zu Sowtschicks Lesungen aber kommen nur ein paar Germanistik-Studenten und Auslandsdeutsche. Er ist krank, so wird bald klar, ein gezacktes Horn blitzt zuweilen in seinem Auge auf, und er stirbt am Ende des Buches, während im Fernseher die Bilder vom Mauerfall gezeigt werden und Schätzing über ihn hinwegschreitet. Kempowski: »Natürlich hat mich dabei die Auseinandersetzung mit der jungen Generation beschäftigt, der im Gegensatz zu Sowtschick die Zukunft gehört, die zu seinem Erstaunen aber auch zurückblickt. Denn Schätzing liest, wie sich im Verlauf der Geschichte herausstellt, Sowtschicks Bücher mit Zustimmung. Vielleicht habe ich bei dieser Figur an eine Mischung aus Durs Grünbein und Stuckrad-Barre gedacht?«[610]

Das Buch ist durch das Jahr der Handlung mit »Alkor« verbunden, wie schon »Sirius« mit »Hundstage«. Kempowski wechselt auch in diesem Text ständig die Ebenen. Nichts ist, wie es auf den ersten Blick scheint, Ansichten werden überprüft, Vorurteile korrigiert, und mit dem Fall der Mauer sinken sowohl realer Sozialismus als auch die alte Bundesrepublik dahin wie der Held selbst. »Letzte Grüße« schildert Abschiede, etwa den des Autors von seinen Lesern, und ist damit zugleich auch wieder Spiel – was bedeutet schon die Ankündigung: »mein letzter Roman«? –, nur in einem nicht: in *seinem* Abschied vom Leben, ein Thema, das im fünfundsiebzigsten Lebensjahr näher gerückt war und Kempowski seit langem beschäftigte. Neben dem Haftbericht »Im Block«, der die dunkelsten Jahre in seinem Leben beschrieb, ist »Letzte Grüße« darum wohl sein persönlichstes Buch. »Je älter ich werde, desto öfter denke ich an das Weiterleben nach dem Tod«, sagt Kempowski, »nicht im Sinne eines christlichen Paradieses, sondern vielmehr, daß die toten Seelen immer um uns sind, uns umschwirren. Auch mein Vater, meine Mutter sind bei mir. Der christliche Erlösertod war mir allerdings immer unverständlich. Ich fühle mich durch die Leiden Christi nicht erlöst. Die Vorstellung der Erbsünde leuchtet mir da schon eher ein, das Schuldigsein seit der Geburt. Vielleicht, weil sie die Schuld des einzelnen relativiert, also auch mich selbst entlastet? Die Menschen leben weiter in den materiellen Tatbeständen, die sie geschaffen haben, in ihren Werken, in dem, was sie angerührt haben. Das bleibt – auch von mir.«[611] So vergewissert sich auch Alexander Sowtschick in »Letzte Grüße« immer wieder seiner Leistung, zählt die Bücher her, die er geschrieben, und die Preise, die er bekommen hat.

Die Literaturkritik bedachte den Roman mit Lob. Volker Ladenthin schrieb sogar: »Er ist sechs gelungene Romane in einem.«[612] Vergessen der pedantische Buchhalter, der ressentimentgeladene Dorfschullehrer. Stattdessen wurde die »Meisterschaft«[613] eines großen Erzählers hervorgehoben, dessen literarischer Lebensleistung Gerechtigkeit widerfuhr. So urteilte Burkhart Spinnen in der »Zeit«, »Letzte Grüße« sei »die launig-(bitter)böse Abrechnung eines populären Autors«[614] mit

August 2003

dem Literaturbetrieb, in dem er sein Leben »zwischen den Stühlen und Schubladen« verbracht habe, weil seine Aufarbeitung der Vergangenheit andere Ergebnisse erbrachte, als »eine politisierte« 68er-Generation von ihm erwartete«. »Echolot«, so hieß es, habe nach dem Ende der ideologischen Blöcke nach 1989 beeindruckend dargestellt, was in den Diskussionen der bisherigen Lager weggeredet worden sei. Das kollektive Tagebuch habe gezeigt, »was man alles nicht verstanden hatte, als man ›Tadellöser & Wolff‹ so gut verstanden, aber doch auch verharmlosend gefunden hatte«.

Die öffentliche Würdigung fand nun auch auf anderen Gebieten statt. 1996 wurde Kempowski mit dem Großen Verdienstkreuz des Verdienstordens der Bundesrepublik Deutschland ausgezeichnet, bekam den Heimito-von-Doderer-Preis (2000), den Nicolas-Born-Preis (2002) und den Dedalus-Preis (2002). In Rostock übernahm ein Verein die Pflege des Kempowski-Museums, das in einem der alten Professorenhäuser am Klosterhof eingerichtet wurde und eine Sammlung von Gegenständen, Büchern und Manuskripten zeigt. Die Universität verlieh ihm im November 2002 in Würdigung seiner Verdienste um Literatur und Wissenschaft die Ehrendoktorwürde. Im Jahr darauf ernannte sie ihn zum Honorarprofessor für Neuere Literatur- und Kulturgeschichte. Karl Georg Kempowski, der sich seine Söhne als Doktoren oder Professoren gewünscht hatte, wäre zufrieden gewesen. »Auch eine Antwort auf die Urfrage meines Lebens, ob ich meinem Vater unter die Augen treten könnte – ein Gespräch hat ja nie stattgefunden. Ja, ich habe die Familie zerstört, aber ich habe ja auch etwas zustandegebracht.«[615] Für Kempowski war es jedenfalls »der Abschluss einer Versöhnung, wie sie vollkommener nicht hätte sein können«.[616]

Der Kreis schloss sich, die Anerkennung der frühen siebziger Jahre stellte sich wieder ein, das Werk wurde vollendet, der Plan erfüllt. Kempowskis Kopf war bereits in Bronze gegossen.

In der Allee

Mit Manfred Sihle-Wissel bei den Vorarbeiten zur Bronzeplastik, Sommer 2000

Was in der Urzelle der Einzelhaft seinen Anfang genommen hatte, war zu einem Kempowski-Universum gewachsen. Das Gesamtwerk lag nun ausgebreitet da, von Kempowski als »Die Improperien« bezeichnet, eine Anspielung auf die katholische Liturgie, und als Antwort auf die Klagen des Gekreuzigten verstanden: »O du, mein Volk, was tat ich dir? Betrübt ich dich?«

Eine letzte Lieferung des kollektiven Tagebuchs, die das Kriegsende 1945 behandeln sollte, war für das Jahr 2005 vorgesehen. Im Computer verborgen lagen weiterhin das Projekt »Plankton«, Tausende von Erinnerungskristallen – das Ergebnis ausgedehnter Befragungen seit den sechziger Jahren –, und die »Ortslinien«, eine multimediale Durchdringung des geschichtlichen Raumes von 1850 bis 2000: ein gigantischer »Text« der Gleichzeitigkeit aus Aufzeichnungen, Fotografien, Gemälden, Filmen, Tonaufnahmen, der die Kultur der Vergangenheit mit

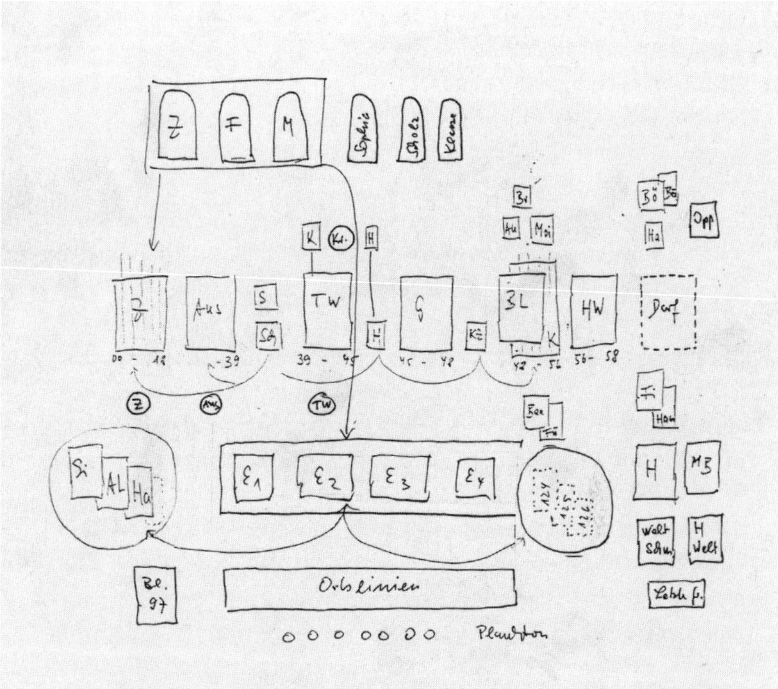

Die Improperien

der Gegenwart konfrontiert, ein modernes Gesamtkunstwerk, das vermutlich niemals fertig werden kann. »Ortslinien« war Kempowskis Verlängerung des Lebens über den Tod hinaus. In einem Interview sagte er bereits 1999: »Ich hoffe, daß wenn eine zehn-, zwölfköpfige Crew an diesem wunderbaren Projekt arbeitet – Rechercheure, Layouter, Techniker, Koordinatoren –, niemand mein Abtreten irgendwann bemerken wird.«[617]

Er hat als Geschichtserzähler in der deutschen Literatur nach 1945 die autobiographische, fakten- und bilderreiche Prosa populär gemacht und die kollektive Erinnerung der Vergangenheit für die Zukunft aufbewahrt. Sein Werk ist auch das Ergebnis eines zu neuer Bürgerlichkeit gewandelten Lebens, das aus Verantwortung vor der Gesellschaft und den kommenden Generationen die Erfahrungen einer, seiner »skeptischen« Flakhelfer-Generation aufgenommen hat. Durch die Hand des Schriftstellers wurden sie verwandelt und weitergegeben, um die Kontinuität des gesellschaftlichen Zusammenlebens zu garantieren.

Ob durch diese Arbeitsleistung aber die Schuld abgelöst wurde, reale und metaphysische, die einmal als tiefe Verletzung der Seele das große Erinnerungswerk in Gang gesetzt hatte, wer könnte das beantworten? »Sie wird abgetragen, mit jedem Buch ein wenig mehr, und verblaßt allmählich«,[618] behauptete Kempowski. Aber daß er weitere Tagebücher zur Veröffentlichung vorbereitet, eine Gesamtlesung der »Deutschen Chronik« auf CD begonnen hatte, die ab 2001 erschien, und natürlich längst an einem »allerletzten« Roman schrieb, läßt erahnen, wie es tatsächlich darum bestellt war. Kempowski stand noch immer auf Posten: »Im U-Boot durch die Weltmeere fahren, immer am Periskop.«[619] Seit Juli 2003 arbeitete er an einem Gedichtzyklus über seine Haftzeit, der an das frühe »Aquarium«-Gedicht anschließen sollte. So kehrte er am Ende seines Werks an den Ort zurück, an dem alles begonnen hatte: in die Einzelzelle von Schwerin.

11. Schluß

Sie werden sagen: Es war sinnlos, aber fleißig war er.[620]

Das Jahr des 75. Geburtstags brachte Kempowski noch einmal Ehrungen. Sein Verlag richtete Ende April 2004 in Rostock eine große Feier mit zahlreichen Freunden und Verwandten aus, auf der ihm auch die Ehrendoktorwürde des Uniata College in Huntingdon/Pennsylvania verliehen wurde. Die Eastern Michigan University in Ypsilanti und die Universität Bielefeld veranstalteten wissenschaftliche Tagungen zu Leben und Werk. Und im Juni besuchte Bundespräsident Johannes Rau das Archiv in Nartum und würdigte Kempowskis Arbeit, da er in seinen Werken »Gerechtigkeit gegenüber Jedermann« geübt, »die Menschen nicht beurteilt und nicht verurteilt« habe. Rau sagte in seiner Rede: »Vielleicht ist der geheime Schwerpunkt Ihrer ganzen literarischen Arbeit jenes Wort, das heute so altmodisch klingt und das doch ein Ausweis tiefer Menschlichkeit ist: Barmherzigkeit. Jenes Wort, das im Zentrum der christlichen Gottesvorstellung steht.« Über das Archiv sagte Rau: »Sie haben den Deutschen etwas geschenkt, was wohl kein anderes Volk hat: Ein lesbares Archiv seiner Hoffnungen und Irrtümer, seiner Sehnsüchte und seines Versagens. Dafür sage ich Ihnen heute ganz offiziell als Bundespräsident meinen Dank.«[621] Ein Jahr später kam auch Raus Nachfolger im Amt, Horst Köhler, nach Nartum, um den deutschen Geschichtserzähler kennenzulernen.

Mit dem 75. Geburtstag änderte sich die öffentliche Beurteilung von Person und Werk noch einmal entscheidend. Nicht

Bundespräsident Horst Köhler und seine Frau Eva Luise zu Besuch in Nartum, 17. Juni 2005

mehr von »Wahrnehmungsdefiziten« und etwaigen »Mißverständnissen« wie nach dem Erscheinen des »Echolot« (1993) war vorsichtig die Rede. In zahlreichen Gesprächen trat nun offen zutage, was Kempowski immer gespürt hatte: Aus politischen Gründen hatten ihn nicht wenige, die Schaltstellen im bundesdeutschen Literaturbetrieb besetzten, gemieden. Auch langjährige Wegbegleiter berichteten jetzt von ihren Erfahrungen, von der Ablehnung durch die kommunistische Literaturhausleiterin etwa oder von der Ignoranz übermächtiger Literaturkritiker. Mancher hatte plötzlich eine ähnliche Kempowski-Geschichte beizutragen. Die Zeitungen wiederholten wie selbstverständlich die Rede vom früheren, diffamierenden Umgang mit Kempowski, so daß die »Frankfurter Allgemeine« urteilte: »Nun aber wird allseits eifrig wiedergutgemacht.«[622]

Genugtuung, Triumph gar, empfand Kempowski jedoch kaum. Das hätte seiner skeptisch-realistischen Haltung auch nicht entsprochen, höchstens Verwunderung. Zuweilen jedoch entfuhr ihm ein »zu spät«. Eine Fußnote dazu: Im Jahr 2004 veröffentlichte Kempowski ausgerechnet im Stroemfeld Verlag (früher Verlag Roter Stern) in Frankfurt am Main »Das 1. Album. 1981–1986«, von Kempowski respektlos kommentierte Faksimiles aus seinem Prominentenpoesiealbum, unter anderem von Karl Carstens und Joseph Beuys, Marianne Hoppe und Günter Grass, Utta Danella und Helmut Zierl ... eine echte Kempowski-Idee: »Crème de la crème ... Die Schönen, die Reichen, Künstler, Politiker. Irgendwie meinte ich: Wenn die liebe Familie eines Tages in Not gerät, könnte sie diese Alben verkaufen, oder ich selbst, in einem Pflegeheim liegend: Seite für Seite fortgeben und dafür eine frische Wärmflasche eintauschen?«[623]

Er hatte seine Projekte voranzubringen, zu beenden: das »Echolot«, einen neuen Roman, Tagebücher, »Ortslinien«, »Plankton«, seine Autobiographie und die Gedichte. Mit dem Erscheinen von »Echolot. Abgesang '45« im Frühjahr 2005 vollendete er das große Projekt, dessen Anfänge bis in die sechziger Jahre zurückreichten und das er 1987 begonnen hatte. »Zentrum des ›Echolot‹ muß sein das Jahr 1945, der Schlund des Trichters, auf den alles zudringt!«,[624] hatte Kempowski am 27. Januar 1989 notiert, schon zu Beginn der Collageversuche also. Der vierte Teil des »Echolots« behandelte nun einige wenige Tage am Ende des Zweiten Weltkriegs, Hitlers letzten Geburtstag am 20. April, das Treffen amerikanischer und sowjetischer Truppen bei Torgau an der Elbe am 25. April, den Tod des Diktators am 30. April und die deutsche Kapitulation am 8./9. Mai. Kempowski hatte aus der Fülle der Texte ein stärker als bisher verdichtetes Bild der Erlebnisse komponiert, inspiriert durch Ezra Pounds »Cantos« kurze, motivisch gebündelte Szenen nebeneinander montiert. »Dieses Buch ersetzt eine ganze Bibliothek zum Thema Kriegsende«,[625] urteilte Frank Schirrmacher, und Volker Hage schrieb im »Spiegel«: »Ein ebenso einzigartiges, ein gigantomanisches Werk ist daraus entstanden und jetzt zum Abschluß gekommen. [...] Es ist ein Wunder.«[626]

Kempowskis *Opus magnum* umfaßte nun insgesamt 8000 Seiten in zehn Bänden, ein literarisches Panorama der Kriegsjahre zwischen 1941 und 1945, wie es in der deutschen Literatur noch nicht dagewesen war, von Tausenden von Zeitzeugen erzählt und vom Autor arrangiert, wie Jan Philipp Reemtsma auf der Feier hervorhob, die am 2. März 2005 anläßlich der Vollendung in der Berliner Bertelsmann-Repräsentanz Unter den Linden in Anwesenheit des Bundespräsidenten stattfand: »Der Autor ist sich seines Komponisten- und Dirigentenstatus durchaus bewußt und der prekären Position, in die er sich damit begeben hat. Er ist es, der der Stimme den Raum gibt: ›Indem ich die Archivausgaben auswähle, mache ich sie zum Bestandteil der Chronik‹ – ›Texte streichen, das hieße: Menschen streichen‹ – da wird der Autor dann buchstäblich zum Schöpfer.«[627]

Kempowski sah seine Rolle bescheidener: »Ich wollte die Leute in ihrem Selbstverständnis darstellen, ihnen auch Gerechtigkeit widerfahren lassen. Die Nuancen haben mich beschäftigt, nicht so sehr die Tendenz. Dieses ›Echolot‹ ist ein Antikriegsbuch. Ich habe eine Sonde angelegt wie ein Fernrohr, durch das man hören kann in eine längst vergangene, heute jedoch nach wie vor wirksame Gesellschaft/Zeit hinein. Durch Klopfen und Schütteln die Partikel über das Raster gegeben, bis das Muster sichtbar wurde, das uns allen bekannt ist, das wir aber vergessen haben.«[628]

Er hatte die Arbeit am großen Erinnerungswerk der Deutschen über die Jahrzehnte mit großer Beharrlichkeit fortgesetzt, einer demokratischen Intention folgend Vergangenheit und Gegenwart darin verwoben, Wissen, Erfahrung und Emotionen gespeichert: »Wir sollten den Alten nicht den Mund zuhalten, wenn sie uns etwas erzählen wollen«, schrieb er schon 1993 im Vorwort zum ersten Teil des »Echolots«, »und wir dürfen ihre Tagebücher nicht in den Sperrmüll geben, denn sie sind an uns gerichtet – die Erfahrungen ganzer Generationen zu vernichten, diese Verschwendung können wir uns nicht leisten. Wir müssen uns bücken und aufheben, was nicht vergessen werden darf: Es ist unsere Geschichte, die da verhandelt wird.«[629]

Seine eigene Lebensgeschichte nahm Kempowski dagegen erneut in einem Tagebuch als Grundlage, das im Frühjahr 2006 erschien. Es setzt die Chronologie nach »Alkor« fort und schildert – im Abstand von 15 Jahren literarisch überarbeitet – das Jahr 1990. Sein Titel »Hamit« erinnert an das Wort »Haamit« aus der Mundart des Erzgebirges. Kempowski beschrieb das Wiedersehen mit *seiner* Heimat und den endgültigen Abschied von ihr. Wenige Wochen nach der Maueröffnung war er zum ersten Mal seit den siebziger Jahren nach Rostock gefahren, zusammen mit seinem Bruder Robert, hatte die Plätze seiner Kindheit und Jugend aufgesucht, die Wohnung seiner Eltern in der Alexandrinenstraße, die Villa seines Großvaters in der Stephanstraße, das Kontor am Hafen, das Untersuchungsgefängnis, in dem seine Mutter inhaftiert gewesen war. Im Tagebuch hatte er sich schon damals Rechenschaft gegeben über seine Empfindungen, über die Begegnung mit den Schmerzen seiner Jugend. Nun teilte er sie auch seinen Leserinnen und Lesern mit.

Er bettete die Auskunft über seine Befindlichkeiten wie schon in den früheren Tagebüchern in größere Zusammenhänge ein, schilderte seine Erlebnisse bei den nun folgenden zahlreichen Reisen in die DDR, nach Bautzen, Weimar, Leipzig, Dresden, Stralsund, immer vor dem Hintergrund der großen Politik. Den Prozeß der Annäherung zwischen den Teilstaaten, der das Jahr prägte, verfolgte er im Tagebuch zunächst mit Hoffnung, später mit zunehmender Sorge angesichts der sich auftürmenden wirtschaftlichen und sozialen Schwierigkeiten. Ein weiteres Thema des Buches ist die Literatur, seine Arbeit am »Echolot« etwa oder am Tagebuch »Sirius«, das zur Buchmesse 1990 erschien. Auch Begegnungen mit Kolleginnen und Kollegen in Ost und West spielen eine Rolle. Die »Zeit« urteilte über das weite Panorama von »Hamit«: »Für Zeitgeschichte hat Walter Kempowski, was man bei Gärtnern einen ›grünen Daumen‹ nennen würde. Sie wächst sich bei ihm zu etwas aus, was kaum einzuhegen ist, und er wächst dabei in sie ein.«[630]

Im Sommer 2006 bewegte Günter Grass' Mitteilung, Angehöriger der Waffen-SS gewesen zu sein, das Land. Kempowski nahm das späte Geständnis der einstigen moralisch-politischen Instanz der alten Bundesrepublik zunächst milde auf. »Ein bisschen spät kommt das.« Allerdings gelte auch für Grass das Bibelwort, wer selbst ohne Sünde sei, »der werfe den ersten Stein«.[631] Je länger er darüber nachdachte, desto mehr verwunderte er sich jedoch: »Auch ich habe vor dem Tisch der SS-Werber gestanden, nur mit dem Unterschied, daß ich nicht freiwillig vor sie geführt wurde und nicht siebzehn Jahre alt war, sondern erst fünfzehn, und damals habe ich schlicht und einfach nein gesagt. Ich wußte damals schon, daß die SS ein Verbrecherhaufen ist.«[632]

Im Herbst desselben Jahres erschien der Roman, »Alles umsonst«, der vom Leben auf einem ostpreußischen Gutshof im Winter 1944/45 handelt und von der Flucht vor der Roten Armee. Pläne für diesen Roman beschäftigten Kempowski seit seiner Polenreise im Sommer 1987, die er in »Mark und Bein« verarbeitet hatte. »Ich muß die ganze Zeit an die Flüchtlinge denken. Die schmalen Alleen, Chausseen, mit ihren Treckwagen«,[633] notierte er damals. Kempowski hatte auch das alte Ostpreußen noch gesehen, auf der Sommerreise 1936 zu den Königsberger Verwandten. Das Leben auf den ostelbischen Gütern kannte er aus seiner Schwänzzeit 1943/44 gut, und er führte ja selbst seit Jahren eine Art Gutsleben in seinem Nartumer Landhaus. Die bewegende Lektüre Hunderter von Fluchtberichten, die den Schwerpunkt von »Echolot. Fuga furiosa« bilden, verstärkte Ende der neunziger Jahre die innere Auseinandersetzung mit einem Thema, das in der Nachkriegsliteratur weniger Beachtung fand, als ihm seiner Ungeheuerlichkeit wegen zugekommen wäre: »Ich habe mich immer darüber gewundert, daß die Flucht der Deutschen aus Ostpreußen, Schlesien und Pommern in der deutschen Gegenwartsliteratur keine Rolle spielt. Es gab wenig darüber zu lesen, außer vielleicht den großen Roman von Siegfried Lenz, ›Heimatmuseum‹. Wenn man sich so lange mit dem Thema beschäftigt, sucht man auch bei sich selbst nach Substanzen, die mit dieser Zeit und den grauenhaften Geschehnissen zu tun haben. Und man erinnert sich an die eigene Beteiligung. Unser letztes Schiff, die ›Friedrich‹, war eingesetzt zum Flüchtlingstransport nach Ostpreußen. Es hat Tausende von Flüchtlingen gerettet aus Ostpreußen, die letzte Fahrt endete in Rostock. Wir hätten an Bord gehen können, aber meine Mutter sagte: ›Nein, wir bleiben hier.‹ Ich sehe die Flüchtlinge noch, die aussteigen mußten, die Trecks, die durch Rostock schlurften. Ich habe gesehen, in welchem Zustand sie waren. Das hat einen tiefen Eindruck auf mich gemacht. Und dann, als Fünfzehnjähriger, ging ich selbst auf die Flucht.«[634]

Nach »Letzte Grüße« nun »Alles umsonst«: auch ein typischer, programmatischer Kempowski-Titel, der ihn viele Jahre begleitete. 1984 hatte er ein Hörspiel so genannt, auch als Bezeichnung für das später »Sisyphos«, dann »Improperien« genannte Gesamtwerk hatte er es verwendet. Die berühmten Verse Martin Luthers galten Kempowski seit jeher als metaphysische Grundüberzeugung, sie stehen für seine Bemühungen um Anerkennung und Ablösung der Schuld:

Bei dir gilt nichts denn Gnad und Gunst,
Die Sünde zu vergeben;
Es ist doch unser Tun umsonst
Auch in dem besten Leben.

Dieser große Roman führt die Vergeblichkeit menschlichen Handelns vor Augen. Die Bewohner des adeligen Gutes Georgenhof, deren behagliches Leben inmitten der großen Weltkatastrophe Kempowski ausführlich schildert, müssen alles aufgeben, was Generationen aufgebaut und bewirtschaftet haben, sie flüchten und gehen dabei zugrunde. Kempowski erzählt nüchtern, distanziert, ohne Pathos.

Seine Sympathie gehört allein der Hauptperson, dem verträumten Gutsbesitzersohn Peter, eine Art Selbstporträt: der »Peterpump« aus der Rostocker Alexandrinenstraße. Peters Flucht gleicht einer Abschiedsreise, sein registrierender Blick nimmt Bilder einer untergehenden Kultur für die Nachwelt auf. In diesem großen Sterben kann Gnade nur von Gott kommen, wie in der protestantischen Theologie nach Luther, oder durch den Zufall, wie am Schluß des Romans: Ausgerechnet ein Nazi, der vorher alle kontrolliert und drangsaliert hat, rettet den Jungen.

Während im Kulturbetrieb noch über Opferrolle und Täterstatus der Deutschen im Zweiten Weltkrieg debattiert wurde, über den Bombenkrieg und die Flucht aus den Ostgebieten, hatte Kempowski bereits wieder einmal gehandelt. Die gute Aufnahme seines Buches war für Kempowski vielleicht noch wichtiger als das positive Echo auf »Tadellöser & Wolff« am Anfang seiner Schriftstellerlaufbahn und bewegender noch als die hymnische Kritik des ersten »Echolots«. Das Wort vom »großen Kempowski« machte bald die Runde, das Gustav Seibt in der Süddeutschen Zeitung prägte: »Der große Walter Kempowski hat ein weiteres Mal das fast Unmögliche, fast nie Gelingende geleistet: einen vollkommen überzeugenden historischen Roman.«[635] Ein Abschluß seines Werks war es noch nicht, aber die Krönung.

Die Anerkennung, die Kempowski seit seinem 75. Geburtstag widerfuhr, schlug sich auch in wichtigen Preisen und Auszeichnungen nieder, die er jetzt verliehen bekam, unter anderem den Thomas-Mann-Preis der Stadt Lübeck (2005), den Hans-Erich-Nossack-Preis (2005), den Ehrenpreis des Bayerischen Ministerpräsidenten beim Internationalen Buchpreis Corine (2005), den Hoffmann-von-Fallersleben-Preis für zeitkritische Literatur (2006) und den Kulturpreis Mecklenburg-Vorpommern (2006). Er wurde zum Ehrenmitglied der Hamburger Autorenvereinigung (2004) und der Freien Akademie der Künste in Hamburg (2007) ernannt, erhielt das Große Verdienstkreuz des niedersächsischen Verdienstordens (2004) und das Große Verdienstkreuz mit Stern des Verdienstordens der Bundesrepublik Deutschland (2006) verliehen. Eine wissenschaftliche Kempowski-Gesellschaft, die im Sommer 2007 in Gießen ihre Arbeit aufnahm, wollte die Erforschung des Werkes weiter vorantreiben. Und die International Astronomical Union bezeichnete den Asteroiden 11789 (1977RK) mit dem Namen Kempowski.

Die Akademie der Künste in Berlin übernahm im Herbst 2005 das Archiv seiner Manuskripte und persönlichen Dokumente, das Biographienarchiv und die Sammlung der Alltagsfotografien. Im Sommer 2007 ehrte sie Kempowski mit einer umfangreichen Ausstellung in ihren historischen Sälen am Brandenburger Tor. Die Schau zeigte unter dem Titel »Kempowskis Lebensläufe« auf 500 Quadratmetern 1600 Exponate aus Kempowskis Archiv, dem Museum in Rostock und aus Haus Kreienhoop, ausgewählt aus Hunderten von Objekten und geschätzt drei Millionen Blatt Papier.[636]

Bei der Eröffnung am 19. Mai 2007 würdigte Bundespräsident Horst Köhler die politische Dimension von Kempowskis schriftstellerischer Arbeit: »Wenn ich heute Walter Kempowski einen Volksdichter nenne, dann hoffe ich, dass er dagegen keinen Einspruch erhebt. Diesen Titel kann er nicht nur in Anspruch nehmen, weil so viele Menschen seine Bücher lesen und noch immer die Verfilmungen von »Tadellöser und Wolff« ansehen, sondern vor allem deshalb, weil er, wie kein anderer, das Volk selbst zum Sprechen gebracht hat. Kein anderer hat den Menschen so ihre Stimme gegeben oder besser gesagt: ihre Stimme erhalten und für alle Zeiten bewahrt. Deutschland kann dankbar für das sein, was er geschaffen und uns geschenkt hat. Ja, wir sind stolz auf Walter Kempowski.«[637] Die vielbeachtete Ausstellung führte erstmals einem großen Publikum – an die 10000 Menschen zwischen Mai und Juli 2007 – Kempowskis Leben und Werk als Schriftsteller, Pädagoge und Archivar umfassend vor. Sie gab Einblicke in seine spezifische Arbeitsweise, präsentierte etwa die berühmte Zettelfassung von »Tadellöser & Wolff«, brachte die Objekte der Vergangenheit in Verbindung mit den schriftlichen Zeugnissen der Erinnerung und zeigte so die Verwandlung der Realität ins Medium der Literatur. Das Tonbandgerät aus den späten fünfziger Jahren stand neben dem »Güldnen Schatzkästlein«, dem ersten Zettelkasten in der Familie Kempowski, Zigarren der Marke »Loeser & Wolff« fanden sich neben Lineolsoldaten, die Zuchthausschuhe neben ersten Skizzen zur Haftzeit. Auch konnten ausgewählte Stücke aus dem Biographienarchiv und Aufnahmen aus dem Archiv der Alltagsfotografien besichtigt werden.

Kempowski selbst interessierte sich während dieser Monate besonders für Aufzeichnungen von Einwanderern in Deutschland. Die Anregung dazu hatte er bereits im Herbst 2000 auf der Frankfurter Buchmesse in einem langen Gespräch mit dem ugandischen, in Amsterdam lebenden Schriftsteller Moses Isegawa empfangen. Dessen »Abessinische Chronik« erzählt die wechselhafte Geschichte Ugandas seit den 1970er Jahren aus der Sicht eines jungen Afrikaners. Kempowski hatte die Verbindung von Familienroman und Bürgerkriegschronik beeindruckt, und sie gab den Anstoß zur Beschäftigung mit den Geschichten der vermeintlich Fremden. »Das sind in 20 Jahren unsere Mitbürger!«,[638] sagte er nun und rief sie während der Ausstellungszeit dazu auf, ihre Aufzeichnungen auch ins Biographienarchiv zu geben.[639] Die bald eintreffenden Tagebücher und Lebenserinnerungen von russischen, türkischen, griechischen und jüdischen Immigranten legten den Grund für eine wichtige Erweiterung der Sammlung, die den Veränderungen in der Gesellschaft entsprach.

Kempowski jedoch konnte die späten Erfolge nicht auskosten. Seine Gesundheit war schon längere Zeit angegriffen, und im September 2006 stellten die Ärzte Darmkrebs fest. Nach der Operation schmiedete Kempowski zwar bald wieder Pläne, für die Veröffentlichung von »Plankton«, für die Fortsetzung der

»Ortslinien«, auch für einen weiteren Roman mit dem Titel »Kleine Liebe zu Trompeten«, an dem er von Zeit zu Zeit geschrieben hatte. Er wollte eine Geschichte aus dem Leben des geretteten Peter erzählen, der nach der Wiedervereinigung als Restaurator in Berlin lebt, bald aber nach Frankreich reist und seine Tage damit verbringt, Blasinstrumente zu kaufen. Auch das Tagebuch 1991, das für 2008 unter dem Titel »Somnia« zur Veröffentlichung anstand, mußte überarbeitet werden. »Fragmente zu hinterlassen ist scheußlich«,[640] heißt es im Tagebuch. Zudem nahm er sich ein neues experimentelles Werk vor, das er seit einigen Jahren plante: »Allzeit«, eine Zusammenstellung einzelner Sätze aus den Romanen der »Deutschen Chronik« in der Reihenfolge der »Wortkonkordanz« aus den achtziger Jahren, eine Dekonstruktion dessen also, was er einst so akribisch wiederhergestellt und festgehalten hatte: eigene und fremde Vergangenheit.

»Immer weitermachen«[641] war auch jetzt noch sein Motto. Aber Kempowskis Zustand war nicht gut, er mußte künstlich ernährt werden. Drei Monate gaben ihm die Ärzte noch zu leben. Geschwächt, wie er war, konnte er kaum konzentriert arbeiten. Im Dezember feierte er im Kreise seiner Familie die »goldene Verlobung« mit seiner Frau. Seine letzte öffentliche Lesung fand am 10. Januar 2007 in Osterholz-Scharmbeck statt. Als er im März 2007 wieder auf einem Literaturnachmittag in seinem Haus vor Publikum auftrat, wurden auch die Medien aufmerksam. Kempowski, der früher bereits über seine Schlaganfälle ausführlich berichtet hatte, ging offen mit der Krankheit um, ließ sich sogar im Krankenbett fotografieren und nannte, wie er es immer gehalten hatte, die Dinge nüchtern beim Namen. »Ich habe meine Lebensarbeit unter Dach und Fach«, sagte er in einem Interview und beschrieb anschließend die Funktionsweise seiner Nahrungspumpe.[642] Täglich erreichten ihn nun mitfühlende Briefe seiner Leserinnen und Leser. Journalisten, frühe Weggefährten und späte Bewunderer besuchten ihn in den folgenden Wochen in Nartum, auch Kollegen wie Martin Mosebach, Durs Grünbein, Benjamin von Stuckrad-Barre oder Gerhard Henschel. Kempowski freute sich über die Abwechslung. »Ich unterhalte mich gern«,[643] sagte er und ließ es sich nicht nehmen, seinerseits die Interviewer für sein Projekt »Plankton« auszufragen, nach Reisen, Lieblingssportarten, Erinnerungen an Schulaufsätze. Auch Alltägliches interessierte ihn, wie Falko Hennig berichtet: »Dass ich Mittagsschlaf halte, findet seine Zustimmung.«[644]

Es schmerzte Kempowski, daß er die Ausstellung in Berlin – »die Krönung meines Lebens«[645] – nicht mehr besuchen konnte. Auf der Eröffnungsfeier verlas sein Sohn Karl-Friedrich die milden Abschiedsgrüße des Vaters: »Die Bedeutung, die Sie meinem Werk beimessen, hat mich überrascht, und die Liebe und Sorgfalt, die man der Realisation dieser Ausstellung angedeihen ließ, macht vieles wieder gut.«[646] Der Gedanke an seinen nahen Tod schreckte Kempowski offenbar nicht. Sein Haus hatte er ja längst bestellt, die Hauptwerke beendet, für die Weiterführung des Archivs gesorgt und eine Stiftung gegründet, die Haus Kreienhoop eine Zukunft als literarisches Museum und kulturellen Veranstaltungsort sichert. »Ich sterbe doch gern«,[647] sagte er und: »Ich hoffe beim Aufwachen nur, dass ich heute keine Schmerzen habe. Mit dem Ende als solchem habe ich kein Problem. Gut, mich interessiert schon, was passiert, wenn die Klappe eines Tages fällt«.[648] Im Sommer mußte er dann die Arbeit an seinen Projekten einstellen. In den frühen Morgenstunden des 5. Oktober 2007 starb Walter Kempowski in einem Krankenhaus in Rotenburg an der Wümme. Seine Familie war in der Todesstunde bei ihm. Auf dem kleinen Friedhof in Nartum liegt er begraben.

Literaturauswahl

1. Walter Kempowski – Werke

Werk- und Einzelausgaben

Im Block. Ein Haftbericht. Reinbek: Rowohlt 1969.

Tadellöser & Wolff. Ein bürgerlicher Roman. München: Hanser 1971.

Uns geht's ja noch gold. Roman einer Familie. München: Hanser 1972.

Haben Sie Hitler gesehen? Deutsche Antworten. Mit einem Nachwort von Sebastian Haffner. München: Hanser 1973.

Der Hahn im Nacken. Mini-Geschichten. Illustriert von Friedrich Kohlsaat. Reinbek: Rowohlt 1973.

Immer so durchgemogelt. Erinnerungen an unsere Schulzeit. München: Hanser 1974.

Die Harzreise erläutert. München: Hanser 1974.

Ein Kapitel für sich. Roman. München: Hanser 1975.

Alle unter einem Hut. Über 170 witzige und amüsante Alltagsminiminigeschichten. Illustriert von Anne Bous. Bayreuth: Loewes 1976.

Wer will unter die Soldaten? Fotos von Rolf Betyna und Jürgen Stahf. München: Hanser 1976.

Aus großer Zeit. Roman. Hamburg: Knaus 1978.

Schnoor, Bremen zwischen Stavendamm und Balge. Mit Fotos von H. Westphal. Bremen: Schmalfeldt 1978.

Haben Sie davon gewußt? Deutsche Antworten. Mit einer Übersichtskarte der KZ-Lager des »Dritten Reiches« und einem Nachwort von Eugen Kogon. Hamburg: Knaus 1979.

Unser Herr Böckelmann. Mit Illustrationen von Roswitha Quadflieg. Hamburg: Knaus 1979

Tadellöser & Wolff. Ein Kapitel für sich. Materialien zu ZDF-Fernsehprogrammen. (Zus. mit Eberhard Fechner.) Hg. von ZDF – Information und Presse. München: Goldmann 1979.

Kempowskis einfache Fibel. Illustriert von Manfred Limmroth. Braunschweig: Westermann 1980.

Einfache Fibel. Übungsteil. Braunschweig: Westermann 1981.
Schöne Aussicht. Roman. Hamburg: Knaus 1981.
Herrn Böckelmanns schönste Tafelgeschichten nach dem ABC geordnet. Illustriert von Roswitha Quadflieg. Hamburg: Knaus 1983.
Unser Herr Böckelmann: Sein Lebenslauf. Aufgezeichnet und illustriert von Prof. Jeremias Deutelmoser, 1. Vorsitzender der Bökkelmann-Gesellschaft. Hamburg: Knaus 1983.
Herzlich willkommen. Roman. München/Hamburg: Knaus 1984.
Haumiblau. 208 Pfenniggeschichten für Kinder. Mit Bildern von Friedrich Kohlsaat. München: C. Bertelsmann 1986.
Im Block. Ein Haftbericht. Mit 32 Bildnotizen des Verfassers. München/Hamburg: Knaus 1987.
Der Landkreis Verden. Ein Porträt. Verden: Landkreis Verden 1987.
Lesenlernen – trotz aller Methoden. Ein Exkurs über Fibeln. Braunschweig 1987. (Vorträge im Georg-Eckert-Institut für internationale Schulbuchforschung.)
Hundstage. Roman. München/Hamburg: Knaus 1988.
Sirius. Eine Art Tagebuch. München: Knaus 1990.
In Rostock. Aus der Reihe »Ganz persönlich«. Beschreibungen in Zusammenarbeit mit dem ZDF. Mit 40 Fotos von Erhard Pansegrau und einer Karte. Freiburg i.Br.: Eulen 1990.
Mecklenburg-Vorpommern. Mit Fotos von Fritz Dressler. München: Bucher 1991.
Mark und Bein. Eine Episode. München: Knaus 1991.
Das Echolot. Ein kollektives Tagebuch Januar und Februar 1943. 4 Bde. München: Knaus 1993.
Der arme König von Opplawur. Ein Märchen. Mit Bildern von Renate Kempowski. München: Knaus 1994.
Mein Rostock. Mit Fotos von Claus Gretter. Frankfurt a.M. u.a: Ullstein 1994. (Autoren sehen ihre Stadt 1.)
Weltschmerz. Kinderszenen fast zu ernst. München: Knaus 1995.
Bloomsday '97. München: Knaus 1997.
Bloomsday '97. München: Knaus 1997. [Tagebuchauszüge].
Heile Welt. Ein Roman. München: Knaus 1998.
Die deutsche Chronik. 9 Bde. München: btb 1999.
Das Echolot. Fuga furiosa. Ein kollektives Tagebuch Winter 1945. 4 Bde. München: Knaus 1999.
Der rote Hahn. Dresden 1945. München: btb 2001.
Alkor. Tagebuch 1989. München: Knaus 2001.
Das Echolot. Barbarossa '41. Ein kollektives Tagebuch. München: Knaus 2002.
Letzte Grüße. Roman. München: Knaus 2003.
Im Block. Ein Haftbericht. Neuausgabe. München: Knaus 2004.
Das 1. Album. 1981–1986. Frankfurt a. M.: Stroemfeld 2004.

Culpa. Notizen zum Echolot. München: Knaus 2005.
Das Echolot. Abgesang '45. Ein kollektives Tagebuch. München: Knaus 2005.
Hamit. Tagebuch 1990. München: Knaus 2006.
Alles umsonst. München: Knaus 2006.
Somnia. Tagebuch 1991. München: Knaus 2008.
Langmut. Gedichte. München: Knaus 2009.
Umgang mit Größen. Meine Lieblingsdichter – und andere. Hg. von Karl Heinz Bittel. München: Knaus 2011.
Plankton. Ein kollektives Gedächtnis. Hg. von Simone Neteler. München: Knaus 2014.

Beiträge in Sammelwerken, Katalogen und Zeitschriften

Der Schriftsteller und sein Publikum. In: Meyers Enzyklopädisches Lexikon, Bd. 21, Mannheim: Bibliographisches Institut 1977, S. 273–275.
Ich begann, meinen Ärger zu sublimieren. In: Wie ich anfing, hg. von Hans Daiber, Düsseldorf: Claassen 1979, S. 227–238.
Leo Tolstoi. Krieg und Frieden. In: ZEIT-Bibliothek der 100 Bücher, hg. von Fritz J. Raddatz, Frankfurt a.M.: Suhrkamp 1980, S. 283–286.
Meine Erfahrungen mit der Landschule. In: Die kleine Grundschule, Hannover: Kultusministerium, Referat Presse und Öffentlichkeitsarbeit 1980, S. 10–18.
Zeitgeschichte und Biographie. Der Zusammenhang meiner Romane. In: Biographie in handlungswissenschaftlicher Perspektive. Kolloquium am Sozialwissenschaftlichen Forschungszentrum, hg. von Joachim Matthes u.a. Nürnberg: Nürnberger Forschungsvereinigung 1981, S. 199–205.
Verarmt das menschliche Leben unter dem anhaltenden Fortschritt der Technik? In: Birgit Lahann, Abitur. Von Duckmäusern und Rebellen. 150 Jahre Zeitgeschichte in Aufsätzen prominenter Deutscher, Hamburg: Gruner und Jahr 1982, S. 242–246.
Dank an Hans-Joachim Mund. In: Um die eine Kirche. Evangelische Katholizität, Festschrift für Hans-Joachim Mund zum 70. Geburtstag am 25. November 1984, hg. von der Hochkirchlichen Vereinigung Augsburgischen Bekenntnisses, Augsburg 1984, S. 98–99.
Der historische Teppich. Literatur und Politik als Thema einer langen Nacht. In: Börsenblatt für den Deutschen Buchhandel 41 (1985), S. 770–774.
»Schwarzbrod und Freiheit sei mir beschieden…« Die Chronik der Familie Bertelsmann und Mohn. In: 1835–1985. 150 Jahre Bertelsmann, München: Bertelsmann 1985, S. 9–36.
Rostock, nach siebenundzwanzig Jahren. In: Letzte Tage in Mecklenburg. Erinnerungen an eine Heimat, hg. von Ulrich Schacht, München: Langen Müller 1986, S. 235–242.

Das Ruderboot. Ein Beispiel für die Beteiligung des Unbewußten an einem literarischen Prozeß. In: Seiltanz auf festen Versesfüßen. Neun Autoren in der Marburger Universität, hg. von Wilhelm Solms, Marburg: Hitzeroth 1987 (Marburger Literaturtage 2), S. 43–56.

Meine fünf Bibliotheken: Gedanken über Buchkultur. In: Philobiblon 32 (1988), S. 85–96.

Zur Ausstellung »Rostock um 1200«. In: Rostock im Ostseeraum in Mittelalter und früher Neuzeit. Wissenschaftliches Kolloquium am 1. und 2. Juli 1993, Rostock: Universität, Presse- und Informationsstelle 1994, S. 7–10.

Dankesrede – über Uwe Johnson. In: Internationales Uwe-Johnson-Forum 6 (1997), S. 185–189.

Von meinem Verhältnis zur plattdeutschen Sprache. In: Fritz Reuter und die Literatur des 20. Jahrhunderts, hg. im Auftrag der Fritz-Reuter-Gesellschaft von Christian Bunners und Ulf Bichel, Hamburg 1997. (Beiträge der Fritz-Reuter-Gesellschaft 7), S. 83.

Fluß der Erinnerung. In: Die Elbe. Fotos von Jörn Vanhöfen. Leipzig: Gustav Kiepenheuer 2000, S. 110–119.

Ruine – Metapher und Wirklichkeit. In: Stadt der Architektur – Architektur der Stadt: Berlin 1900–2000 (Katalog der Ausstellung 23. Juni bis 3. September 2000, Neues Museum, Berlin), hg. von Thorsten Scheer, Berlin: Nicolai 2000, S. 229–235.

Eine Landschaft von zeitloser Ruhe. In: Begegnungen. Landschaften und Menschen. Hg. von der Umweltstiftung WWF-Deutschland und Pro Futura. München: Pro Futura 2002, S. 178–189.

Nartum. In: Mathias Mertens (Hg.), Peine, Paris, Pattensen – Literarische Erhebungen im flachen Land. Göttingen: Wallenstein 2006.

Auszüge aus dem Tagebuch 2001. In: Heinz Ludwig Arnold (Hg.), Walter Kempowski, München 2006, S. 3–31.

Rede zum Thomas-Mann-Preis 2005. In: Die Spatien 3 (2006), S. 9–14.

Dankesrede anlässlich der Entgegennahme des Hoffmann-Von-Fallersleben-Preises. In: Mitteilungen der Hoffmann-von-Fallersleben-Gesellschaft 53 (2006), S. 26–36.

Herausgeber

Mein Lesebuch. Frankfurt a.M: Fischer 1980.

Irene Zacharias: Meine sieben Kinder und der Lauf der Welt. Mit einem Nachwort von Walter Kempowski. München/Hamburg: Knaus 1986.

Helmut Fuchs: Wer spricht von Siegen. Der Bericht über unfreiwillige Jahre in Rußland. Geleitwort von Lew Kopelew. München/Hamburg: Knaus 1987.

Ray T. Matheny: Die Feuerreiter. Gefangen in Fliegenden Festungen. München/Hamburg: Knaus 1988.

Ein Knie geht einsam durch die Welt. Mein liebstes Morgenstern-Gedicht. München/Zürich: Piper 1989.

Tondokumente, Hörbücher

Tadellöser & Wolff/Uns geht's ja noch gold. Hamburg: Deutsche Grammophon. (Auswahl)

Moin Vaddr läbt, Beethovens Fünfte. Tonkassette. Handschriften und Materialien der Hörspiele. Hamburg: Knaus 1982.

Der Krieg geht zu Ende. Chronik für Stimmen – Januar bis Mai 1945. Zus. mit Walter Adler. 6 Tonkassetten. München: Hörverlag 1995.

Walter Kempowski liest »Tadellöser & Wolff«. 13 CD. Georgsmarienhütte: cpo 2001.

Walter Kempowski liest »Aus großer Zeit«. 13 CD. Georgsmarienhütte: cpo 2003.

Walter Kempowski liest »Schöne Aussicht«. 15 CD. Georgsmarienhütte: cpo 2004.

Alles umsonst. Gelesen von Walter Kempowski. 10 CD. Köln: Random House Audio 2006.

Langmut. Gedichte. Gelesen von Walter Kempowski. Köln: Random House Audio 2009.

Hildegard Kempowski liest Walter Kempowski: »Herzlich willkommen«. Georgsmarienhütte: cpo 2013.

Hörspiele

Träumereien am elektrischen Kamin. NDR 1971.

Ausgeschlossen. NDR 1972.

Haben Sie Hitler gesehen? HR 1973.

Beethovens Fünfte. NDR 1975.

Moin Vaddr läbt. HR 1980.

Führungen. HR 1983.

Alles umsonst. HR 1984.

Drehbücher, Fernsehmanuskripte, Verfilmungen

Wer will unter die Soldaten. SFB 1975. [Gescher: Polarfilm 2009].

Tadellöser & Wolff. (Zus. mit Eberhard Fechner.) ZDF 1975. [Gescher: Polarfilm 2005].

Ein Kapitel für sich. (Zus. mit Eberhard Fechner.) ZDF 1979. [Gescher: Polarfilm 2005].

Ein Dorf wie jedes andere. (Zus. mit Joachim Herbst.) NDR 1980.

Briefe und Tagebücher

»Kaum beweisbare Ähnlichkeiten«. Der Briefwechsel Uwe Johnson – Walter Kempowski. Hg. von Eberhard Fahlke und Gesine Treptow. Berlin: transit 2006.

»Wenn das man gut geht!« Aufzeichnungen 1956–1970. Hg. von Dirk Hempel. München: Knaus 2012.

2. Über Walter Kempowski (Auswahl)

Bibliographien

Richard Hacken, Bernd Hagenau: Walter Kempowski-Bibliographie. In: Walter Kempowski zum 60. Geburtstag, München/Hamburg: Knaus 1989, S. 47–109.

Dirk Hempel: Auswahl-Bibliographie zu »Die deutsche Chronik«. In: Ders., Walter Kempowski und »Die deutsche Chronik«. Beiheft zu Walter Kempowski, Die deutsche Chronik, 9 Bde., München 1999, S. 26–31.

Peter Brand: Auswahlbibliografie (1969–2005). In: Heinz Ludwig Arnold (Hg.), Walter Kempowski, München 2006 (Text + Kritik 169), S. 94–105.

Selbständige Publikationen, Monographien, Dissertationen

Günter Alfs, Manfred Rabes: »Genauso war es …« Kempowskis Familiengeschichte »Tadellöser & Wolff« im Urteil des Publikums. Hg. und mit einem Forschungsbericht versehen von Manfred Dierks. Oldenburg 1982. (Schriftenreihe der Universität.)

Kristina Blomqvist: Walter Kempowskis »Tadellöser & Wolff« im Lichte narratologisches Theorien. Uppsala 2009. [Phil. Diss. Uppsala].

Carla Ann Damiano: Montage as Exposure: A Critical Analysis of Walter Kempowski's »Das Echolot«. [Phil. Diss. Eugene/Oregon 1998].

Dies.: Walter Kempowski's »Das Echolot«. Sifting and exposing the evidence via montage. Heidelberg: Winter 2005.

Manfred Dierks: Autor, Text, Leser. Walter Kempowski. Künstlerische Produktivität und Leserreaktionen am Beispiel »Tadellöser und Wolff«. München 1981. (UTB 1125.)

Ders.: Walter Kempowski. München 1984. (Autorenbücher 39.)

Ehrenpromotion der philosophischen Fakultät 2002: Walter Kempowski. Akademischer Festakt in der Aula am 13. November 2002. Rostock 2003. (Rostocker Universitätsreden N.F. 10.)

André Fischer: Inszenierte Naivität: zur ästhetischen Simulation von Geschichte bei Günter Grass, Albert Drach und Walter Kempowski. München 1992. [Zugl. Phil. Diss. Konstanz].

Amani Ghaly: Die literarische Darstellung von Zeitgeschichte als Familiengeschichte in Walter Kempowskis »Deutscher Chronik«. [Phil. Diss. Oldenburg/Kairo 1996].

Volker Hage: Walter Kempowski. Bücher und Begegnungen. München: Knaus 2009.

Dirk Hempel: Haus Kreienhoop. Kempowskis zehnter Roman. Mit Fotos von Frauke Reinke-Wöhl. Fischerhude: Verlag Atelier im Bauernhaus 2001. [Erweiterte Neuausgabe: »Wie eine Schädeldecke«. Walter Kempowskis Haus Kreienhoop. Bremen: Ed. Temmen 2011].

Ders.: Walter Kempowski. Eine bürgerliche Biographie. München: btb 2004.

Ders.: Walter Kempowskis Archive. Hg. von der Kulturstiftung der Länder in Verb. mit der Akademie der Künste. Berlin 2006. (Patrimonia 269). [Konzeption].

Ders.: Kempowskis Lebensläufe. Hg. von der Akademie der Künste. Berlin 2007. [Begleitbuch zur Ausstellung 20.5.–15.7.2007].

Gerhard Henschel: Da mal nachhaken. Näheres über Walter Kempowski. München: dtv 2009.

Manfred Jurgensen: Erzählformen des fiktionalen Ich. Beiträge zum deutschen Gegenwartsroman. Untersuchungen zu Handke, Bernhard, Wolf, Kant, Grass, Lenz und Kempowski. Bern 1980.

Alan F. Keele (Hg.): Word Concordance to the »German Chronicle« of Walter Kempowski. 11 Bde. Provo 1986; ders.: Wortkonkordanz der »Deutschen Chronik« von Walter Kempowski. Hildesheim 1994. (Mikrofiche).

Gita Leber: »Die Spiegelung Gottes«. Walter Kempowski theologisch gelesen. Berlin: EB Verlag 2011. [Zugl. Diss. Marburg 2010].

Michael Neumann: Kempowski der Schulmeister. Braunschweig 1980.

Dietmar Pertsch: Deutsch-polnische Begegnungen im Spiegel der Literatur. Über Erzählungen und Romane von Horst Bienek, Johannes Bobrowski, Christine Brückner, Gustav Freytag, Günter Grass, Ursula Höntsch, Walter Kempowski, Siegfried Lenz, Leonie Ossowski, Rotraut Schöne, August Scholtis, Arno Surminski und Ernst Wiechert. Berlin 1996.

Christopher Riley: Walter Kempowski's Deutsche Chronik. A study in ironic narration. Frankfurt am Main u.a. 1997. [Historisch-kritische Arbeiten zur deutschen Literatur Bd. 19; zugl. Phil. Diss. Hobart/Tasmania].

Jürgen Ritte: Endspiele. Geschichte und Erinnerung bei Walter Kempowski, Dieter Forte und W. G. Sebald. Berlin: Matthes & Seitz 2009.

Sylvia Schwab: Autobiographik und Lebenserfahrung. Versuch einer Typologie deutschsprachiger autobiographischer Schriften zwischen 1965 und 1975. Würzburg 1981, bes. S. 59–78.

Kai Sina: Sühnewerk und Opferleben. Kunstreligion bei Walter Kempowski. Göttingen: Wallstein 2012. [Diss. Göttingen 2010].
Verleihung des Literaturpreises der Konrad-Adenauer-Stiftung an Walter Kempowski, Weimar, 3. Mai 1994. Dokumentation. Im Auftrag der Konrad-Adenauer-Stiftung hg. von Günther Rüther. Bonn 1994.

Sammelbände

Heinz Ludwig Arnold (Hg.): Walter Kempowski. München: Ed. Text + Kritik 2006. (Text + Kritik 169)
Philipp Böttcher, Kai Sina (Hg.): Walter Kempowskis Tagebücher. Selbstausdruck, Poetik, Werkstrategie. München: edition text + kritik 2014.
Carla A. Damiano, Jörg Drews und Doris Plöschberger (Hg.): »Was das nun wieder soll?«. Von »Im Block« bis »Letzte Grüße«. Zu Werk und Leben Walter Kempowskis. Göttingen: Wallstein 2005.
Carla A. Damiano, Sascha Feuchert (Hg.): Walter-Kempowski-Handbuch. Leben – Werk – Wirkung. Berlin: de Gruyter 2020.
Manfred Dierks und Alfred Mensak (Hg.): Literatur in Kreienhoop, Herbst 1983. Bericht aus einer Schriftstellerwerkstatt. München/Hamburg: Knaus 1984.
Dies. (Hg.): Literatur in Kreienhoop. Herbst 1984. Bericht aus einer Schriftstellerwerkstatt. München/Hamburg: Knaus 1985.
Dies. (Hg.): Literatur in Kreienhoop. Herbst 1985. Bericht aus einer Schriftstellerwerkstatt. München/Hamburg: Knaus 1986.
Dies. (Hg.): Literatur in Kreienhoop. Herbst 1987. Bericht aus einer Schriftstellerwerkstatt. München/Hamburg: Knaus 1987.
Kerstin Dronske (Hg.): »Nun muß sich alles, alles wenden«. Walter Kempowskis »Echolot« – Kriegsende in Kiel. Neumünster 2005. (Sonderveröffentlichungen der Gesellschaft für Kieler Stadtgeschichte 50).
Lutz Hagestedt (Hg.): Walter Kempowski. Brügerliche Repräsentanz – Erinnerungskultur – Gegenwartsbewältigung. Berlin: de Gruyter 2010.
Volker Ladenthin (Hg.): Die Sprache der Geschichte. Beiträge zum Werk Walter Kempowskis. Eitorf: gata 2000.
Walter Kempowski zum 60. Geburtstag. Mit Beiträgen von Jörg Drews, Charlotte Heinritz und einer Bibliographie. München/Hamburg 1989.

Zeitschrift

Die Spatien. Texte und Bilder aus dem Kempowski-Archiv. Hg. vom Kempowski-Archiv Rostock, ein bürgerliches Haus e.V. Rostock: 2004 ff.

Beiträge in Sammelwerken, wissenschaftliche Aufsätze und Porträts

Friedmar Apel: Der Triumph des Schulmeisters. Walter Kempowski in der Biographie von Dirk Hempel. In: FAZ, 29.4.2004.

Helmut Arntzen: Sprachverwirrungen. Zum Prozeß negativer Bildung im deutschen Roman des 20. Jahrhunderts. Musil, Kafka, Horváth, Kempowski. In: Ästhetik und Bildung. Das Selbst im Medium von Musik, Bildender Kunst, Literatur und Fotografie, hg. von Stephanie Hellekamps, Weinheim 1998 (Bibliothek für Bildungsforschung 12), S. 81–96.

Ders.: Kempowski: Das Echolot – Literarische Collage als Sprachlehre. In: Die Sprache der Geschichte. Beiträge zum Werk Walter Kempowskis, hg. von Volker Ladenthin, Eitorf 2000, S. 85–108.

Richard Aston: Amnesia and anamnesis in the works of Walter Kempowski. Language, history and evasion of guilt. In: Journal of European studies 32 (2002), N. 1, S. 27–50.

Ulrich Baron: Man sieht mich nicht, man hört mich nicht, ich bin der Schnitt. Eine Schlussbemerkung zur Vollendung von Walter Kempowskis »Echolot«-Projekt. In: Literaturen (2005), H. 5, S. 24–27.

Gerrit Bartels: Das Schmecken der Zeit. Obsessionen eines Archivars: Die Akademie der Künste würdigt den Schriftsteller Walter Kempowski. In: Der Tagesspiegel, 20.5.2007.

Ders.: Es ist noch längst nicht alles erzählt. Stationen eines Lebens, Skizzen einer Krankheit. Ein Besuch bei Walter Kempowski zuhause in Nartum. In: Der Tagesspiegel, 24.6.2007.

Ders.: Walter Kempowski: Der Geschichtstaucher. Nachruf. In: Der Tagesspiegel, 6.10.2007.

Karl Heinz Bittel: Beschreibung eines Kampfes. Über die Entstehung von Walter Kempowskis Echolot. In: Damiano, Drews, Plöschberger (Hg.), »Was das nun wieder soll?«, S. 137–149.

Peter Brand: »Das wird wieder endlose Fragereien geben«. Der Roman »Letzte Grüße« vor dem Hintergrund des Gesamtwerks. In: Damiano, Drews, Plöschberger (Hg.), »Was das nun wieder soll?«, S. 247–261.

Ders.: Latente Wahrnehmungsschwäche? Die Literaturkritik und Walter Kempowskis Roman »Heile Welt«. In: Arnold (Hg.), Walter Kempowski, S. 82–93.

Nicole Fernandez Bravo, Siegrun Rubenach: Die Abtönungspartikel man. In: Sprachwissenschaft 22 (1997), S. 373–401.

Günter Butzer: Oralität und Utopie. Überlegungen zur Funktion simulierter Mündlichkeit im modernen Erzählen. Mit Beispielen von Johannes Bobrowski, Jurek Becker, Helga Schütz und Walter Kempowski. In: Peter-Weiss-Jahrbuch 10 (2001), S. 103–119.

Stefanie Carp: Schlachtbeschreibungen. Ein Blick auf Walter Kempowski und Alexander Kluge. In: Vernichtungskrieg. Verbrechen der Wehrmacht 1941–1944, hg. von Hannes Heer und Klaus Neumann, Hamburg 1995, S. 664–679.

Thomas Combrink: Eine Ästhetik der Leerstellen. Lakonismus als Erzähl verfahren in Walter Kempowskis Haftbericht »Im Block«. In: Arnold (Hg.), Walter Kempowski, S. 53–58.

Christoph Cornelißen: Geordnete Erinnerungen an den Untergang. Betrachtungen zu Walter Kempowskis »Abgesang '45«. In: Dronske (Hg.), »Nun muß sich alles, alles wenden«, S. 32–43.

Eckehard Czucka: Aus dem bürgerlichen Alltagsleben. Die Geschichte eines Familienidioms. Zu Walter Kempowskis Romanen der »Deutschen Chronik«. In: Die Sprache der Geschichte. Bei träge zum Werk Walter Kempowskis, hg. von Volker Ladenthin, Eitorf 2000, S. 57–84.

Barbara Dabrowa: Der Faschismus aus der Sicht des Kindes (am Beispiel von »Tadellöser & Wolff« von Walter Kempowski). In: Germanica Wratislaviensia 1988, H. 82, S.164–173.

Carla A. Damiano: Walter Kempowski's »Echolot«. Questions of reception and the genesis and nature of montage. In: Sabine Kyora (Hg.), Literatur ohne Kompromisse. Ein Buch für Jörg Drews, Bielefeld: Aisthesis 2004, S. 421–434.

Dies.: Walter Kempowski. Lehrer und Schriftsteller. Das Montage-/ Collage-Prinzip als Baustein des Unterrichts und des Schreibens. In: Damiano, Drews, Plöschberger (Hg.), »Was das nun wieder soll?«, S. 171–187.

Manfred Dierks: Text-Vorstufen zu Walter Kempowskis »Im Block« (1969). Zu einigen Bedingungen der Modifizierung biographischer »Wirklichkeit« durch ihre literarische Darstellung. In: Biographie in handlungswissenschaftlicher Perspektive, Nürnberg: Verlag der Nürnberger Forschungsvereinigung 1980, S. 207–219.

Ders.: Walter Kempowski. In: Deutsche Dichter. Leben und Werk deutschsprachiger Autoren, hg. von Gunter E. Grimm und Frank Rainer Max, Bd. 8, Stuttgart 1994, S. 421–428.

Ingeborg Drewitz: Prosa aus dem Zettelkasten. In: Dies., Zeitverdichtung. Wien 1980, S. 161–166.

Jörg Drews: Für einen, der sich's hat sauer werden lassen. In: Walter Kempowski zum 60. Geburtstag, München, Hamburg 1989, S. 7–20.

Ders.: Die Toten sind nicht wirklich tot. Zu Walter Kempowskis literarischem Memorial »Das Echolot«. In: Vergangene Gegenwart – gegenwärtige Vergangenheit. Studien, Polemiken und Laudationes zur deutschsprachigen Literatur 1960–1994, hg. von dems., Bielefeld 1994 (Bielefelder Schriften zu Linguistik und Literaturwissenschaft Bd. 4), S. 225–237.

Ders.: Die Welt als Fernsehen. Am Schredder: Walter Kempowski. In: ndl 46 (1998), H. 517, S. 165–168.
Ders.: Stimmen aus der Vergangenheit. Walter Kempowski und Paul Wührs Gespräch mit Alltagsdokumenten und mit deutschen Dichtern der Vergangenheit. Zwei Arten, Erinnerung zu stiften. In: Schreiben nach der Wende. Ein Jahrzehnt deutscher Literatur 1989–1999, hg. von Gerhard Fischer. Tübingen: Stauffenburg 2001. (Studien zur deutschsprachigen Gegenwartsliteratur 14), S. 99–111.
Ders.: Nartumer Melange. Walter Kempowskis Tagebuch von 1989 vermeidet die große Geste. In: ndl 50 (2002), H. 1, S. 167–170.
Ders.: Die »Große Zeit« – bis sie ganz klein wurde. Zu Walter Kempowskis Roman Aus großer Zeit. In: Damiano, Drews, Plöschberger (Hg.), »Was das nun wieder soll?«, S. 47–57.
Ders.: »Die Dämonen reizen – und sich dann blitzschnell umdrehen, als sei nichts«. Über Walter Kempowski. In: Arnold (Hg.), Walter Kempowski, S. 44–52.
Ders.: Er nahm Anteil an allen Toten des Reiches. Der babylonische Chorus der deutschen Geschichte: Walter Kempowski starb im Alter von 78 Jahren. In: SZ, 6.10.2007.
Ders.: Letzte Grüße. Walter Kempowski zum Gedenken. In: Merkur 62 (2008), S. 355–360.
Manfred Durzak: Alltag im 3. Reich – doppelt belichtet. Fechners filmische Kempowski-Adaptionen. In: Ders., Literatur auf dem Bildschirm. Analysen und Gespräche mit Leopold Ahlsen, Rainer Erler, Dieter Forte, Walter Kempowski, Heinar Kipphardt, Wolfdietrich Schnurre und Dieter Wellershoff,.Tübingen: Niemeyer 1989, S. 211–232.
Martin Ebel: »Frühlingsrauschen, aus und vorbei«. Klassische Musik in Walter Kempowskis Deutscher Chronik. In: Damiano, Drews, Plöschberger (Hg.), »Was das nun wieder soll?«, S. 35–45.
Wolfgang Emmerich: Dürfen die Deutschen ihre eigenen Opfer beklagen? Schiffsuntergänge 1945 bei Uwe Johnson, Walter Kempowski, Günter Grass, Tanja Dückers und Stefan Chwin. In: Holger Böning (Hg.), Danzig und der Ostseeraum. Sprache, Literatur, Publizistik, Bremen 2005 (Presse und Geschichte 16), S. 293–323.
Hans-Werner Eroms: Zum Zeitstil der vierziger Jahre in Walter Kem pow skis »Echolot«. In: Stil und Stilwandel. Bernhard Sowinski zum 65. Geburtstag gewidmet, hg. von Ulla Fix und Gotthard Lerchner, Frankfurt a.M. u.a. 1996 (Leipziger Arbeiten zur Sprach- und Kommunikationsgeschichte Bd. 3), S. 95–109.
Peter Fritzsche: Volkstümliche Erinnerung und deutsche Identität nach dem Zweiten Weltkrieg. In: Verletztes Gedächtnis. Erinnerungskultur und Zeitgeschichte im Konflikt, hg. von Konrad H. Jarausch und Martin Sabrow, Frankfurt a.M., New York 2002, S. 75–97. (Echolot)

Ders.: Kempowski's Collection. In: Central European History 35 (2002), Nr. 2, S. 257–267. (Echolot 1943 und Echolot. Fuga Furiosa)
Friedrich-Karl Fromme: Das zwiespältige Landleben des Walter Kempowski. Ein Besuch in Nartum. In: FAZ, 1.11.1980.
Daniel Gilfillan: Media Experiments : Walter Kempowski? Bloomsday '97? and Atau Tanaka? Prométhée numérique. In: Damiano, Drews, Plöschberger (Hg.), »Was das nun wieder soll?«, S. 207–219.
Franz Josef Görtz: Walter Kempowski als Historiker. In: Akzente 20 (1973), H. 3, S. 243–254.
Volker Hage: Walter Kempowskis Familienchronik. In: Ders., Die Wiederkehr des Erzählers. Frankfurt a.M. 1982, S. 166–195.
Ders.: Der Herr der Tagebücher. In: Der Spiegel 53/1992.
Ders.: Laudatio auf den Uwe-Johnson-Preisträger 1995 Walter Kempowski. In: Internationales Uwe-Johnson-Forum 6 (1997), S. 177–184.
Ders.: Vom Ende der Kindheit: Walter Kempowski als Zeuge und Chronist des Luftkriegs. In: Damiano, Drews, Plöschberger (Hg.), »Was das nun wieder soll?«, S. 59–78.
Ders.: Der Chor der Stummen. In: Der Spiegel 7/2005. [»Echolot. Abgesang '45«]
Ders.: Auf dünnem Eis. In: Der Spiegel 20/2009. [War Kempowski ein Spion?].
Dirk Hempel: Walter Kempowski und »Die deutsche Chronik«. Beiheft zu Walter Kempowski, Die deutsche Chronik. 9 Bde. München 1999.
Ders.: »Ein endloser Dialog zwischen Irrsinnigen.« Kempowskis »Bloomsday '97«. In: Das Schöne und das Triviale. Hg. von Gert Theile. München 2003 (Weimarer Editionen), S. 161–172.
Ders.: Autor, Erzähler und Collage in Walter Kempowskis Gesamtwerk. In: Damiano, Drews, Plöschberger (Hg.), »Was das nun wieder soll?«, S. 21–33.
Ders.: Stuckrad-Barre und Kempowski. Eine Annäherung. In: Auto(r)inszenierungen: Autorschaft und literarisches Werk im Kontext der Medien, hg. von Christine Künzel und Jörg Schönert, Würzburg: Königshausen & Neumann 2007, S. 209–221.
Ders.: Der Autor im »Leib der Geschichte«. Kempowskis Multimediaprojekt »Ortslinien«. In: Adressat: Nachwelt. Briefkultur und Ruhmbildung, hg. von Detlev Schöttker, München: Fink 2008, S. 217–223.
Ders.: »Der Spuk verfliegt …« Walter Kempowski in der Bundesrepublik. In: Exil und Emigration von Schriftstellerinnen und Schriftstellern aus der DDR, hg. von Walter Schmitz und Jörg Bernig, Dresden: w.e.b. 2008, S. 109–124.
Ders.: Irgendetwas bleibt immer hängen. Walter Kempowski war eben kein Spion. In: FAZ, 10.5.2009.

Ders.: Arbeitstitel »Mega«. Gesamtwerkskonzeptionen bei Kempowski, Fontane, Balzac und anderen. In: Fontane Blätter 9.5 (2013), S. 135–150.
Charlotte Heinritz: Das Kempowski-Archiv für unpublizierte Autobiographien. In: Walter Kempowski zum 60. Geburtstag, München, Hamburg 1989, S. 21–44.
Falko Hennig: Kaffee und Kuchen bei Kempowski. In: taz, 1.9.1999.
Ders.: Ehrenritter der Archive. In taz, 25.2.2006.
Ders.: Walter Kempowski. Zum Kaffee beim todkranken Dichter. In: Die Welt, 22.6.2007.
Ders.: »Mir geht es nicht so gut«. In: Welt am Sonntag, 7.10.2007. [Nachruf]
Gerhard Henschel: Gut dem Dinge. Wissenswertes über Kempowski. In: titanic, 1993, Nr. 25, S. 26–29.
Ders.: Das Echolot der Deutschen. In: taz, 6./7.10.2007. [Nachruf]
Ulrich Herbert: Zwischen Beschaulichkeit und Massenmord. Die Kriegswende 1943 aus der Perspektive des Alltags. In: Neue politische Literatur 40 (1995), S. 187–189.
Rembert Hüser: Klavierbegleitung. In: Damiano, Drews, Plöschberger (Hg.), »Was das nun wieder soll?«, S. 221–246.
Eberhard Jäckel: Rückblick auf die sogenannte Hitler-Welle. In: Geschichte in Wissenschaft und Unterricht 28 (1977), S. 695–716.
Marek Jaroszewski: Danzig und Ostpreußen in Walter Kempowskis »Mark und Bein«. In: 1000 Jahre Danzig in der deutschen Literatur. Studien und Beiträge, hg. von Marek Jaroszewski, Danzig 1998 (= Studia Germanica Gedanensia 5 (1998)), S. 233–247.
Wend Kässens: Laudatio auf den Preisträger Walter Kempowski. In: Mitteilungen der Hoffmann-von-Fallersleben-Gesellschaft 53 (2006) S. 11–24.
Alan Frank Keele: Walter Kempowski – tinker, tailor, chronicler… spy? A note on the margins of fact and fiction. In: Themes and structures. Studies in German literature from Goethe to the present. A Festschrift for Theodore Ziolkowski, hg. von Alexander Stephan, Columbia 1997 (Studies in German literature, linguistics, and culture), S. 269–280.
Ders.: Prolegomenon zu einer »konkordanten« Kempowski-Forschung. In: Damiano, Drews, Plöschberger (Hg.), »Was das nun wieder soll?«, S. 101–114.
Horst Köhler: Grußwort anlässlich der Eröffnung der Ausstellung Kempowkis Lebensläufe. http://www.bundespraesident.de/Anlage/original_638687/Grusswort-anlaesslich-der-Eroeffnung-der-Ausstellung-Kempowkis-Lebenslaeufe.pdf.
Klaus Köhler: Die Chronik als Apologie. Walter Kempowski und die Welthöllen der Menschheit. In: Arnold (Hg.), Walter Kempowski, S. 72–81.

Johannes Krogoll: Das Dritte Reich aus der Froschperspektive: Möglichkeiten und Grenzen pikaresker Darstellung des faschistischen Alltags (Strittmatter, Grass, Kempowski, Kühn). In: Filoloski pregled 21 (1983), S. 67–84.

Günther Kükenshöner, Armin Thier: Das Sirius-Register. In: Die Sprache der Geschichte. Beiträge zum Werk Walter Kempowskis, hg. von Volker Ladenthin, Eitorf 2000, S. 151–188.

Sabine Kyora: »Weltgeschichte in der Nähe«. Zur Rolle von Subjekt und Geschichte(n) in Walter Kempowskis Echolot. In: Damiano, Drews, Plöschberger (Hg.), »Was das nun wieder soll?«, S. 151–169.

Volker Ladenthin: Schmidt im neuen Kempowski. In: Bargfelder Bote 1988, Lfg. 129/30, S. 26–27.

Ders.: Versuch, Walter Kempowski mit der Hilfe Arno Schmidts besser zu verstehen. Ein Lesemodell. In: Wirkendes Wort 41 (1991), S. 436–443.

Ders.: Unheilvolle Welt. In: ndl 46 (1998), H. 1, S. 165–168. [»Heile Welt«]

Ders.: Literatur als Gegensatz: Eine Einführung ins Werk Walter Kempowskis. In: Die Sprache der Geschichte. Beiträge zum Werk Walter Kempowskis, hg. von Volker Ladenthin, Eitorf 2000, S. 7–55.

Ders.: Furiose Summe. In: ndl 48 (2000), H. 1, S. 175–177. [Echolot. Fuga furiosa]

Ders.: Geschichte oder Geschichten? Die ästhetische Konzeption der »Befragungsbände« Walter Kempowskis. In: Damiano, Drews, Plöschberger (Hg.), »Was das nun wieder soll?«, S. 115–136.

Widar Lehnemann: Kempowskis Einfache Fibel. In: Die Sprache der Geschichte. Beiträge zum Werk Walter Kempowskis, hg. von Volker Ladenthin, Eitorf 2000, S. 109–149.

Stephan Lesker: »Das Archiv ist nutzlos, wenn wir es nicht auswerten«. Walter Kempowski schließt sein Archiv auf. In: Michael Töteberg (Hg.): Ins Archiv, fürs Archiv, aus dem Archiv. München: edition text + kritik 2021, S. 64–84.

Martin Lüdke: Zum Tode Walter Kempowskis. Archivar des baylonischen Chores. In: FR, 6.10.2007.

Günther Mahal: Literarische Erfolgsbildung – am Beispiel Walter Kempowski. In: Festschrift für E.W. Herd, hg. von August Obermeyer, Dunedin 1980, S. 151–166.

Norbert Mecklenburg: Faschismus und Alltag in deutscher Gegenwartsprosa. Kempowski und andere. In: Gegenwartsliteratur und Drittes Reich, hg. von Hans Wagener, Stutgart 1977, S. 11–32.

Christian Meier: Ein direkter Zugang zur Vergangenheit unserer Eltern? Reflexionen auf Kempowskis Erfolg. In: Merkur 49 (1995), S. 1129–1133.

Xavier Monn: »Unser Lehrer heisst Herr Böckelmann«. Walter Kempowski, Pädagoge und Schriftsteller. In: kids + media (2012), H. 1, S. 2–22.
Martin Mosebach: Walter Kempowski zu Ehren. In: »Schüsse ins Finstere«. Zu Heimito von Doderers Kurzprosa, hg. von Gerald Sommer und Kai Luehrs-Kaiser, Würzburg 2001 (Schriften der Heimito-von-Doderer-Gesellschaft Bd. 2), S. 259–262. [Laudatio zur Verleihung des Heimito-von-Doderer-Preises 2000.]
Ders.: Wir alle stecken im Jammerkleid unserer Zeitgenossenschaft. In: FAZ, 21.5.2007. [Laudatio anläßlich der Eröffnung der Ausstellung »Kempowskis Lebensläufe«, Berlin, 19.5.2007]
Verena Neuhausen: Der Lebens Sammler. Die Berliner Akademie der Künste ehrt den todkranken Schriftsteller Walter Kempowski mit einer großen Ausstellung. Ein Rundgang. In: Badische Zeitung, 9.5.2007.
Valéria Sabrina Pereira: Die Hand des Autors. Walter Kempowski und »Das Echolot«. In: Weimarer Beiträge 59 (2013), S. 505–525.
Frank Pilipp: Martin Walser's »Breakers« and Walter Kempowski's »Dog days«. Reflections of two unpolitical men? In: New critical perspectives on Martin Walser, hg. von dems., Columbia 1994, S. 63–78.
Doris Plöschberger: »Als Mörder neige ich zum Erwürgen«. Zur Radikalität der Inszenierung in Walter Kempowskis Tagebüchern Sirius und Alkor. In: Damiano, Drews, Plöschberger (Hg.), »Was das nun wieder soll?«, S. 189–206.
Dies.: Der dritte Turm. Die Tagebücher Walter Kempowskis. In: Arnold (Hg.), Walter Kempowski, S. 32–43.
Uwe Pralle: Der Stenograph des Juste-milieu. Zum 70. Geburtstag von Walter Kempowski. In: FR, 30.4.1999.
Wolfgang Preisendanz: Vorrang des Komischen bei der Darstellung von Geschichtserfahrung. In: Das Komische, hg. von dems. und Rainer Warning, München 1976, S. 153–164.
Fritz J. Radatz: Seine Madeleine heißt kalter Hund. Über Walter Kempowski als Historiographen des deutschen Bürgertums. In: Die Welt, 16.11.2002.
Jan Philipp Reemtsma: »Altes Linnen«. Walter Kempowskis Beitrag zur Gattung »Endspiel«. In: Damiano, Drews, Plöschberger (Hg.), »Was das nun wieder soll?«, S. 79–99.
Ders.: Gesang vom Ende vom Lied. In: Die Welt, 5.3.2005. [»Echolot. Abgesang '45«]
Ders.: Flucht und Vertreibung bei Arno Schmidt und Walter Kempowski. In: Schriften zur Literatur Bd. 2: Arno Schmidts poetische Sendung. München: C. H. Beck 2015, S. 131–149.

Edo Reents: Ihm ging's ja nicht gold. »Kempowskis Lebensläufe«, die Ausstellung zu Leben, Werk und Archiv eines Jahrhundertautors, in Berlin eröffnet. In: FAZ, 21.5.2007.
Ders.: Der .macht den Kopf frei. Vorneweg: Warum alle Welt von Walter Kempowski redet. In: FAZ, 6.6.2007.
Ders.: In der Echokammer seines Jahrhunderts. In: FAZ, 6.10.2007. [Nachruf]
Kurt Rothmann: Walter Kempowski. In: Ders., Deutschsprachige Schriftsteller seit 1945 in Einzeldarstellungen, Stuttgart 1985, S. 209–212.
Michael Rutschky: Bücher ohne Familienname. Über Literatur außerhalb von Genres. In: Merkur 55 (2001), H. 622, S. 117–129.
Ders.: Unbelebte Erinnerung. Der Schriftsteller Walter Kempowski. In: Merkur 57 (2003), H. 646, S. 127–140.
Ulrich Schacht, Heimo Schwilk: »Wir müssen uns umdrehen wie Lots Weib«. Ein Besuch bei Walter Kempowski aus Anlaß seines 65. Geburtstags. In: Die Welt, 30.4.1994.
Ute Barbara Schilly: Short Cuts aus dem Archiv des Lebens. Zur Phänomenologie der »Chronik des deutschen Bürgertums« von Walter Kempowski. In: Arnold (Hg.), Walter Kempowski, S. 59–71.
Rolf Schörken: Geschichte im Alltag. Über einige Funktionen des trivialen Geschichtsbewußtseins. In: Geschichte in Wissenschaft und Unterricht 30 (1979), S. 73–88.
Detlev Schöttker: Im »Echonetz«. Archive der Subjetivität. Goethe, Jünger, Kempowski und die Weblogs. In: Schweizer Monatshefte 86 (2006), H. 5/6, S. 41–44.
Ders.: Archive der Subjektivität. Modelle brieflicher Überlieferung bei Goethe, Ernst Jünger und Walter Kempowski. In: Adressat: Nachwelt. Briefkultur und Ruhmbildung, hg. Von dems. München: Fink 2008, S. 14–29.
Jan-Peter Schulze: Die Geschichte der Schiffsmaklerei Otto Wiggers in Rostock oder »... wenn jemand von Ihnen einen Esel kaufen will und Sie haben keinen Esel zu verkaufen, so müssen Sie ihm ein Pferd verkaufen«. In: Neunte Jahresköste der Kaufmannschaft zu Rostock, hg. von Ingo Richter, Rostock 2002, S. 1–18.
Ders.: »Wer hätte das gedacht?« Das Kempowski-Archiv in Rostock. In: Damiano, Drews, Plöschberger (Hg.), »Was das nun wieder soll?«, S. 263–269.
Heimo Schwilk: Ein Kapitel für sich. Eine durch und durch literarische Stippvisite in Walter Kempowskis Kreienhooper Literaturseminar. In: Ders., Wendezeit – Zeitenwende. Beiträge zur Literatur der achtziger Jahre, Bonn u.a. 1991, S. 207–213.

Gustav Seibt: Gedächtnisspeicher der deutschen Geschichte. Groß im Jammerkleid der Zeitgenossenschaft: Die Berliner Akademie präsentiert Walter Kempowskis Sammlungen. In: SZ, 21.5.2007.

Kai Sina: Der Freund und der Fremde. Was zwischen Walter Kempowski und Uwe Johnson unausgesprochen blieb. In: Johnson-Jahrbuch 19 (2012), S. 107–127.

Hubert Spiegel: Mit Fliegenklatsche gegen die Vergangenheit. Auf jeder Seite präsent, aber nirgendwo greifbar: Walter Kempowski macht die Geschichte sichtbar, um in ihr zu verschwinden. In: FAZ, 23.9.1999.

Ders.: Man hatte allerhand auf dem Herzen. Laudatio auf Walter Kempowski bei der Übergabe des Hans-Erich-Nossack-Preises in Rostock. In: Die Spatien 3 (2006), S. 27–33.

Wolfgang Struck: Reise ins Herz der Finsternis. Fünf deutsche Bücher. In: Kulturelle Identitäten in der deutschen Literatur des 20. Jahrhunderts, hg. von Heinrich Detering und Herbert Krämer, Frankfurt a.M. u.a. 1998 (Osloer Beiträge zur Germanistik 19), S. 123–142. [Echolot 1943]

Ders.: »Im Garten lasse ich noch ein kleines Bunkerchen bauen«. Textarchitekturen in Walter Kempowskis Echolot. In: Dronske (Hg.), »Nun muß sich alles, alles wenden«, S. 21–29.

Benjamin von Stuckrad-Barre: »Ich sterbe doch gern«. Ein Vorruf. In: Der Spiegel 19/2007.

Gesine Treptow: »Ruhe! Walter Kempowski soll weiterschreiben!« Wie zwei Mecklenburger Schriftsteller ein Auge aufeinander haben, sich lesen und lektorieren. In: Uwe Johnson. Befreundungen. Gespräche, Dokumente, Essays, hg. von Roland Berbig zus. mit Thomas Herold u.a., Berlin, Zepernick 2002, S. 345–391.

Peter Wapnewski: Die dokumentarische Wendung in der Erzählliteratur der Gegenwart. In: Ders., Zumutungen, Düsseldorf 1979, S. 183–185.

Dietrich Weber: Walter Kempowski. In: Deutsche Literatur der Gegenwart in Einzeldarstellungen. Bd. 2, hg. von dems., Stuttgart 1977, S. 278–296.

Ders.: Abschied von der Mutter. Noch einmal zu einer Miniatur des Dichters Walter Kempowski. In: Wirkendes Wort 49 (1999), S. 161–170.

Hans-Günther Wentzel: Die Reederei Otto Wiggers. Die Kempowskis in der Rostocker Schiffahrt. In: Gert Uwe Detlefsen u.a., Deutsche Reedereien. Bd. 3. Bad Segeberg/Cuxhaven 1995, S. 127–141.

Hendrik Werner: Im Auge des Zyklons, Besuch bei Kempowski. In: Die Welt, 2.9.2006.

Wie einer Schriftsteller wurde. Schicksal, Zufall oder Modell? Der Weg eines unbekannten Dorfschullehrers zum Autor von acht Büchern mit einer Gesamtauflage von 200000 Exemplaren. In: Die Zeit, 8.4.1977.

Willi Winkler: Im Namen des Vaters. Wie aus einem Häftling ein Schriftsteller wurde: Walter Kempowski zum 70. Geburtstag. In: SZ, 29.4.1999.

Ders.: Das Sammeln der verlorenen Zeit. Der Schriftsteller Walter Kempowski wird 75. In: SZ, 27.4.2004.

James Wood: Walter Kempowski's epic novel of Germany in collapse. In: The New Yorker, 16.4.2018. [Rez. von »Alles umsonst«].

Beate Wunsch: »Mit den besten Wünschen für Ihre Arbeit«. Schriftstellerische Inszenierungen im Briefwechsel zwischen Uwe Johnson und Walter Kempowski. In: Johnson-Jahrbuch 19 (2012), S. 84–106.

Yoshiki Yamahara: Symbolik im Roman »Tadellöser & Wolff« von Walter Kempowski. Alltagsleben der deutschen Bürgerfamilie. In: Jahresbericht der Universität Kagoshima, Fakultät für Allgemeinbildung 23 (1988), H.3.

Dieter E. Zimmer: Die Kempowski-Saga. In: Zeit-Magazin, 27.6.1975, S. 4–15.

Stefan Zwicker: »Weh dem, der aus der Reihe tanzt«. Jugend im Nationalsozialismus in autobiographischen Werken bei Kempowski.

Harig, Jost Hermand und Peter Gay. In: Brünner Beiträge zur Germanistik und Nordistik (15) 2001, S. 141–155.

Gespräche

Gerd Lüpke: Gespräch mit Walter Kempowski. In: Unser Mecklenburg (1971), S. 5–6.

Volker Hage/Walter Kempowski: Eine Art Gedächtnistraining. In: Akzente 19 (1972), S. 340–349.

Christian Linder/Walter Kempowski: »Ich hasse die Natur. Ich würde mich auch Dichter nennen.« In: Schreiben & Leben. Gespräche mit Jürgen Becker, Peter Handke, Walter Kempowski, Wolfgang Koeppen, Günter Wallraff, Dieter Wellershoff, hg. von Christian Lindner, Köln 1974, S. 47–59.

Dieter E. Zimmer: Walter Kempowski. Gespräch mit dem Autor. In: Die Zeit, 5.4.1974.

Walter Kempowski: Tagebuch auf Klopapier. (Interview mit Albert Speer.) In: Zeit-Magazin, 20.6.1975, S. 4–12.

Walter Kempowski: Was lesen Sie, Herr Kohl? In: Zeit-Magazin, 20.8.1976, S. 4–10.

Ekkehart Rudolph/Walter Kempowski: (Gespräch). In: Ekkehart Rudolph, Aussagen zur Person. Zwölf deutsche Schriftsteller im Gespräch, Tübingen/Basel 1977, S. 101–119.

»O Gott, was macht der denn da?« »Spiegel«-Interview mit dem Lehrer und Schriftsteller Walter Kempowski über Schule und Kollegen. In: Der Spiegel 14/1979.

Siegfried Lenz/Walter Kempowski: (Gespräche). In: Siegfried Lenz, Über Phantasie. Gespräche mit Heinrich Böll, Günter Grass, Walter Kempowski, Pavel Kohout, hg. von Alfred Mensak. Hamburg 1986, S. 105–157.

Manfred Durzak/Walter Kempowski: Die Ergänzung der Literatur durch die Fernsehadaption. In: Manfred Durzak, Literatur auf dem Bildschirm, Tübingen 1989, S. 197–209.

»Ich fühle mich gedemütigt«. Der Schriftsteller Walter Kempowski über die Mißhandlung der deutschen Sprache. In: Der Spiegel 42/1996.

Falko Hennig/Walter Kempowski: Der Zeitreisende. In: Konr@d 6/1999, S. 117–118.

Weißt du noch, damals in Bautzen? Die früheren Häftlinge Walter Kempowski und Eduard Zimmermann reden erstmals über ihre Vergangenheit und ihre abwesenden Väter. Frankfurter Allgemeine Sonntagszeitung, 4.11.2001.

Walter Kempowski/Benjamin von Stuckrad-Barre: Wahrheit als Dichtung. In: Welt am Sonntag, 27.1.2002.

Sven Michaelsen: »Der Ärger muss raus«. (Interview mit Walter Kempowski.) In: Stern, 3.4.2002.

Willi Winkler: Walter Kempowski über Lehrer. In: SZ, 5./6.10.2002.

Volker Hage: Das hatte biblische Ausmaße. Walter Kempowski. In: Volker Hage, Zeugen der Zerstörung. Die Literaten und der Luftkrieg, Frankfurt a.M. 2003, S. 187–199.

Falko Hennig: Interview mit Walter Kempowski. In: Galore 3/2004.

Claus Christian Malzahn und Severin Weiland: »Schröder hat kein Verhältnis zur Wiedervereinigung«. Interview mit Walter Kempowski. In: Spiegel-online, 11.11.200,4. http://www.spiegel.de/kultur/literatur/0,1518,327286,00.html.

Kerstin Dronske, Hermann Knebel, Erich Maletzke: »Als ob ich mit einer Gießkanne ein Schwimmbad fülle«. [Gespräch mit Walter Kempowski am 29.1.2005]. In: Dronske (Hg.): »Nun muß sich alles, alles wenden«, S. 9–20.

Christine Eichel: Der Historien-Thriller. Interview mit Walter Kempowski. In: Cicero (2005), H. 4, S. 114–116.

Detlef Hamer: Gespräch mit Walter Kempowski. In: Sinn und Form 58 (2006), H. 2, S. 231–241.

Thomas Combrink: »Ich hatte einen Lernprozess zu durchlaufen«. Interview mit Walter Kempowski vom 07. Juni 2005 in Nartum. In: Die Spatien 3 (2006), S. 15–17.

Hannes Hintermeier und Edo Reents: »Der Mensch muß uns doch für verrückt halten!«. In: FAZ, 22.9.2006.

Jobst-Ulrich Brand: »Ich habe alles getan, mehr geht nicht.« In: Focus, 23.6.2007.

Peer Teuwsen: Schriftsteller Walter Kempowski. »Reiches, Schönes, Grauenhaftes«. In: Die Weltwoche 30 (2007).
Nahuel Lopez: Wenn es aus ist, ist es aus. Ein letztes Gespräch mit Walter Kempowski, der Freitagnacht gestorben ist. In: Frankfurter Allgemeine Sonntagszeitung, 7.10.2007.

Filme

Stimmen aus dem Dunkel. Walter Kempowskis Echolot. Buch/Regie: Peter Leippe. ZDF 2003.
Sichtachsen – Notizen aus Kreienhoop. Walter Kempowski führt durch sein Haus. Buch/Regie: Marikke Heinz-Hoek. Bremen: Hachmannedition 2007.

Danksagung

Ich danke allen, die durch Auskünfte, Hinweise und freundliche Unterstützung das Zustandekommen des Buches ermöglicht haben:

Prof. Dr. Roland Berbig, Humboldt-Universität Berlin
Karl Heinz Bittel, Taufkirchen
Renate Demeyer, Los Angeles
Rudi Deuble, Frankfurt a.M.
Tanja Dückers, Berlin
Eugen Egner, Wuppertal
Helmut Groll, Hemmor
Falko Hennig, Berlin
Gerhard Henschel, Hamburg
Kirsten Hering, Lilienthal
Maren Horn, Stiftung Archiv der Akademie der Künste, Berlin
KF Kempowski, Berlin
Robert Kempowski, Hamburg
Dr. Albrecht Knaus, München
Peter Kurzeck
Christina Möller, Stiftung Archiv der Akademie der Künste, Berlin
Detlev Nahmmacher, Hannover
Simone Neteler, Berlin
GMD i.R. Gerd Puls, Rostock
Frauke Reinke-Wöhl, Rotenburg
Michael Rutschky, Berlin
Dr. Jan-Peter Schulze, Kempowski-Archiv-Rostock
Malin Schwerdtfeger, Berlin
Hartmut Stanke, Dortmund
Benjamin von Stuckrad-Barre
Gesine Treptow, Berlin
Wiebke Wilcke, Verein Kempowski-Archiv-Rostock – ein bürgerliches Haus
Wolfgang Wilken, Schulgeschichtliche Sammlung der St. Georg-Schule Rostock

D.H.

Archive

Das Kempowski-Archiv-Nartum (KAN)
Kempowski-Archiv-Rostock (KAR)
Kempowski Stiftung »Haus Kreienhoop«, Nartum
Stiftung Archiv der Akademie der Künste, Berlin, Walter-Kempowski-Archiv (WKA)

Quellennachweis

1 Gespräche mit Walter Kempowski 1995–2003.

2 Walter Kempowski: Ein Kapitel für sich. München 1975, S. 21.

3 Volker Hage, Walter Kempowski (Gespräch): Eine Art Gedächtnistraining. In: Akzente 19 (1972), S. 340–349, hier S. 341.

4 Tagebuch vom 25.2.1996. WKA 500.

5 Die Quellen verzeichnen einen Jägermeister Aleksander Kępowski (auch Kampowscy, Kampowski), zu dem allerdings keine direkte verwandtschaftliche Beziehung nachzuweisen ist. 1693 kaufte er ein adeliges Gut in der Wojewodschaft Brest-Litowsk. Vgl. Herbarz Polski, Część I. Wiadomości historyczno-genealogiczne o rodach szlacheckich. Ułożył i wydal Adam Boniecki. Tom IX. Warszawa 1906 (ND. 1987), S. 220, 398. Sein Nachkomme wurde schon »Kempowski« geschrieben, zur Zeit der sächsischen Herrschaft. Vgl. Księgi Referendarii Koronnej z Czasów Saskich. Bd. 1 (1698–1732). Bearb. von Maria Woźniakowa. Warschau 1969, S. 171.

6 Gespräch mit Robert Kempowski, 19.8.2003; vgl. auch WKA 394, S. 2494.

7 Vgl. Eugen Gustav Kerstan: Die Geschichte des Landkreises Elbing auf wissenschaftlicher Grundlage volkstümlich dargestellt. Elbing 1925. (Elbinger Heimatbücher Bd. 1), S. 305, 349.

8 Vgl. Gerhard Kling: Das Territorium der Stadt Elbing und die Elbinger Hospitalgüter bei der Preußischen Landesaufnahme von 1772/73. Bd.1: Die Ortschaften der Elbinger Höhe. Hamburg 1995 (Sonderschrift des Vereins für Familienforschung in Ost- und Westpreußen 83/1), S. 220.

9 Kerstan: Die Geschichte des Landkreises Elbing, S. 104.

10 Ebd., S. 75.

11 Krause: Notizen über die Kirche und das Dorf Preuschmark auf der Elbingschen Höhe. 1818. Beiträge zur Kunde Preußens II, S. 273ff., und V, S. 173ff.

12 Vgl. Johann Friedrich Wilhelm Dornheim: Skizzen aus den Feldzügen des Bataillons Lippe. In: Unter Napoleons Fahnen. Erinnerungen lippischer Soldaten aus den Feldzügen 1809–1814. Hg. von Eckart Kleßmann, Bielefeld 1991, S. 135–286, hier S. 233.

13 Vgl. Fredy Heydenreich über die Familie Kempowski. WKA 361, S. 270ff.

14 Vgl. WKA 839.

15 Vgl. Jan-Peter Schulze: Die Geschichte der Schiffsmaklerei Otto Wiggers in Rostock oder »... wenn jemand von Ihnen einen Esel kaufen will und Sie haben keinen Esel zu verkaufen, so müssen Sie ihm ein Pferd verkaufen«. In: Neunte Jahresköste der Kaufmannschaft zu Rostock. Rostock 2002, S. 1–18; Hans-Günther Wentzel: Die Reederei Otto Wiggers. Die Kempowskis in der Rostocker Schiffahrt. In: Gert Uwe Detlefsen u.a., Deutsche Reedereien. Bd. 3. Bad Segeberg/Cuxhaven 1995, S. 127–141.

16 Vgl. Wilhelm Havemann: Erinnerungen aus der Zeit meiner Tätigkeit bei der Firma Otto Wiggers in Rostock. WKA 360, S. 187.

17 Margarethe Kempowski: Lebensbeschreibung. WKA 358, S. 108f. Vgl. Friedrich Witte 1829–1893. Apotheker, Chemiefabrikant. In: Jahresköste der Kaufmannschaft zu Rostock. Rostock 1999, S. 44–49.

18 Vgl. Mecklenburger Söhne im Weltkrieg. Hg. von Moritz Schäfer. Rostock 1915, Heft 15, S. 383.

19 Theodor Fontane: Wanderungen durch die Mark Brandenburg. Bd. 1. Die Grafschaft Ruppin. Hg. von Walter Keitel. München: Hanser 1966, S. 476.

20 Vgl. Margarethe Kempowski: Lebensbeschreibung. WKA 358, S. 7.; Ernst Johann Walter Collasius über Friedrich Wilhelm Adolph Collasius. WKA 362, S 348f.

21 Vgl. Von der St. Georger Sonntagsschule zur Ev. Luth. St. Johannes-Kapelle: 1824–1957. Hamburg 1957, S. 80.

22 Wilhelm Collasius über sich selbst. WKA 362, S. 387ff.; Ernst Johann Walter Collasius: August Wilhelm Collasius, WKA 362, S. 138ff.; Madeleine Hälssen über die Familie Collasius. WKA 360, S. 160ff.; Margarethe Kempowski: Lebensbeschreibung, WKA 356, 357, 358 passim.

23 Margarethe Kempowski: Lebensbeschreibung, WKA 356, 357, 358, 363.
24 Gespräche mit Walter Kempowski 1995–2003.
25 Vgl. Jan-Peter Schulze: Der Städtebauer Reinhard Baumeister (1833–1917) in Theorie und Praxis. Mannheim, Rostock. Rostock 2001, S. 199ff.
26 Walter Kempowski: Erinnerungen an die Alexandrinenstraße. In: WKA 383, S. 1602.
27 Vgl. Georg Bollenbeck: Bildung und Kultur. Glanz und Elend eines deutschen Deutungsmusters. Frankfurt a.M., Leipzig 1994.
28 Vgl. Heinz Bude: Deutsche Karrieren. Lebenskonstruktionen sozialer Aufsteiger aus der Flakhelfer-Generation. Frankfurt a. M. 1987.
29 Vgl. Bude, Deutsche Karrieren, S. 199.
30 Zu Karl Georg Kempowski vgl. allgemein Margarethe Kempowski: Lebensbeschreibung. WKA 359.
31 Weißt du noch, damals in Bautzen? Die früheren Häftlinge Walter Kempowski und Eduard Zimmermann reden erstmals über ihre Vergangenheit und ihre abwesenden Väter. Frankfurter Allgemeine Sonntagszeitung Nr. 44, 4.11.2001, S. 24.
32 Schreiben der Deutschen Dienststelle (WASt) an Walter Kempowski, 30.7.1997. WKA 780.
33 Vgl. Alexander und Margarete Mitscherlich: Die Unfähigkeit zu trauern. Grundlagen kollektiven Verhaltens. München 1967, bes. S. 225–262.
34 »Karl Georg Kempowski«. WKA 394.
35 Weißt du noch, damals in Bautzen? Die früheren Häftlinge Walter Kempowski und Eduard Zimmermann reden erstmals über ihre Vergangenheit und ihre abwesenden Väter. Frankfurter Allgemeine Sonntagszeitung Nr. 44, 4.11.2001, S. 24.
36 Die Memoiren des Robert Kempowski. In: WKA 602/1, S. 363.
37 Text: Paul Liebert, Musik Hans Müller-Oertling. Vgl. Rostocke Anzeiger Nr. 281, 4.12.1935, S. 6.
38 In der Rostocker Alexandrinenstraße 81 entstanden: Hüter des Lebens. Ärztliches Wirken in antiker Kultur. Hamburg 1935; Hannibal. Der Feldherr, der Staatsmann, der Mensch. Nach antiken Quellen gestaltet. Leipzig 1935; Kleopatra. Bildnis einer dämonischen Frau. Hamburg 1936; Marc Aurel. Kaiser und Philosoph. Leipzig 1936; Georg V. König von Großbritannien und Irland, Kaiser von Indien. Leipzig 1937.

39 Margarethe Kempowski: Lebensbeschreibung, WKA 360, S. 182.
40 Die Memoiren des Robert Kempowski. WKA 602/1, S. 409.
41 Gespräche mit Walter Kempowski 1995–2003.
42 Gespräch mit Robert Kempowski am 19.8.2003.
43 Ebd.
44 Walter Görlitz über die Familie Kempowski. WKA 398, S. 486 f.; vgl. Walter Kempowskis Interview mit Walter Görlitz. WKA 701/40.
45 Vgl. Walter Görlitz: Griff in die Geschichte. 1. Mai 1933. In: Die Welt, 27.4.1963.
46 Gespräche mit Walter Kempowski 1995–2003; vgl. Margarethe Kempowski, Lebensbeschreibung, WKA 360, S. 182.
47 WKA 760.
48 Tagebuch vom 19.11.1997. WKA 500
49 Vgl. Walter Kempowski: Als ich zu lesen begann. Die Zeit, 21.3.2002.
50 Walter Kempowski: Meine fünf Bibliotheken. Gedanken über Buchkultur. In: Philobiblon 32 (1988), S. 85–96, hier S. 94.
51 Krater, Keller und Kakteen. Auch eine sentimentale Reise: Der Schriftsteller Walter Kempowski und seine Buchhändler. In: Die Welt, 12.11.1999.
52 Gespräche mit Walter Kempowski 1995–2003.
53 Vgl. Tagebuch vom 29.7.1962. WKA 500.
54 Ebd.
55 Erich Fabian: Der Doppelgänger. Ein Dostojewski-Roman. Rostock 1964; ders: Der Weg aus der Mitte. Rostock 1968; ders.: Die rauhen Jahre. Rostock 1969.
56 Vgl. E. Pagels: Chronik der St. Georgs-Knabenschule. Angefangen im Herbst 1923. In: Schulgeschichtliche Sammlung der St. Georg-Schule Rostock.
57 Johannes Erich Heyde, Hans Märtin: Grundlage und Gestalt ganzheitlicher Unterrichtsweise. Aufgezeigt am ersten Leseunterricht. Langensalza u.a. 1937.
58 Hans Märtin: Die besonderen Grundlagen ganzheitlicher Unterrichtsweise. In: Johannes Erich Heyde und ders., Grundlage und Gestalt ganzheitlicher Unterrichtsweise. Aufgezeigt am ersten Leseunterricht, Langensalza u.a. 1937, S. 79–105, hier S. 86.
59 Walter Kempowski: Als ich zu lesen begann. In: Die Zeit, 21.3.2002.
60 Gespräche mit Walter Kempowski 1995–2003.

61 Vgl. Heinrich Hülsmann: Johannes Gosselck 60 Jahre alt. In: Schwaaner Zeitung, 8.7.1941.

62 Johannes Gosselck: Was einst mein war. Niederdeutsche Heimatbilder. Schwerin 1911; ders.: Atlas zur Heimatkunde von Rostock. Rostock 1918; ders: Schulatlas. Leipzig 1926; ders: Heimatatlas für Mecklenburg. Leipzig 1926; ders: Heini und Lene. Erstes Lesebuch für Mecklenburger Kinder. Braunschweig 1928. Hg. v. dems. und Gustav Metelmann; JG: Wanderbuch Südost Mecklenburg und die Oberen Seen. Rostock 1931; Johannes Gosselck und Friedrich Siems: Volkslieder aus beiden Mecklenburg mit Bildern und Weisen. Rostock 1933 (Landschaftliche Volkslieder 20); Walter Neumann und Johannes Gosselck: Unsere mecklenburgischen Flurnamen. Wismar 1938 (Beiträge zur Heimatkunde 10).

63 Johannes Gosselck: Die Sammler und Wossidlo. In: Mecklenburg 34 (1939), S. 51–53; Volks-Rimels. Watt plattdütsch Lüd' singen un seggen 1. Rutgäben von Richard Wossidlo un Hanns Gosselck. Wolgast 1923. (Bökerie von'n Plattdütschen Landsverband Meckelborg; Lustig Vertellers. Watt plattdütsch Lüd' singen un seggen un süs noch wat. Rutgäben von Richard Wossidlo un Hanns Gosselck. Wolgast 1924. (Bökerie von'n Plattdütschen Landesverband Meckelborg 2); Von allerhand Slag Lüd'. Rutgäben von Richard Wossidlo und Hanns Gosselck. Wolgast 1924. (Bökerie von'n Plattdütschen Landsverband Meckelborg 3).

64 Vgl. Christoph Schmitt: Netzwerke volkskundlicher Kommunikation in Mecklenburg bis 1939. Zur Rekontextualisierung von Wissenschaft im »Medienverbund«. In: Zur Geschichte der Volkskunde. Personen, Programme, Positionen. Hg. von Michael Simon, Monika Kania-Schütz und Sönke Löden. Dresden 2002 (Volkskunde in Sachsen 12/14), S. 203–222.

65 Walter Kempowski: Sirius. Eine Art Tagebuch. München 1990, S. 274.

66 Tagebuch vom 1.1.2002. WKA 500.

67 Tagebuch vom 30.6.1991. WKA 500.

68 Tagebuch vom 27.5.1996. WKA 500.

69 Tagebuch vom 11.12.1992. WKA 500.

70 Vgl. Jörg Friedrich: Der Brand. Deutschland im Bombenkrieg 1940–1945. Berlin 2002, S. 183.

71 Walter Kempowski: Bericht über die Zerstörung von Rostock im April 1942 durch alliierte Flugzeuge. Aufgezeichnet am

25.2.1959. WKA 394, S. 2453f.; vgl. auch Volker Hage: Das hatte biblische Ausmaße. Walter Kempowski. In: Ders., Zeugen der Zerstörung. Die Literaten und der Luftkrieg. Essays und Gespräche, Frankfurt a.M. 2003, S. 187–199.

72 Tagebuch vom 12.5.2001. WKA 500.

73 Tagebuch vom 27.9.1994. WKA 500.

74 Ebd.

75 Vgl. Arno Klönne: Jugend im Dritten Reich. In: Deutschland 1933–1945. Neue Studien zur nationalsozialistischen Herrschaft, hg. von Karl Dietrich Bracher u.a., Düsseldorf 1992, S. 218–239.

76 Vgl. Jan Kurz: »Swinging Democracy«. Jugendprotest im 3. Reich. Münster 1995. (Geschichte der Jugend 21).

77 Vgl. Robert Kempowski: Über RSBB. WKA 387, S. 1876ff.; ders.: Liste der Platten. WKA 384, S. 1712ff.

78 Die Memoiren des Robert Kempowski. WKA 602/1.

79 Detlev Nahmmacher, Interview von Walter Kempowski, September 1971. WKA 380, S. 1465.

80 Gespräche mit Walter Kempowski 1995–2003.

81 Tagebuch vom 19.9.1996. WKA 500.

82 Gespräche mit Walter Kempowski 1995–2003.

83 Gespräche mit Walter Kempowski 1995–2003; vgl. auch Volker Hage: Das hatte biblische Ausmaße. Walter Kempowski. In: Ders., Zeugen der Zerstörung. Die Literaten und der Luftkrieg. Essays und Gespräche, Frankfurt a.M. 2003, S. 187–199.

84 Hans Ditten: Die Kultur des Byzantinischen Reiches. Berlin 1954; ders.: Der Rußland-Exkurs des Laonikos Chalkokondyles. Berlin 1968; Ethnische Verschiebungen zwischen der Balkanhalbinsel und Kleinasien vom Ende des 6. bis zur zweiten Hälfte des 9. Jahrhunderts. Berlin 1993.

85 Gespräche mit Walter Kempowski 1995–2003.

86 Ebd.

87 Arno Klönne: Jugend im Dritten Reich. Die Hitler-Jugend und ihre Gegner. Düsseldorf/Köln 1982, S. 243f.

88 Gespräche mit Walter Kempowski 1995–2003.

89 Ebd.

90 Ebd.

91 Vgl. Kurz, Swinging Democracy, S. 143ff.

92 Gespräche mit Walter Kempowski 1995–2003.

93 Detlev Nahmmacher: Hälfte des Lebens oder Erinnerungen eines Pensionärs, S. 39f.. KAR.

94 Wilhelm Collasius an Walter Collasius, Rostock, 1.10.1944. WKA 365, S. 600.
95 Tagebuch vom 26.3.1963. WKA 500.
96 Walter Kempowski: Als ich zu lesen begann. In: Die Zeit, 21.3.2002.
97 Walter Kempowski: Gedichte. WKA 760.
98 Tagebuch vom 29.7.1962. WKA 500.
99 Gespräche mit Walter Kempowski 1995–2003.
100 Ebd.
101 Margarethe Kempowski an Ursula Kai-Nielsen, Rostock, 4.2.1945. WKA 366, S. 628.
102 Margarethe Kempowski an Ursula Kai-Nielsen, Rostock, 5.3.1945. WKA 366, S. 645f.
103 Gespräche mit Walter Kempowski 1995–2003.
104 Walter Kempowski an Ursula Kai-Nielsen, Rostock, 22.1.1946. WKA 367, S. 728.
105 Ebd., S. 730.
106 Margarethe Kempowski an Ursula Kai-Nielsen, Rostock, 22.1.1946, WKA 367, S. 724.
107 Vgl. Oberfeldwebel Fritz Rolle über Hauptmann Karl G. Kempowski. In: WKA 361, S. 290ff.
108 Gespräch mit Robert Kempowski, 19.8.2003.
109 Gespräche mit Walter Kempowski 1995–2003.
110 Tagebuch vom 29.7.1962. WKA 500.
111 Ebd.
112 Vgl. WKA 368, S. 725ff.
113 Margarethe Kempowski an Ursula Kai-Nielsen, Rostock, 5.5.1946.
114 Robert Kempowski an Walter Collasius, Rostock, 19.6.1946. WKA 768, S. 774.
115 Gespräch mit Robert Kempowski am 19.8.2003.
116 Gespräche mit Walter Kempowski 1995–2003.
117 Bude, Deutsche Karrieren, S. 64.
118 Vgl. Gerhard Papke: Die Liberal-Demokratische Partei Deutschlands in der Sowjetischen Besatzungszone und DDR 1945–1952. In: »Bürgerliche« Parteien in der SBZ/DDR. Zur Geschichte von CDU, LDP(D), DBD und NDPD 1945 bis 1953, hg. von Jürgen Fröhlich, Köln 1994, S. 25–45; hier S. 29.
119 Friedrich-Franz Wiese, Hartwig Bernitt: Arno Esch. Eine Dokumentation. Dannenberg 1994; Horst Köpke, Friedrich-Franz Wiese: Mein Vaterland ist die Freiheit. Das Schicksal des Stu-

denten Arno Esch. Rostock, 2. Aufl. 1997, vgl. Martin Handschuck: Studentische Opposition an der Universität Rostock 1945 bis 1955. In: Zeitgeschichte regional. Mitteilungen aus Mecklenburg-Vorpommern. 6 (2002), H. 1, S. 30–36.

120 Gespräche mit Walter Kempowski 1995–2003.

121 Vgl. Ulf Sommer: Die Liberal-Demokratische Partei Deutschlands. Eine Blockpartei unter der Führung der SED. Münster 1996. (Agenda Geschichte 10), S. 45.

122 Gespräche mit Walter Kempowski 1995–2003.

123 Vgl. Walter Kempowski: Schieber, Schummler, Kippensammler. In: Merian. Wiesbaden. Rheingau. 1987, H. 4, S. 139–142.

124 Bescheinigung der LDP Rostock, 20.11.1947. WKA 419/9.

125 Gespräch mit Robert Kempowski am 19.8.2003.

126 Gespräche mit Walter Kempowski 1995–2003.

127 Tagebuch vom 14.10.1995. WKA 500.

128 Gespräche mit Walter Kempowski 1995–2003.

129 Ebd.

130 Vgl. Helmut Schelsky: Die skeptische Generation. Eine Soziologie der deutschen Jugend. Düsseldorf/Köln 1957.

131 Gespräche mit Walter Kempowski 1995–2003.

132 Tagebuch vom 21.3.1994. WKA 500.

133 Vgl. Anne Drescher: Haft am Demmlerplatz. Gespräche mit Betroffenen. Sowjetische Militärtribunale Schwerin 1945 bis 1953. Hg. vom Landesbeauftragten für Mecklenburg-Vorpommern für die Unterlagen des Staatssicherheitsdienstes der ehemaligen DDR. Schwerin 2001; Peter Erler: Zur Tätigkeit der Sowjetischen Militärtribunale in der SBZ/DDR. In: Sowjetische Speziallager in Deutschland 1945–1950, 2 Bde., hg. von Sergej Mironenko, Lutz Niethammer, Alexander von Plato u.a., Berlin 1998, Bd. 1, S. 172–187.

134 Vgl. Margarethe Kempowski: Lebensbeschreibung. WKA 371.

135 Vgl. Das Gelbe Elend. Bautzen-Häftlinge berichten. 1945–1956. Mit einem Dokumentenanhang. Hg. vom Bautzen-Komitee. Berlin 1992; Cornelia Liebold: Hunger, Kälte, Isolation. Erlebnisberichte und Forschungsergebnisse zum sowjetischen Speziallager Bautzen 1945–1950. 2. korr. und erg. Aufl. Dresden 1999; Michael Klonovsky, Jan von Flocken: Stalins Lager in Deutschland 1945–1950. Dokumentation, Zeugenberichte. Berlin, Frankfurt a.M.: 1991; für die Haftzeit vgl. die Berichte von Robert Kempowski, WKA 374–376.

136 Verurteilt wegen »Verbrechen gegen die Menschlichkeit«.

137 Tagebuch vom 30.12.1989. WKA 500.
138 Tagebuch vom 6.4.2002. Ebd.
139 Gespräche mit Walter Kempowski 1995–2003.
140 Ebd.
141 Ebd.
142 Ebd.
143 Ebd.
144 Tagebuch vom 19.10.2000. WKA 500.
145 Ebd.
146 Ebd.
147 Gespräche mit Walter Kempowski 1995–2003.
148 In einer späteren Version: »stehen«.
149 Entstanden Oktober 1950.
150 Gespräche mit Walter Kempowski 1995–2003.
151 Ebd.
152 Ebd.
153 Walter Kempowski: Ein Kapitel für sich. Anmerkungen zu einem Film. In: Ders. und Eberhard Fechner: Tadellöser & Wolff. Ein Kapitel für sich. Materialien zu ZDF-Fernsehprogrammen., Hg. ZDF Information und Presse, Mainz 1979, S. 23–30, hier S. 28.
154 Vgl. den Bericht von Robert Kempowski, WKA 376, S. 110f.
155 Gespräche mit Walter Kempowski 1995–2003.
156 Erinnern für die Zukunft. Formen des Gedenkens. Prozess der Aufarbeitung. XI. Bautzen-Forum der Friedrich-Ebert-Stiftung, Büro Leipzig, 14. und 15. September 2000. Dokumentation Michael Parak. Leipzig 2000, S. 52.
157 Ebd.
158 Tagebuch vom 28.12.1992. WKA 500.
159 Walter Kempowski an Ursula und Ib Kai-Nielsen, Bautzen, 6.7.1949. WKA 312.
160 Tagebuch vom 28.12.1992. WKA 500.
161 Gespräche mit Walter Kemposki 1995–2003.
162 Vgl. Andreas Beckmann, Regina Kusch: Gott in Bautzen. Gefangenenseelsorge in der DDR. Berlin 1994, S. 54–80; Matthias Wolfes: Mund, Hans-Joachim (Artikel). In: Biographisch-Bibliographisches Kirchenlexikon, hg. von Traugott Bautz. Band XVIII. Herzberg 2001, Sp. 954–956; Fritz J. Raddatz: Hirte der Toten Seelen: Ein Name, den kaum einer kennt. In: Um die eine Kirche. Evangelische Katholizität, Festschrift für Hans-Joachim Mund zum 70. Geburtstag am 25. November 1984, hg. von der

Hochkirchlichen Vereinigung Augsburgischen Bekenntnisses, Augsburg 1984, S.100–103, erweitert in ders.: Unruhestifter. Erinnerungen. München 2003, S. 48–62.

163 Walter Kempowski: Dank an Hans-Joachim Mund. In: Um die eine Kirche. Evangelische Katholizität, Festschrift für Hans-Joachim Mund zum 70. Geburtstag am 25. November 1984, hg. von der Hochkirchlichen Vereinigung Augsburgischen Bekenntnisses, Augsburg 1984, S. 98–99, hier S. 99.

164 Weißt du noch, damals in Bautzen? Die früheren Häftlinge Walter Kempowski und Eduard Zimmermann reden erstmals über ihre Vergangenheit und ihre abwesenden Väter. Frankfurter Allgemeine Sonntagszeitung Nr. 44, 4.11.2001, S. 24.

165 Tagebuch vom 6.4.2002. WKA 500.

166 Gespräche mit Walter Kempowski 1995–2003.

167 Ebd.

168 Ebd.

169 Tagebuch vom 2.3.1994. WKA 500

170 Kempowski, Dank an Hans-Joachim Mund, S. 99.

171 Gespräche mit Walter Kempowski 1995–2003.

172 WKA 500.

173 Vgl. Doris Denis: Posttraumatische Störungen nach politischer Inhaftierung in der DDR. In: Die Vergangenheit läßt uns nicht los. Haftbedingungen politischer Gefangener in der SBZ/DDR und deren gesundheitliche Folgen, hg. von Klaus-Dieter Müller und Annegret Stephan, Berlin 1998, S. 197–214, hier 198.

174 Gespräche mit Walter Kempowski 1995–2003.

175 Ebd.

176 Tagebuch vom 22.12.1994. WKA 500.

177 WKA 3.

178 Gespräche mit Walter Kempowski 1995–2003.

179 Ebd.

180 Tagebuch vom 26.12.1986. WKA 500.

181 Ebd.

182 Tagebuch vom 4.5.1956. WKA 281.

183 Vgl. Tagebuch vom 27.9.1994. WKA 500.

184 Walter Kempowski: Herzlich Willkommen. München/Hamburg 1984, S. 189.

185 Hans-Jürgen Behm an Walter Kempowski, Berlin, 11.2.1957. KAR

186 »Nebenan«. WKA 2.

187 Gespräche mit Walter Kempowski 1995–2003.
188 Ebd.
189 Ebd.
190 Walter Kempowski: Alkor. Tagebuch 1989. München 1989, S. 119.
191 Vgl. Bude, Deutsche Karrieren, S. 43 ff; Schelsky, Skeptische Generation, S. 77.
192 Ebd.
193 Vgl. Vierzig Jahre Pädagogische Hochschule Göttingen. Jubiläumsfeier am 7. und 8. Februar 1986 im Fachbereich Erziehungswissenschaften der Georg-August-Universität Göttingen. Hg. von Karl Neumann. Göttingen 1986.
194 Gespräche mit Walter Kempowski 1995–2003.
195 Ebd.
196 Ebd.
197 Heinrich Heise zum 90. Geburtstag. Akademischer Festakt. Veranstaltung im Fachbereich Erziehungswissenschaften der Georg-August-Universität Göttingen am 18. November 1994. Mit Beiträgen von Dietrich Hoffmann u.a. Hg. vom Dekan des Fachbereichs Erziehungswissenschaften der Universität Göttingen. Göttingen 1994. (Reden und Vorträge im Fachbereich Erziehungswissenschaften 11.)
198 Vgl. Pädagogische Hochschule Göttingen: Arbeitsplan Sommer-Semester 1958.
199 Heinrich Heise: Die entscholastisierte Schule. Stuttgart 1960.
200 Gespräch mit Helmut Groll, 25.9.2003.
201 Gespräch mit Hartmut Stanke, 22.9.2003.
202 Ebd.
203 Walter Kempowski: Wolfgang Borchert. »Draußen vor der Tür«, Versuch einer Form- und Sinndeutung. Semesterarbeit an der PH Göttingen, 1958. WKA 5.
204 Gespräch mit Hartmut Stanke, 22.9.2003.
205 Ebd.
206 Ebd.
207 Vgl. Walter Kempowski: Im Block. Ein Haftbericht. Mit zweiunddreißig Bildnotizen des Verfassers. München/Hamburg 1987.
208 Gespräche mit Walter Kempowski 1995–2003.
209 Ebd.
210 Vgl. Tagebuch vom 24.5.1957: »Oder doch Familienchronik?« WKA 281.

211 Vgl. »Erste Skizzen, die auf ›Gold‹ und auf den ›Tadellöser‹ hinweisen, bzw. schon Teile davon. 1956/57, 22 Blätter handschriftlich«. WKA 1; »Göttinger Versuche«. WKA 6.
212 Aus Notiz- und Tagebüchern und Briefen, Oktober 1959. WKA 282/1.
213 Vgl. Tagebuch vom 17.3.1957. WKA 281.
214 Vorfassungen und Studien zum »Block«. WKA 3.
215 WKA 4.
216 Ebd.
217 WKA 9, vorausgegangen war die Vorstudie »Meine Erfahrungen in der Haftzeit«, WKA 8.
218 Walter Kempowski: Pädagogische Arbeit im Zuchthaus, ein Erfahrungsbericht. Examensarbeit Oktober 1959, S. 5. WKA 9.
219 Ebd. S. 6.
220 Gutachten Prof. Heise, 22.12.1959. WKA 9.
221 Vgl. WKA 27–30.
222 Vgl. »Die roten Bände«. Rohmaterial für die Chronik. WKA 358–398.
223 4.9.1959. Aus Notiz- und Tagebüchern und Briefen. WKA 282/1.
224 Vgl. Die Prozeß-Akten 1956–1961. WKA 318.
225 Walter Kempowski: Alkor. Tagebuch 1989. München 2001, S. 124.
226 Gespräche mit Walter Kempowski 1995–2003.
227 WKA 500.
228 Januar 1960. Aus Notiz- und Tagebüchern und Briefen. 282/1.
229 14.1.1960. Aus Notiz- und Tagebüchern und Briefen. WKA 282/1.
230 November 1959. Aus Notiz- und Tagebüchern und Briefen. WKA 282/1.
231 Ebd.
232 Tagebuch vom 22.12.1994. WKA 500.
233 Aus Notiz- und Tagebüchern und Briefen. WKA 282/1
234 Gespräche mit Walter Kempowski 1995–2003.
234a Walter Kempowski: Heile Welt. München, 1998. S. 444.
235 Tagebuch vom 15.3.1962. WKA 500.
236 WKA 7.
237 WKA 13.
238 Der Augenbaum. WKA 15.
239 WKA 57.
240 Ebd.

241 Kempowski, Alkor, S. 386.
242 Vgl. Fritz J. Raddatz: Unruhestifter. S. 211.
243 25.2.1962. Aus Notiz- und Tagebüchern und Briefen. WKA 282/1.
244 Ebd.
245 Tagebuch vom 24.2.1962. WKA 500.
246 Vgl. Korrespondenz mit Rowohlt. WKA 97.
247 Hans Magnus Enzensberger: zu walter kempowski, in der stadt (rowohlt), 6.3.1962. KAR. Veröffentlicht: Wie einer Schriftsteller wurde. Die Zeit, 8.4.1977.
248 Joachim Kaiser: Gutachten zu Walter Kempowskis »Im Aquarium«, 5.12.1962. KAR. Veröffentlicht: Wie einer Schriftsteller wurde. Die Zeit, 8.4.1977.
249 Hans Magnus Enzensberger: Zu Walter Kempowskis Prosa »Im Aquarium«, 31.8.1962. KAR
250 Peter Rühmkorf, Gutachten zu Walter Kempowski, 14.6.1963. Veröffentlicht: Wie einer Schriftsteller wurde. In: Die Zeit, 8.4.1977.
251 Raddatz, Unruhestifter, S. 212.
252 Gespräche mit Walter Kempowski, 1995–2003.
253 Tagebuch vom 3.2.1963. WKA 500.
254 August 1964. Aus Notiz- und Tagebüchern und Briefen. WKA 282/1.
255 17.10.1964. Aus Notiz- und Tagebüchern und Briefen. WKA 282/1.
256 Tagebuch, o.D., zwischen 5.5. und 12.6.1962. WKA 500.
257 Tagebuch vom 12.3.1963. WKA 500.
258 Vgl. WKA 25.
259 Walter Kempowski an Fritz J. Raddatz, Breddorf, 21.11.1963. WKA 97.
260 Vgl. Manfred Dierks: Walter Kempowski. Autorenbücher. München 1984, S. 34.
261 Gespräche mit Walter Kempowski 1995–2003.
262 Tagebuch vom 21.12.1963. WKA 500.
263 Vgl. Tagebuch vom 17.1.1964. WKA 500.
264 WKA 53.
265 Gespräche mit Walter Kempowski 1995–2003.
266 Ebd.
267 Das Protokoll. Collagenversuch. 3 Bde. WKA 50–52.
268 Telefonat mit Raddatz, nach dem 25.6.1964. Aus Notiz- und Tagebüchern und Briefen. WKA 282/1.

269 Fritz J. Raddatz an Walter Kempowski, Reinbek, 8.6.1964. WKA 97.
270 Das Protokoll. Vorläufige Niederschrift. Präsensfassung. 2 Bde. WKA 55–56.
271 Tagebuch vom 3.8.2001. WKA 500.
272 Planspiele siehe WKA 105 und 171.
273 Renate Demeyer, Brief vom 9.9.2003.
274 Ebd.
275 Vor dem 15.3.1965. Aus Notiz- und Tagebüchern und Briefen. WKA 282/2.
276 Wassagrynn-Manuskript. WKA 82–91.
277 16.10.1965. Aus Notiz- und Tagebüchern und Briefen. WKA 282/2.
278 Gespräche mit Walter Kempowski 1995–2003.
279 Fritz J. Raddatz an Walter Kempowski, Reinbek, 26.7.1966. WKA 97
280 Aus Notiz- und Tagebüchern und Briefen. WKA 282/2.
281 Fritz J. Raddatz an Walter Kempowski, Reinbek, 14.6.1967. WKA 97.
282 Walter Kempowski an den Schulrat, Nartum, 10.10.1967. Schriftwechsel mit Schulrat und Regierung. 1958/1970. WKA 315.
283 Fritz J. Raddatz an Walter Kempowski, Reinbek, 1.9.1967. WKA 97.
284 Tagebuch vom 4.3.1968. WKA 500.
285 Jürgen Manthey, Gutachten zu Walter Kempowski, 7.4.1968. Wie einer Schriftsteller wurde. In: Die Zeit, 8.4.1977.
286 Aus Notiz- und Tagebüchern und Briefen. WKA 282/2.
287 Gespräche mit Walter Kempowski 1995–2003.
288 4.9.1968. Aus Notiz- und Tagebüchern und Briefen. WKA 282/2.
289 13.10.1968. Aus Notiz- und Tagebüchern und Briefen. WKA 282/2.
290 4.2.1969. Aus Notiz- und Tagebüchern und Briefen. WKA 282/2.
291 Gespräche mit Walter Kempowski 1995–2003.
292 Helmut Salzinger: Aus dem Zuchthaus Bautzen. Frankfurter Rundschau, 18.10.1969.
293 Horst Bienek: Jede Menge Barcelona. Der Spiegel 24/1969.
294 Zit. nach einer Zeitungsanzeige des Hanser Verlags 1972. In: 1 Karton: Briefwechsel Hanser Verlag/Kempowski. WKA 232.
295 Gespräche mit Walter Kempowski 1995–2003.

296 Rowohlt Verlag, Honorar-Abrechnung, Konto-Auszug per 21.12.1970. WKA 97.
297 Vgl. Raddatz, Unruhestifter, S. 213.
298 Heinrich-Maria Ledig-Rowohlt an Walter Kempowski, Reinbek, 17.12.1969. WKA 97. Veröffentlicht: Wie einer Schriftsteller wurde. Die Zeit, 8.4.1977.
299 Tagebuch vom 14.4.1984. WKA 500.
300 Manfred Dierks: Autor – Text – Leser. Walter Kempowski. Künstlerische Produktivität und Leserreaktionen – am Beispiel von »Tadellöser & Wolff«. München 1981, S. 220.
301 Walter Kempowski an Heinrich-Maria Ledig-Rowohlt, Nartum (nach dem 17.12.1969). WKA 97.
302 Die Entstehung von »Im Block«. WKA 102.
303 Ebd.
304 Aus Notiz- und Tagebüchern und Briefen. WKA 282/1.
305 Ebd. WKA 282/2.
306 Vgl. etwa »Einflüsse und Eindrücke«. In: Tagebuch, zwischen dem 11. und 20.6.1956. WKA 281.
307 Vgl. WKA 98–100.
308 Vgl. Brief von Michael Krüger an Walter Kempowski, München, 11.11.1969. Korrespondenz mit Hanser. WKA 591.
309 Brief von Renate Demeyer, 9.9.2003.
310 Gespräche mit Walter Kempowski 1995–2003.
311 Ebd.
312 Ebd.
313 Wendelin Zimmer: »Ich bin ein Bürger«. Gespräch mit Walter Kempowski. In: Osnabrücker Zeitung, 30.10.1971.
314 Volker Hage, Walter Kempowski (Gespräch): Eine Art Gedächtnistraining. In: Akzente 19 (1972), S. 340–349, hier S. 344.
315 Ausführliche Informationen zu erzähltechnischem Verfahren und Deutung des Romans bei Dierks, Autor – Text – Leser, S. 90ff.
316 Kurt Lothar Tank: Zeitgeschichte aus dem Zettelkasten. In: WamS, 28.2.1971.
317 Hartmut Scheible: Splitter aus der Wunde Vergangenheit. In: FR 17.4.1971.
318 Helmut Scheffel: Heilig Vaterland, in Gefahren. In: FAZ, 30.3.1971.
319 Scheible, Splitter.
320 Rolf Becker: Herr Hitler müsse es wissen. In: Der Spiegel 18/1971.

321 Gerd Fuchs: Bürgermief, original-getreu. In: Konkret 3/1971.
322 Werner Ross: Scharfe Schnappschüsse. In: Die Zeit, 9.4.1971.
323 Scheible, Splitter.
324 Ebd.
325 Becker, Herr Hitler.
326 Ebd.
327 Renate Demeyer, Brief vom 9.9.2003.
328 Karl-Friedrich Kempowski, Brief vom 4.10.2003.
329 Tagebuch vom 12.2.1973. WKA 500.
330 Gespräche mit Walter Kempowski 1995–2003
331 Peter Rühmkorf: Tabu I. Tagebücher 1989–1991. Reinbek 1995, S. 609.
332 Jost Nolte: Weder Geisteshelden noch Wanzen. In: Zeit-Magazin. 29.9.1972, S. 18.
333 Walter Kempowski: Was lesen Sie, Herr Kohl? In: Zeit-Magazin 35/1976, S. 4–10.
334 Tagebuch vom 24.6.1971. WKA 500.
335 Gespräche mit Walter Kempowski 1995–2003.
336 Vgl. Gesine Treptow: »Ruhe! Walter Kempowski soll weiterschreiben!« Wie zwei Mecklenburger Schriftsteller ein Auge aufeinander haben, sich lesen und lektorieren. In: Uwe Johnson. Befreundungen. Gespräche, Dokumente, Essays, hg. von Roland Berbig zus. mit Thomas Herold u.a., Berlin, Zepernick 2002, S. 345–391.
337 Walter Kempowski: Dankesrede – über Uwe Johnson. In: Internationales Uwe-Johnson-Forum 6 (1997), S. 185–189, hier S. 185.
338 Gespräche mit Walter Kempowski 1995–2003.
339 Ebd., S. 186.
340 Walter Kempowski an Uwe Johnson, Nartum, 16.3.1971. Treptow, »Ruhe!«, S. 359.
341 Kempowski, Dankesrede, S. 186.
342 Ebd., S. 189.
343 Tagebuch vom 21.2.1971. WKA 500.
344 Tagebuch vom 9.9.1972. WKA 500.
345 Peter Wapnewski: Simplicissimus in Rostock. In: Die Zeit, 29.9.1972.
346 Tagebuch vom 15.7.1972. WKA 500.
347 Vgl. Briefwechsel mit Hanser. WKA 231.
348 Vgl. Aus Notiz- und Tagebüchern und Briefen. WKA 282/1.
349 Das Kreisblatt. Nr. 3. August 1964. WKA 53.

350 Volker Hage: Laudatio auf den Uwe-Johnson-Preisträger 1995 Walter Kempowski. In: Internationales Uwe-Johnson-Forum 6 (1997), S. 177–184, hier S. 179.
351 Eberhard Jäckel: Rückblick auf die sogenannte Hitler-Welle. In: Geschichte in Wissenschaft und Unterricht 28 (1977), S. 695–710, hier S. 695.
352 Walter Kempowski: Haben Sie davon gewußt? Hamburg/München 1979, Vorwort.
353 Tagebuch vom 2.7.1978. WKA 500.
354 Vgl. Walter Kempowski, Eberhard Fechner: Tadellöser & Wolff. Ein Kapitel für sich. Materialien zu ZDF-Fernsehprogrammen, Koproduktion mit ORF und SRG. Hg. ZDF – Information und Presse. München 1979.
355 Gespräche mit Walter Kempowski 1995–2003.
356 Ebd.; siehe auch die Schilderung in Kempowski, Sirius, S. 341 f.
357 Gespräch mit Robert Kempowski, 19.8.3003.
358 Gespräche mit Walter Kempowski, 1995–2003.
359 Ebd.
360 Vgl. Kempowski, Sirius, S. 124f.
361 Bericht von Arnd Bauer, 14.1.2002. KAN.
362 Gespräche mit Walter Kempowski 1995–2003.
363 Vgl. Günter Alfs, Manfred Rabes: »Genauso war es…« Kempowskis Familiengeschichte »Tadellöser & Wolff« im Urteil des Publikums. Hg. und mit einem Forschungsbericht versehen von Manfred Dierks. Oldenburg 1982. (Schriftenreihe der Universität.)
364 Günther Blöcker: Beängstigend jovial. In: SZ, 22.5.1971.
365 Hartmut Scheible: Statt Trauerarbeit Lustgewinn. In: FR 14.10.1972.
366 Momos (d.i. Walter Jens): Von Folter und Verbrennung keine Rede. In: Die Zeit, 9.5.1975.
367 Jörg Drews: Die Sippe Kempowski betritt die Bühne. In: SZ, 16.9.1978.
368 Vgl. Norbert Mecklenburg: Faschismus und Alltag in deutscher Gegenwartsprosa. Kempowski und andere. In: Gegenwartsliteratur und Drittes Reich. Deutsche Autoren in der Auseinandersetzung mit der Vergangenheit, hg. von Hans Wagner, Stuttgart1977, S. 11–32.
369 Ebd., S. 22.
370 Ebd., S. 23.
371 Ebd.

372 Ebd., S. 29.
373 Ebd., S. 30, Anm. 13.
374 Vgl. Dietrich Weber: Walter Kempowski. In: Deutsche Literatur in Einzeldarstellungen, Bd. 2, Hg. von dems., Stuttgart 1977, S. 278–296.
375 Kursbuch 42 (1975), »Unsere Bourgeoisie«.
376 Brief von Karl Heinz Bittel, 16.9.2003.
377 Michael Rutschky: Unbelebte Erinnerung. Der Schriftsteller Walter Kempowski. In: Merkur 57 (2003), H. 646, S. 127–140, hier S. 130.
378 Ebd., S. 131f.
379 Gespräch mit Rudi Deuble, 5.9.2003.
380 Vgl. DDR: Idylle hinterm Todesstreifen. Reisen in das andere Deutschland (II): Walter Kempowski in Rostock. In: Der Spiegel 38/1975.
381 Vgl. WKA 781.
382 Gespräche mit Walter Kempowski 1995–2003.
383 Tagebuch vom 26.12.1975. WKA 500.
384 Gespräche mit Walter Kempowski 1995–2003.
385 Vgl. Walter Kempowski: Lesenlernen – trotz aller Methoden. Ein Exkurs über Fibeln. Braunschweig 1987. (Vorträge im Georg-Eckert-Institut für Internationale Schulbuchforschung.)
386 Siegfried Lenz: Gespräch mit Walter Kempowski. In: Ders., Über Phantasie. Gespräche mit Heinrich Böll, Günter Grass, Walter Kempowski, Pavel Kohout, hg. von Alfred Mensak, Hamburg 1982, S. 105–157, hier S. 144.
387 Ebd.
388 Ebd., S. 146.
389 Brief von Renate Demeyer, 9.9.2003.
390 Gespräche mit Walter Kempowski 1995–2003.
391 Tagebuch vom 9.2.1973. WKA 500.
392 Vgl. Dirk Hempel: Haus Kreienhoop. Kempowskis zehnter Roman. Mit 96 Fotografien von Frauke Reinke-Wöhl. Fischerhude 2001.
393 Tagebuch vom 10.3.1977. WKA 500.
394 Gespräche mit Walter Kempowski 1995–2003.
395 Margarete v. Schwarzkopf: Der liberale Einzelgänger mit den zwei Berufungen. In: Die Welt, 12.11.1976.
396 Christoph Schlotterer an Walter Kempowski, München, 15.11.1976. WKA 591.

397 Fritz Arnold [?] an Walter Kempowski, München, 23.11.1976. WKA 591
398 Tagebuch vom 19.8.1977. WKA 500.
399 Tagebuch vom 9.5.1977. WKA 500.
400 Brief von Albrecht Knaus, 30.9.2003.
401 Gespräche mit Walter Kempowski 1995–2003.
402 Tagebuch vom 6.6.1978. WKA 500.
403 Ebd.
404 Tagebuch vom 25.4.1978. WKA 500.
405 Tagebuch vom 9.6.1978.
406 Tagebuch vom 24.6.1978. WKA 500.
407 Anläßlich der Verleihung des Bremer Literaturpreises, an der Kempowski nicht teilnahm. Tagebuch vom 28.1.1978. WKA 500.
408 Vgl. WKA 403/1–11.
409 Brief vom 15.1.1980. Briefe seit 1955. WKA 312/23.
410 Tagebuch vom 6.6.1979. WKA 500.
411 Tagebuch vom 21.3.1979. WKA 500.
412 Gespräche mit Walter Kempowski 1995–2003. Vgl. auch sein Plädoyer für die Integrierung der positiven Landschulerfahrung in das neue System, Walter Kempowski: Meine Erfahrungen mit der Landschule. In: die kleine Grundschule. Hg. vom Niedersächsischen Kultusminister. Hannover 1980, S. 10–18. Nachdruck in: Kleine Grundschule und jahrgangsübergreifendes Lernen. Schülerrückgang als pädagogische Herausforderung. Hg. von Uwe Sandfuchs u.a., Bad Heilbrunn 1997, S. 117–122.
413 Manfred Dierks: Autor, Text, Leser. Walter Kempowski. Künstlerische Produktivität und Leserreaktionen am Beispiel »Tadellöser & Wolff«. München 1981.
414 Gespräche mit Walter Kempowski 1995–2003.
415 Ebd.
416 Hartmut von Hentig: Vom Verkäufer zum Darsteller, Absagen an die Lehrerbildung. In: Neue Sammlung 21 (1981), S. 223.
417 Walter Kempowski: Herrn Böckelmanns schönste Tafelgeschichten nach dem ABC geordnet und wiederum illustriert von Roswitha Quadflieg. Hamburg 1983.
418 Franz Joseph Görtz: Mehr Buchhalter als Epiker. In: FAZ 13.10.1981.
419 Ders.: Walter Kempowski als Historiker. In: Akzente 20 (1972), H. 3, S. 243–254, hier S. 251.
420 Tagebuch vom 14.4.1984. WKA 500.

421 Gespräche mit Walter Kempowski 1995–2003.
422 Werner Fuld: Links Felder, rechts Wälder. In: FAZ, 13.10.1984.
423 Robert Gernhardt: »In Göttingen schien die Sonne«. In: Der Spiegel 44/1984.
424 Aufzeichnungen über »das 6. Buch«, 12.2.1976. WKA 612/III.
424a Tagebuch vom 27.8.2003. WKA 500.
425 Tagebuch vom 19.3.1978. WKA 500.
426 Vgl. Charlotte Heinritz: Das Kempowski-Archiv für unpublizierte Autobiographien. In: Walter Kempowski zum 60. Geburtstag, München, Hamburg 1989, S. 21–44.
427 Vgl. Gunilla-Friederike Budde: Auf dem Weg ins Bürgerleben. Kindheit und Erziehung in deutschen und englischen Bürgerfamilien 1840–1914. Göttingen 1994. (Bürgertum. Beiträge zur europäischen Gesellschaftsgeschichte 6.)
428 Irene Zacharias: Meine sieben Kinder und der Lauf der Welt. Mit einem Nachwort von Walter Kempowski. München/Hamburg 1986.
429 Ray T. Matheny: Die Feuerreiter. Gefangen in Fliegenden Festungen. München/Hamburg 1988.
430 Helmut Fuchs: Wer spricht von Siegen. Der Bericht über unfreiwillige Jahre in Rußland. Geleitwort von Lew Kopelew. München/Hamburg 1987.
431 Es kam später zu einer gewissen Fortsetzung durch andere Herausgeber: Im Träumen war ich immer wach. Das Leben des Dienstmädchens Sophia von ihr selbst erzählt. Hg. von Gunilla-Friederike Budde. Bonn 1989; Der Klassenrundbrief. Geschrieben 1953–1989 von den Schülerinnen des Abschlußjahrgangs 1925 der Altstädter Höheren Mädchenschule in Dresden. Hg. von Charlotte Heinritz. Opladen 1991; Oscar Schulz: Im Strom der Gezeiten. Vom Windjammer-Moses zum Dampfer-Kapitän. Für das Deutsche Schiffahrtsmuseum hg. von Ursula Feldkamp. Hamburg: Kabel Verlag 1998.
432 Tagebuch vom 17.8.1988. WKA 500.
433 Tagebuch vom 29.6.1987. WKA 500.
434 Tagebuch vom 22.12.1977. WKA 500.
435 Tagebuch vom 27.4.1983. WKA 500.
436 Tagebuch vom 6.6.1987. WKA 500.
437 Zwölf Ordner mit Vorträgen. WKA 610.
438 12.3.1989. Kempowski, Alkor, S. 121.
439 Tagebuch vom 9.1.1978. WKA 500.
440 Uwe Johnson an Alfred Mensak, Sheerness, 20.1.1983. Zit.

nach Gesine Treptow: »Ruhe! Walter Kempowski soll weiterschreiben!« Wie zwei Mecklenburger Schriftsteller ein Auge aufeinander haben, sich lesen und lektorieren. In: Uwe Johnson. Befreundungen. Gespräche, Dokumente, Essays, hg. von Roland Berbig zus. mit Thomas Herold u.a., Berlin, Zepernick 2002, S. 345–391, hier S. 388. Kopie an Walter Kempowski in WKA 312/1983.

441 Walter Kempowski. Einführung. In: Literatur in Kreienhoop 1983. Bericht aus einer Schriftstellerwerkstatt. Hg. von Manfred Dierks und Alfred Mensak. München/Hamburg 1984, S. 82–83, hier S. 82.

442 Alfred Mensak: Es wird wohl so weitergehen: Kanonen statt Butter. In: Literatur in Kreienhoop 1983. S. 7–11, hier S. 10.

443 Johanna Walser: Auf dem Krähenhoop. In: Literatur in Kreienhoop 1983. S. 179–181, hier S. 181.

444 Literatur im Kreienhoop. In: Die Zeit, 23.9.1983.

445 Kempowski, Sirius, S. 442ff.

446 Literatur in Kreienhoop. Bericht aus einer Schriftstellerwerkstatt. Hg. von Manfred Dierks und Alfred Mensak. 4 Bde. München/Hamburg 1984–1987.

447 Barbara Honigmann: Wir haben uns gesehen. In: Literatur in Kreienhoop 1985. Bericht aus einer Schriftstellerwerkstatt. Hg. von Manfred Dierks und Alfred Mensak. München/Hamburg 1986, S. 154–157, hier S. 155f.

448 Brief von Karl-Friedrich Kempowski, 4.10.2003.

449 Gespräche mit Walter Kempowski 1995–2003.

450 Peter Rühmkorf: Tabu I. Reinbek 1995, S. 609.

451 9.7.1983. Kempowski, Sirius, S. 319.

452 Ebd.

453 Mitteilung von Nina Okrassa, 20.10.2000.

454 Kempowski, Sirius, S. 319.

455 Tagebuch vom 5.7.1983. Kempowski, Sirius, S. 307.

456 Tagebuch vom 6.9.1983. Kempowski, Sirius, S. 429.

457 Vgl. Walter Kempowski: Er kam mir immer als der bessere Mensch vor. Ein Nachruf auf Arno Schmidt. In: Die Zeit 15.6.1979.

458 Gespräche mit Walter Kempowski 1995–2003.

459 Klaus Modick: Fest des Wiedersehens. In: Die Zeit, 7.10.1988.

460 Vgl. Helmut Peitsch: »Warum wird so einer Marxist?« Zur Entdeckung des Marxismus durch bundesrepublikanische Nachwuchsliteraturwissenschaftler. In: Rainer Rosenberg, Inge

Münz-Koenen, Petra Boden (Hg.), Der Geist der Unruhe. 1968 im Vergleich Wissenschaft – Literatur – Medien, Berlin 2000, S. 125–151.

461 Gert Mattenklott: Geheimes Archiv der Rechthaberei. In: FAZ, 17.12. 1990.

462 Harald Wieser: Der Abschreiber. In: Stern, 11.1.1990.

463 Gespräche mit Walter Kempowski 1995–2003.

464 Vgl. Hellmuth Karasek: Der Ehrabschreiber. In: Der Spiegel 3/1990.

465 Vgl. die Zusammenfassung bei Volker Ladenthin: Literaturbetrieb ohne Literatur: Harald Wieser und der »Stern«. In: Publizistik 36 (1991), S. 494–504.

466 Volker Hage: Ein Fall von Philisterei. In: Die Zeit 4/1990.

467 Ladenthin. Literaturbetrieb, S. 496.

468 Hans Magnus Enzensberger: Der Kritiker als Denunziant. Über Polemik als Menschenjagd. In: Die Zeit 47/1983.

469 Vgl. Kempowski, Alkor, S. 500ff.

470 Tagebuch vom 6.1.1990. WKA 500.

471 Robert Kempowski: Wiedersehen mit Rostock. In: Die Memoiren des Robert Kempowski. WKA 602/1.

472 Gespräche mit Walter Kempowski 1995–2003.

473 Gespräch mit Jan-Peter Schulze, 29.9.2003.

474 Brief von Wiebke Wilcke, 4.10.2003.

475 Walter Kempowski: Abschied von Rostock. In: SZ, 10.2.1990.

476 Gespräch mit Simone Neteler, 12.10.2003.

477 Walter Kempowski: Abschied von Rostock. In: SZ, 10.2.1990.

478 Tagebuch vom 24.3.1990. WKA 500.

479 Abschriften meiner sämtlichen Tagebücher. WKA 282.

480 Alan Keele (Hg.): Wortkonkordanz der »Deutschen Chronik« von Walter Kempowski. Hildesheim u.a. 1994.

481 Gespräche mit Walter Kempowski 1995–2003.

482 Die Reise nach Polen Ende August/Anfang September 1987. Im Besitz von Walter Kempowski.

483 Tagebuch vom 28.8.1988. WKA 500.

484 Tagebuch vom 17.9.1988. WKA 500.

485 Tagebuch vom 19.10.1988. WKA 500.

486 WKA 500.

487 Ebd.

488 Gespräch mit Simone Neteler, 12.10.2003.

489 Tagebuch vom 19.6.1989. WKA 500.

490 Brief von Karl Heinz Bittel, 16.9.2003.

491 Gespräch mit Simone Neteler, 12.10.2003.

492 Walter Kempowski über sein Leben nach dem Schlaganfall. In: Schlaganfall Magazin 1999, H. 4, S. 14–18, hier S. 15.

493 Gespräch mit Simone Neteler, 12.10.2003.

494 Tagebuch vom 25.12.1991. WKA 500.

495 Gespräch mit Simone Neteler, 12.10.2003.

496 Walter Kempowski: Mark und Bein. München 1992, S. 202f.

497 Vgl. Marek Jaroszewski: Danzig und Ostpreußen in Walter Kempowskis »Mark und Bein«. In: 1000 Jahre Danzig in der deutschen Literatur. Studien und Beiträge, hg. von Marek Jaroszewski, Danzig 1998 (= Studia Germanica Gedanensia 5 (1998)), S. 233–247, hier S. 246, Anm. 103.

498 Gespräch mit Simone Neteler, 12.10.2003.

499 Brief von Karl Heinz Bittel, 16.9.2003.

500 Brief von Klaus Eck, 18.8.2003.

501 WKA 500.

502 Jörg Drews: Ein Meisterwerk wird besichtigt. »Das Echolot«: Walter Kempowskis literarische Jahrhundertcollage. In: SZ, 4./5.12.1993.

503 Fritz J. Raddatz: Die Hauptsache ist der Sieg fürs Vaterland und die Gesundheit unseres lieben Vatis für uns. Walter Kempowskis überwältigende Textsammlung: »Echolot«. In: Die Zeit, 10.12.1993.

504 Frank Schirrmacher: In jener Nacht des Jahrhunderts. Das Ereignis eines Buches: Walter Kempowskis »Echolot«. In: FAZ, 13.11.1993.

505 Walter Kempowski: Statt eines Vororts. In: Das Echolot. Ein kollektives Tagebuch Januar und Februar 1943. Bd. 1: 1. bis 17. Januar 1943. München 1993, S. 7.

506 WKA 500.

507 Raddatz, Die Hauptsache.

508 Vgl. Drews, Meisterwerk.

509 Vgl. Stephen Kinzer: German Echoes From 1943 Set Off a Book Sensation. In: New York Times, 1.6.1994.

510 Gespräche mit Walter Kempowski 1995–2003.

511 Frank Schirrmacher: In jener Nacht des Jahrhunderts.

512 Hans Magnus Enzensberger: Zwischen zwei Zügen eines Spiels. Rede auf Gaston Salvatore anläßlich der Verleihung des Kleist-Preises. In: FAZ, 28.12.1991.

513 Frank Schirrmacher: Abschied von der Literatur der Bundesrepublik. In: FAZ, 2.10.1990.

514 Ulrich Greiner: Die deutsche Gesinnungsästhetik. In: Die Zeit, 2.11.1990.

515 Martin Ebel: Die Tagebuch-Therapie. Walter Kempowski überlebt einen Umbruch. In: FAZ, 9.10.2001.

516 Brief von Karl Heinz Bittel, 16.9.2003.

517 Chaim Noll: Treue um Treue. Linke Gefühlslagen und die literarische Beschwörung der besseren DDR. In: Wir Kollaborateure. Hg. von Cora Stephan, Reinbek 1992, S. 90–106, hier S. 91.

518 Die Bibliographie der deutschen Sprach- und Literaturwissenschaft, Frankfurt 1985ff., verzeichnet für den Zeitraum 1985–1997 zu Kempowski 39 Einträge, von denen zwei Drittel eigene Arbeiten sind, zu Grass hingegen 612, Martin Walser 249, Lenz 126, Böll 492, Handke 539, Heiner Müller 428, Christa Wolf 817, Kunert 169, Rühmkorf 111, Enzensberger 189, Härtling 137.

519 Vgl. etwa Literatur der siebziger Jahre. Hg. von Gert Mattenklott und Gerhart Pickerodt. Berlin 1985. (Literatur im historischen Prozeß N.F. 8); Deutschsprachige Literatur der 70er und 80er Jahre. Autoren, Tendenzen, Gattungen. Hg. von Walter Delabar. Darmstadt 1997; Neue Generation – neues Erzählen. Deutsche Prosa-Literatur der achtziger Jahre. Hg. von Walter Delabar. Opladen 1993; Hans Gerd Rötzer: Geschichte der deutschen Literatur. Epochen, Autoren, Werke. Bamberg 1992.

520 Eckehard Czucka: Aus dem bürgerlichen Alltagsleben. Die Geschichte eines Familienidioms. Zu Walter Kempowskis Romanen der »Deutschen Chronik«. In: Die Sprache der Geschichte. Beiträge zum Werk Walter Kempowskis, hg. von Volker Ladenthin, Eitorf 2000, S. 57–84, hier S. 57.

521 Brief von Karl Heinz Bittel, 16.9.2003.

522 Volker Hage: Ein Kapitel für sich. Walter Kempowskis deutsche Familienchronik. In: Ders.: Die Wiederkehr des Erzählers. Neue deutsche Literatur der siebziger Jahre. Frankfurt u.a. 1982, S. 166–195, hier S. 178.

523 Jörg Drews: Für einen, der sich's hat sauer werden lassen. In: Walter Kempowski zum sechzigsten Geburtstag. München/Hamburg 1989, S. 7–20, hier S. 13.

524 Gerhard Henschel: Gut dem Dinge. Wissenswertes über Kempowski. titanic, 1993, Nr. 25, S. 26–29, hier S. 26.

525 Ebd., S. 27.

526 Ebd., S. 28.

527 Vgl. Ebd., S. 29.
528 Brief von Eugen Egner, 20.8.2003.
529 Brief von Gerhard Henschel, 11.7.2003.
530 Wolfram Schütte: Besuch im Fuchsbau. Nach einem Gespräch mit dem »Echolot«-Autor Walter Kempowski. FR, 5.3.1994.
531 Michael Rutschky: Unbelebte Erinnerung. Der Schriftsteller Walter Kempowski. In: Merkur 57 (2003), H. 646, S. 127–140, hier S. 136f.
532 Gespräch mit Rudi Deuble, 5.9.2003.
533 Ebd.
534 Ebd.
535 Vgl. ECHOLOT II NonStop – Lesung vom 14.-21. Februar 2003 in Marburg. Erika Schellenberger-Diederich im Gespräch mit Rotraut Urff (Organisatorin des Projekts der Neuen Literarischen Gesellschaft Marburg e.V.). In: Marburger Forum. Beiträge zur geistigen Situation der Gegenwart 4 (2003), Heft 1.
536 Ulrich Herbert: Zwischen Beschaulichkeit und Massenmord. Die Kriegswende 1943 aus der Perspektive des Alltags. In: Neue politische Literatur 1995, H. 2, S. 185–189, hier S. 189.
537 Peter Fritzsche: Volkstümliche Erinnerung und deutsche Identität nach dem Zweiten Weltkrieg. In: Verletztes Gedächtnis. Erinnerungskultur und Zeitgeschichte im Konflikt, hg. von Konrad H. Jarausch und Martin Sabrow, Frankfurt a.M., New York 2002, S. 75–97, hier S. 78.
538 Vgl. Tagebuch vom 26.11.1993. WKA 500.
539 Mitteilung von Maren Horn, Stiftung Archiv der Akademie der Künste Berlin, 6.10.2003.
540 Vgl. Brief von Elisabeth Plessen an Walter Kempowski, Berlin, 25.1.1994. WKA 757/16.
541 Geist Macht Kastration. Alexander Kluge im Gespräch mit Heiner Müller, 8.3.1983. In: Alexander Kluge, Heiner Müller: »Ich schulde der Welt einen Toten«. Gespräche. Berlin 1995, S. 67–81, hier S. 80.
542 »Wir brauchen ein neues Geschichtskonzept.« Heiner Müller im Gespräch mit Klaus Welzel. In: Klaus Welzel, Utopie und Verlust. Die deutsche Einheit im Spiegel ostdeutscher Autoren. Würzburg 1998. (Epistemata. Würzburger wissenschaftliche Schriften. Reihe Literaturwissenschaft, Bd. 242), S. 213.
543 Vgl. Brief von Elisabeth Plessen an Walter Kempowski, 18.2.1994. WKA 757/16.

544 Vgl. Tagebuch vom 19.11.1995. WKA 500.
545 Vgl. Jan-Christoph Hauschild: Heiner Müller oder Das Prinzip Zweifel. Eine Biographie. Berlin 2001, S. 515.
546 Stefan Reinecke, Detlev Lücke: Etwas verschwindet. Mit Heiner Müller – kommunistischer Intellektueller, Whiskytrinker, Essayist – stirbt die DDR noch einmal. In: Freitag, 5.1.1996.
547 Vgl. Tagebuch vom 11.10.1997. WKA 500.
548 Tagebuch vom 26.11.1999. WKA 500. Vgl. Stefanie Carp: Schlachtbeschreibungen. Ein Blick auf Walter Kempowski und Alexander Kluge. In: Vernichtungskrieg. Verbrechen der Wehrmacht 1941–1944, hg. von Hannes Heer und Klaus Neumann, Hamburg 1995, S. 664–679.
549 Gespräche mit Walter Kempowski 1995–2003.
550 Ebd.
551 Walter Kempowski/Walter Adler: Der Krieg geht zu Ende. Chronik für Stimmen – Januar bis Mai 1945. 6 Tonkassetten. München 1995.
552 Vgl. Walter Kempowski: Alkor. Tagebuch 1989. München 2001, S. 501.
553 Walter Kempowski. Bloomsday '97. A. Knaus Verlag, München. Regie: Peter M. Hetzel.
554 Walter Kempowski: Bloomsday '97. O.O., o.J. (München 1997, zitiert als »Tagebuch 97«)
555 Gespräch mit Karl Heinz Bittel, 26.11.2001.
556 12.6.1997. »Tagebuch 97«, S. 7.
557 Ebd.
558 Vgl. Volker Hage: Die Collagen in der deutschen Literatur. Zur Praxis und Theorie eines Schreibverfahrens. Frankfurt a.M. (u.a.) 1984. Forschungen zur Literatur- und Kulturgeschichte 5. [Zugl. Phil. Diss. Siegen 1983].
559 Vgl. Tagebuch, 9.6.1997, S. 5.
560 Klaus Kreimeier: Zapperlot! Wie Walter Kempowski einmal sein TV-Gerät mit der Fernbedienung zertrümmerte. In: FR, 18.10.1997.
561 Willi Winkler: Bloom des Bösen. Walter Kempowski und sein Steuersparmodell. In: SZ, 23.7.1997.
562 Reiner Luyken: 399 Seiten Mischmasch. »Bloomsday« – Walter Kempowski zappt TV und kapituliert vor dem Kanalgewurstel. In: Die Zeit, 17.10.1997.
563 Vgl. auch Patrick Bahners: Das Zappen nach der verlorenen Zeit. Walter Kempowski guckt in die Röhre. In: FAZ, 2.12.1997;

Hanns Josef Ortheil: Bloomsday mit Zuschauer. Walter Kempowskis Medienstunde. In: NZZ, 13.12.1997.
564 Ebd.
565 Jörg Drews: Die Welt als Fernsehen. Am Schredder: Walter Kempowski. In: ndl 46 (1998), H. 517, S. 165–168, hier 167.
566 Vgl. Drews, Die Welt als Fernsehen, S. 165.
567 Jörg Drews: Das Fernsehen, von Walter Kempowski geschreddert. In: Glossen 4 (1997).
568 Interview von Eckhard Berkenbusch, BBC, zu »Bloomsday '97«, 6.10.1997.
569 Jürgen Roth: Surfing Kempowski. Walter Kempowskis TV-Protokollbuch »Bloomsday '97«. In: Jungle World, 19.2.1998.
570 9.6.1997. »Tagebuch 97«, S. 5.
571 Gespräche mit Walter Kempowski 1995–2003.
572 Ebd.
573 Karl Heinz Kramberg: Vorsorgliches Erscheinen zur Beerdigung. In: SZ, 7.10.1998.
574 Hermann Kurzke: Wühlen und Schnaufen. In: FAZ, 10.10.1998.
575 Werner Fuld: Der Fortschritt besteht aus Resopal. Walter Kempowski bringt den ganzen Jahreslauf eines Junglehrers in seinen Roman. In: Die Welt, 7.10.1998.
576 Gerhard Henschel: Über die Kümmernisse und Lichtblicke im Leben eines Lehrers auf dem flachen Land: Walter Kempowskis »Heile »Welt«. Tot überm Zaun. In: Junge Welt, 7.10.1998.
577 Gespräch mit Peter Kurzeck, 29.9.2003.
578 Vgl. Edo Reents: Geschichte zum Verschlucken: Zum Erscheinen von »Echolot«, Teil II: über den Archivar Walter Kempowski. In: SZ, 11.10.1999; Jörg Magenau: Gelassen stieg die Nacht ans Land. Eine Jahrhundertverdrahtung: Walter Kempowski setzt das »Echolot« fort. In: FAZ, 12.10.1999; Fritz J. Raddatz: Deutschlands Höllenfahrt. »Echolot«: Walter Kempowskis gewaltige Dokumentation ist ein Dokument der Gewalt. In: Die Zeit, 11.11.1999; Martin Ebel: Chorleiter, Schnitter, Missionar. Walter Kempowski und seine Mammutprojekte. In: NZZ, 8.12.1999
579 Vgl. Volker Hage: »Das tausendmalige Sterben«. In: Der Spiegel 6/2002.
580 Sven Michaelsen: »Der Ärger muss raus«. (Interview mit Walter Kempowski.) In: Stern, 3.4.2002.
581 Vgl. Uwe Wittstock: Die weit offen stehende Tabu-Tür: Nach-

denken über den Sensationserfolg der Novelle »Im Krebsgang« von Günter Grass. In: Die Welt, 15.2.2002; Krauses Klartext: Kein Tabubrecher. In: Die literarische Welt, 6.4.2002.

582 Ijoma Mangold: Jedes Leid hat ein Recht auf Erlösung. »Warum schreibt Grass jetzt über die Gustloff?« – Flucht und Vertreibung gehören seit Jahren zum Werk von Walter Kempowski, aber gedankt hat es ihm niemand. In: SZ, 13.2.2002.

583 Freya Klier: Verschleppt ans Ende der Welt. WDR 1993; dies.: Verschleppt ans Ende der Welt. Berlin 1996.

584 Freya Klier: Günter Grass und seine autoritätshörigen Deutschen. In: Frankfurter Allgemeine Sonntagszeitung, 10.2.2002.

585 Sven Felix Kellerhoff: »Das ist doch eine Medienblase«. Warum sich die Deutschen an den Luftkrieg erinnern: Ein Gespräch mit Walter Kempowski. In: Die Welt, 12.12.2002.

586 Gespräche mit Walter Kempowski 1995–2003.

587 Vgl. »Ich fühle mich gedemütigt«. Der Schriftsteller Walter Kempowski über die Mißhandlung der deutschen Sprache. In: Der Spiegel 42/1996.

588 Kempowski, Alkor, S. 592.

589 Sven Michaelsen: »Der Ärger muss raus«.

590 Gespräche mit Walter Kempowski 1995–2003.

591 Vgl. Martin Ebel: Die Tagebuch-Therapie. In: FAZ, 9.10.2001.

592 Benjamin von Stuckrad-Barre: »Herrgottnochmal!« Walter Kempowskis »Bloomsday« ist das Protokoll eines ganzen Fernsehtages. Die taz sprach mit ihm darüber – am Telefon und zappend. In: taz, 11.10.1997.

593 Benjamin von Stuckrad-Barre: »Was das nun wieder soll?« In: Der Spiegel 43/2001, S. 214.

594 Vgl. Moritz Baßler: Der deutsche Pop-Roman. Die neuen Archivisten. München 2002.

595 Dirk Knipphals: Hinein ins immer schon Gesagte. (Rezension von Moritz Baßler: Der deutsche Pop-Roman. München 2002.) In: taz, 30.5.2002.

596 Iris Radisch: Mach den Kasten an und schau. Junge Männer unterwegs: Die neue deutsche Popliteratur reist auf der Oberfläche der Welt. In: Die Zeit, 42/1999.

597 loop Archiv #59 (1.11.-8.11.2000). http://www.the-realworld.de/loop/looparc/loop059.htm. (9.11.2003)

598 loop Archiv #56 (12.10.-17.10.2000). http://www.the-realworld.de/loop/looparc/loop056.htm. (9.11.2003)

599 Ebd.

600 loop Archiv #51 (7.9.-13.9.2000). http://www.the-real-world.de/loop/looparc/loop051.htm. (9.11.2003)
601 Philip Reichardt: Vorwort. In: Wir sind ja nicht so. Das neue jetzt-Tagebuch, hg. von dems., München 1999, S. 5–7, hier S. 5.
602 Vgl. Merkur 57 (2003), H. 646.
603 Brief von Benjamin von Stuckrad-Barre, 21.11.2003.
604 Frank Schirrmacher: Literatur und Kritik. In: FAZ, 8.10.1990.
605 Brief von Falko Hennig, 8.7.2003; vgl. auch sein Interview mit Kempowski: Falko Hennig: Der Zeitreisende. In: Konr@d 6/1999, S. 117–118.
606 Brief von Tanja Dückers, 13.7.2003.
607 Volker Hage, Mathias Schreiber: »Ich stehe gern im Regen« (Interview mit Karen Duve). In: Der Spiegel 41/1999.
608 Brief von Malin Schwerdtfeger, 31.10.2003.
609 Wahrheit als Dichtung. Zwei deutsche Chronisten über ihr Land. Walter Kempowski und Benjamin voin Stuckrad-Barre über die tägliche Bilderflut, die Suche nach Moral und den Verwandlungskünstler Gerhard Schröder. In: Welt am Sonntag, 27.1.2002.
610 Gespräche mit Walter Kempowski 1995–2003.
611 Ebd.
612 Volker Ladenthin: Finale. Walter Kempowski verabschiedet sich fulminant mit seinem Epos »Letzte Grüße«. In: Rheinischer Merkur, 9.10. 2003.
613 Friedmar Apel: Kein Spielzeugdampfer ohne Sinkvorrichtung. Einspruch gegen die Geschichte: Walter Kempowski reist in seinem letzten Roman nach Amerika. In: FAZ, 7.10.2003.
614 Burkhard Spinnen: Kempowskis Abschied. In seinem neuen Roman kehrt Alexander Sowtschick wieder – und stirbt. In: Zeit Literatur Nr. 42, Oktober 2003.
615 Gespräche mit Walter Kempowski 1995–2003.
616 Jan Emendörfer: Kempowskis vollkommene Versöhnung mit Rostock. In: Ostsee-Zeitung, 13.11.2003.
617 Falko Hennig: Der Zeitreisende. In: Konr@ad 6/1999, S. 118.
618 Gespräche mit Walter Kempowski 1995–2003.
619 12.6.1997. »Tagebuch 97«, S. 6.
620 Walter Kempowski, »OL-Tgb. 2006«. Kempowski Stiftung »Haus Kreienhoop«, Nartum, Eintrag vom 7.8.2006.
621 Rede des Bundespräsidenten Johannes Rau, Nartum 5.6.2004. WKA 1174.
622 Friedmar Apel: Der Triumph des Schulmeisters. Walter Kempowski in der Biographie von Dirk Hempel. In: FAZ, 29.4.2004.

623 Walter Kempowski: Das 1. Album. 1981–1986. Frankfurt a. M. 2004, S. 5.
624 Walter Kempowski: Culpa. Notizen zum »Echolot«. München 2005, S. 129.
625 Frank Schirrmacher in ZDF, Lesen!, 15.2.2005.
626 Volker Hage: Der Chor der Stummen. In: Der Spiegel 7/2005, 14.2.2005.
627 Jan Philipp Reemtsma: Gesang vom Ende vom Lied. In: Die Welt, 5.3.2005.
628 Walter Kempowski: Culpa. Notizen zum Echolot. München 2005, S. 340f., Eintrag vom 31.8.1993.
629 Kempowski, Das Echolot, 1993, S. 7.
630 Ulrich Baron: Im grünen Bereich. Walter Kempowskis jüngstes Tagebuch über seinen rastlosen Schriftstelleralltag. In: Die Zeit, 16.3.2006, Literaturbeilage.
631 Günter Grass: Ich war in der Waffen-SS. Eingeständnis des Nobelpreisträgers nach 60 Jahren. Biograf spricht vom Ende einer moralischen Instanz. In: Der Tagesspiegel, 12.8.2006.
632 Hannes Hintermeier und Edo Reents: Der Mensch muß uns doch für verrückt halten! [Interview mit Walter Kempowski]. In: FAZ, 22.9.2006.
633 »Die Reise nach Polen Ende August/Anfang September 1987«. Kempowski Stiftung Haus Kreienhoop, Nartum.
634 Hannes Hintermeier und Edo Reents: Der Mensch muß uns doch für verrückt halten! [Interview mit Walter Kempowski]. In: FAZ, 22.9.2006.
635 Gustav Seibt: »Mit vor Entsetzen geweiteten Augen«. In: Süddeutsche Zeitung, 27.9.2006.
636 Dirk Hempel: Kempowskis Lebensläufe. Hg. von der Akademie der Künste. Berlin 2007.
637 http://www.bundespraesident.de/Anlage/original_638687/Grusswort-anlaesslich-der-Eroeffnung-der-Ausstellung-Kempowkis-Lebenslaeufe.pdf.
638 Hennig, Walter Kempowski. Zum Tee
639 Vgl. z. B. »Biografien gesucht«. In: Jüdische Allgemeine, 17.5.2001, S. 19.
640 Tagebuch vom 17.5.2004. WKA 500.
641 Peer Teuwsen: Schriftsteller Walter Kempowski. »Reiches, Schönes, Grauenhaftes«. In: Die Weltwoche 30/7.
642 Die dpa-Meldung »Kempowski schwer an Krebs erkrankt« vom 9.3.2007 erschien in zahlreichen deutschen Tageszeitungen.

643 Zit. nach Gerrit Bartels: Es ist noch längst nicht alles erzählt. Stationen eines Lebens, Skizzen einer Krankheit. Ein Besuch bei Walter Kempowski zuhause in Nartum. In: Der Tagesspiegel, 24.6.2007.

644 Falko Hennig: Walter Kempowski. Zum Tee beim todkranken Dichter. In: Die Welt, 22.6.2007.

645 Zit. nach Verena Neuhausen: Der Lebenssammler. Die Berliner Akademie der Künste ehrt den todkranken Schriftsteller Walter Kempowski mit einer großen Ausstellung. Ein Rundgang. In: Badische Zeitung, 19.5.2007.

646 Zit. nach Bartels, Es ist noch längst nicht alles erzählt.

647 Zit. nach Benjamin von Stuckrad-Barre: »Ich sterbe doch gern«. Ein Vorruf. In: Der Spiegel 19/2007, 7.5.2007.

648 Teuwsen, Schriftsteller Walter Kempowski.

Bildnachweis

S. 9, 15, 19, 21, 25, 27, 28, 29, 31, 33, 41, 42, 43, 47, 49, 51, 55, 59, 75, 81, 91, 93, 95, 109, 115, 121, 129, 163, 179, 187, 197, 233, 249: Walter Kempowski
S. 13, 17, 158, 159, 221, 227, 229, 235, 238, 239, 241, 245, 252: Dirk Hempel
S. 26: Archiv Jan-Peter Schulze
S. 35: Ullstein Bilderdienst
S. 99: Hartmut Stanke
S. 137: Stiftung Archiv der Akademie der Künste Berlin, Hans-Werner-Richter-Archiv, © Toni Richter
S. 151: Dieter E. Zimmer, Die Zeit
S. 155: Lars Lohrisch
S. 175, 237, 247: Frauke Reinke-Wöhl
S. 183: Hans-Jürgen Wohlfahrt
S. 185: Isolde Ohlbaum
S. 193: Siegfried Wittenburg
S. 248: Eva Alpers-Gromoll

Der Verlag hat sich bemüht, alle Rechteinhaber ausfindig zu machen, verlagsüblich zu nennen und zu honorieren. Sollte uns dies im Einzelfall aufgrund des Zeitablaufs und der schlechten Quellenlage bedauerlicherweise einmal nicht möglich gewesen sein, werden wir begründete Ansprüche selbstverständlich erfüllen.

Register